程兆熊著

中國文話文論與詩學

臺灣學生書局印行

自序

本書原爲三書，即中國文話，中國文論，中國詩學。此乃我在香港中文大學新亞書院擔任經子等課程中之國文三部講義。三書合印時，應有所言，惟須涉及之處甚多：如文字技巧，思想能力，時代精神，社會生活，傳統文化，國文定義，國文標準，個人修行，文章華國，以及世界的安定力等等，都須得一提。

文話文論與詩學，目的在詩文的欣賞與寫作。這是屬於文字技巧，但更有關於思想能力。時至今日，且莫說詩，就是一篇普通的作文，我國青年，固不易作好中文；就是美國青年，亦難作好英文。現在美國的教育家及有名大學如耶魯大學等，都爲此百思不解。大家想在技巧方面解決這個問題，可是走不通。這須得要從文字技巧，直說到思想能力。

關於思想能力，大家也許覺得很奇怪，因爲目前時代進步，花機至多，大家都聰明得不得了，爲什還會思想短缺？但只要你細細一想，你就會明白：儘管聰明，但無頭腦。否則，就不會一切紊亂到今日的地步。大家不要以爲知道得多，就思想得好。其實是知道越多，思想越亂。我們的古人有句話：「淸明在躬」。要知一個人做不到「淸明在躬」，就不易談得上思想能力。

一個人以至一個時代，最大的悲劇是失卻了思想能力。爲什麼現代人和現時代，會嚴重地失了思想能力？那可以說是：只由於一個字，那就是「忙」。人一忙，心就煩亂；一煩亂，思想就開不出來，而閉塞在裡面，絕難談上所謂「源頭活水」。思想不僅不能「思如潮湧」，就是要「思如泉湧」，亦是萬難。在這裏，大家無妨進一步問一問：爲什麼忙？忙什麼？你以爲大家眞的忙了嗎？固然是大家忙得很，但其實是無一事情給你去忙，値得你去忙。大家忙得無事做，大家無事忙，大家惘然，大家茫然，大家惶惶然，「縱爲如不終日」！因此之故，時代不僅會無詩，時代亦儘會無文。這是一大荒涼和荒唐！

由此以言時代精神，那自然更會是一大空虛，因而只是急切。大家忙得不得了，接着便大家急得不得了。其實，此所謂急得不得了，只不過是急急走着寃枉路。一切都是沒有問題，成了問題；小問題成了大問題。問題越來越多，心情便越來越急。而心情越來越急，問題更越來越多。在這裏，正成了一個大循環，大家輪輪轉。於是，一切乾淨的，都被汚染了。一切完整的，都被拆散了。一切上昇的，都被拉下了。於此空虛，急切之餘，再加上顚倒與墮落，這就是所謂時代精神。以此而爲文，其文可知；以此而爲詩，其詩可想。

似此時代精神，自會聯結着整個社會生活。表面一看，整個社會是花花綠綠，富麗堂皇，但這只是表明着一切是粗線條，並不是靈巧，更不是靈性和靈光。大家像在拼命地幹，而且幹練得很，但其實是一無所能，而只是浮華，只是浪費，只是鋪張。大家只以此爲生活，以此爲榮，以此爲樂。這當然也不會有文章。

由此以言傳統文化。這當然是一大遺產，這是文化遺產，亦是詩文遺產。根據我們以前的社會生活，我們形成了我們的詩文遺產。在我們的詩文遺產裏，或文化遺產裏，或傳統文化裏，我們可以細細檢討。我認爲：假如我們以前的祖先們，不能「寧靜致遠，澹泊明志」，而也和現時代和現社會一樣，只是聰明得無頭腦，忙得無事情，急得走寃枉路，靈巧得只是粗線條，而又幹練得一無所能，又如何能有傳統文化而傳下來，使我們能夠在今日世界中，沒有形成着文化的光棍？

由此再說到國文的定義，一般的說法是：國文就是一國的文學。這在英美德法等國，可以如此說。但在我國，因爲豐富的文化傳統，就必須有其豐富的國文內容。我曾問了我很多學生和師友，我們的國文定義如何？很少有人給我回答或指示。本來這事是可以月用而不知的。但目前有一個問題是：大學二年級要不要排上國文必修課？我意：在我國，國文正是合語言文字，文章文學，與夫義理辭章，學術文化而言。由幼稚園至大二，正是一個完整的歷程，以使整個國家民族的生命，性情，心靈，智慧，俱能於國文一課中，全盤加以學習。此眞是有關國本，不可不知。

本此以言國文標準，在我國實應較任何其他國家爲高。要形成一個文化大國，並兼爲一個文化古國，這是十分必要的。

從形成一個文化大國說：國文最有關於個人的修行。通常國文一課，可以影響一個人的終生。而國文老師亦每最受尊崇。只不過，眞正的好國文先生，亦至不易多得。至於從一個文化古國來說：我們一向是以「文章華國」的。文章之可以華國，針對着目前無文的時代和無詩的時代而言，會更有其特殊的意義。從整個人類的歷史上看，凡是無文之世和無詩之世，都是悲劇之時和悲痛之時。那總須得拯救起來。而以文章華國，進而以文章華世，則正是一大「國文的使命」。

此所謂「文章華世」，其最重要的一個意義，是要給目前整個世界的一個安定力量。大家都知道：目前所有的語言力量，文字力量，文章力量和文學力量是無比的。那儘可以一下子使世界變色，又一下子使人世無光。莊子說：「言，風波也」，這正是說明着語文的掀風作浪。此在外方，則每於宗教中，另求安定。只不過，我們以前的義理辭章，學術文化，總是清明在躬，寧靜澹泊，文以載道，保合太和。此對以前是一個安定力量，此對目前亦是一個安定力量。那主要的原因是：那可以安定一個人的生命，安定一個人的性情，安定一個人的「心靈」，並從而有其一大智慧的安定。

由以上所述種種，再回到中國文話，中國文論和中國詩學，若再參考一些外方的文學批評，當即知中國文話，實非閒話；中國文論，尤非戲論；而中國詩學，則近乎心學。自非僅僅是有補於青年寫作而已。

於此須再附言的是：我素習農業科學，以迄於今，惟偶而涉及詩文，並成此作。自思亦正是以農學方法，從事於此，故無時不敎學生多爬山，多帶點土的氣息。而自問一己，亦別無他長，惟爬山而已。其次，國文一課，都是講一些文範，一些訓話，別無所謂講義。但據我個人經驗，加講此等講義，即此文話文論與詩學，實可使學生對國文的看法，爲之一新，而更能與其一己之生命性情心靈智慧相結合。如何？如何？幸望讀者正之。六十七年十一月於景美景仁街作。

中國文話

中國文話——大學文話

程兆熊著

目錄

前言

五十年秋，余在新亞書院中文系，除講授經子課程外，又任敎國文。余有子女六人，長子長女，已讀大學文史系，對國文一科，皆是自己摸索。而爲人父者，亦終似無以敎其子女。因早思在國文敎學上，求一門路，俾人人可走。今獲此一機會，遂益不欲放過，而於一學期授課之餘，成此講話。憶在課堂中，按時聽余講話之同學，計有：羅鳳陽，黎穎梅，姚又麟，高幼愚，朱炳超，梅建國，阮忠明，曹明明，關國賢，黃兆榮，譚榮安，張碧蓮，劉潔儀，羅灼衍，李潔萱，楊謙珍，陳寶文，范昭輝，陸婉君，陳嫻香，陳可桂，黃和武等。彼等之中，有習數理化者，有讀外文歷史者，亦有學哲學社會學者，獨無中文系之同學。當余初上課堂之際，彼等幾皆以其一己非在中文系，僅視國文爲普通課。余乃明言余個人卽會學科學而爲不敢忽視國文之一人，且認文風之轉變，更有賴於中文系以外之學人。

時隔一載有餘，此一講話，又被油印散發於另二班之新亞同學：計劉汝鵬，鄭漢龍，潘鳳羣，伍起祥，陳家君，張燕儀，司徒貞，黃妙璇，裴霞雲，孫吉昌，孫美蓮，施佩儀，林琦玲，熊筑貞，尹仲謀，曹娟娟，高美慶，梁瑞明，邱陶娟，梁秀嫻等同學爲一班；賴俊傑，鄭景鏗，鄺漢明，王浩余，白中敬，杜麗容，鄺新梅，袁滿堂，廖國榮，譚堅國，郭萬年，江強華等同學爲又一班。油印講稿被分發之後，更規定每一同學須作讀書報告。經先後在大學各系同學中試敎之餘，實似無若何不適當之處。因卽名之爲中國文話，亦稱大學文話，並予以出版。此乃大學國文講話第一部。余另有梁劉勰文心雕龍講義及中國文學論略與中國詩學（講話第二部），中國文論（講話第三部）等著作，讀者正可參閱之。

五十二年四月十日程兆熊誌於新亞新樓六七八室

第一講　文的愛好

一個國家的國文，通常是指一個國家的文章或文學。但於此「文」中，實包括了一個國家的語言文字，又包括了一個國家的義理詞章，也包括了一個國家的歷史文化。且由此「文」，更表現了一個國家的心靈，表現了一個國家的智慧，表現了一個國家的性情，表現了一個國家的生命。

就因爲如此，一個偉大的國家，總常令人聯想及一個偉大國家裏的詩書或文士。同樣，一本偉大的作品，或一位偉大的文學家，亦總常令人聯想及一個偉大的國土。

在中國，孔孟是偉大的敎師，竟都是以詩書作爲敎本。此使孔孟成了聖賢，又使詩書成了經典。而此後之屈原，陶淵明與杜甫，也充分表現了中國人的性格，又充分表現了中國的精神。

以言外方，則我人亦儘可由英國想到沙士比亞，又由沙士比亞想到眞正的英國；由法國想到囂俄，又由囂俄想到眞正的法國；由意大利想到坦丁，又由坦丁想到眞正的意大利；由德國想到歌德，又由歌德想到眞正的德國。而在俄國，最使人想起的，自然會只是托爾斯泰；又在美國，最使人想起的，也自然會是懷特曼一流的人。於此，讓一個文學家，眞正代表着一個國家，那正與我們以前所謂「文章華國」的意義，並無不同。

一個人，固然儘可以瞭解着別一個國家的文學；但本國人，究竟更應瞭解着本國的文學；而且也只有本國人，方足以眞正而澈底地瞭解着本國的文學。

一個人，固然儘可以愛好着別一個國家的文學；但本國人，究竟更應愛好着本國的文學；而且也只有本國人，方足以眞正而澈底地愛好着本國的文學。

人是土生土長的，文也是土生土長的。開花結實，人人能見。但根藏在土，惟蟄龍始知。由此而論，一個人對一個國家的瞭解，和一個人對一國國文的瞭解，又如何能夠分開？同樣，一個人對他自己國家的愛好，和一個人對他本國國文的愛好，更如何能夠分開？

佛國記稱：

「法顯去漢經年，所與交接悉異域人，山川草木，舉目無舊。又同行分析，或留或亡，心常懷悲。忽於此王像前邊，見商人以晉地一白絹扇供養，不覺淒然，淚下滿目」。

要知見到本國的白絹扇，尚且如此。更何況眼見本國的文字？更何況口誦本國的文學？

第二講　文的使命

我們的國家，可以說，自大唐以後，到了宋明，就逐漸衰下來了。於是南宋之後，既亡於元；大明之後，復亡於清；以至到了目前的地步。

同樣，我們的文章，也可以說：自大唐以後，到了宋明，就逐漸衰下來。韓愈文起八代之衰，實際上，我們的文章，自韓愈以後，再由三蘇到公安，固然是愈來愈不如前，就以桐城而論，亦只見其後之枯。由此而下，便到了目前的地步。

目前，我們已有了我們的國家的悲劇。目前，我們也一樣有了我們的國文的悲劇。

晚清末年，梁任公之文，風行一時，惟及今視之，彼「飲冰室文集」，較之往古，又果如何？五四以後，魯迅之文，風動上下，惟及今觀之，彼魯迅全集，以視後來，又果如何？

在魯迅前期之文中，雖極其變，惟終有其軌範。但一到後期，卽儘足以說明其變已窮，直是文章已死。

時至目前，若以香港一地而論，則更可以在洞悉我們的國家的悲劇性以外，洞悉着國文的悲劇之所以爲悲劇　在此，誠不能不令人浩歎。

滿街「士多」之文，到處「巴士」之語，固不必說。卽就青年心中目中以言，亦曾是心中只有英文讀本，目中並無國文老師。而所謂英文中學的地位，在一般人的心目中，亦遠在中文中學之上。在課堂中，學生樂於站起來高聲讀英文，却羞於立起來大聲誦國文。至於學習國文的成績，遠在英文之下，就更不容說了。

任何一國的人，總是學習本國的國文，要好過學習着外國文。但一個中國人，竟居然會學得好英文，學不好國文。這分明不是才智的問題，而是興趣的問題。

但何以一個中國人，竟會是對着自己的國文，不感興趣？在這裏，又分明會不是好惡之正，而是好惡之偏。由此而乏其性情之貞，就必然會更加深了自己的國家的悲劇，而無有底止。

唐詩人劉禹錫有言爲：

「八音與政相通，文章與時高下。」

是故有治世，卽有治世之文；有衰世，卽有衰世之文；有亂世，卽有亂世之文。朱子於此更言：

「六經，治世之文也。如國語委靡繁絮，眞衰世之文耳；是時語言議論如此，宜乎周之不振也。至於亂世之文，則戰國策是也」。

時至今日，世亂之餘，實已形成了國家的悲劇。因此之故，有國家的悲劇，更卽有國文的悲劇。此則連衰世之文與夫亂世之文，亦不可復得。而只會是因文章已死，成無文之世。

惟文運之轉，終有關世運之轉。是以國家的復興，極有賴於國文之復興。

彼「文章與時高下」，固是時風影響文風。惟風俗之厚薄，亦正如曾文正公之所言，乃係乎一二人心之所向。若能本此一二人心之所向，發而爲文；則稱心而談，便卽又有文運之轉。

由文運之轉，而形成一新的文風；更由此新的文風，再形成一新的時風。則在此新的時風之下，卽又將有新的學風，新的士風，以至新的政風，新的國風。果眞如此，實卽爲乾坤之扭轉，固非僅爲悲劇之免除。

於此，誠能具備其一種悲劇之心腸，便自能瞭然於一國國文之使命。

若眞能瞭然於一國國文之使命，則有國文之復盛，卽不難有國家之復興。這便不僅僅是：「八音與政相通，文章與時高下」了。

第三講　三個層次

現在我們要談國文，也正如一些人談國事。只因國有國運，所以文亦有文運。這是一種機運，這並不是一種聯想。

我們不能不希望有文運之轉。但文運之轉，又究竟應當轉到那一個層次上呢？

程伊川說：

「語麗辭贍，此應世之文也。識高志遠，議論卓絕，此名世之文也。編之乎詩書而不媿，措之乎天地而不疑，此傳世之文也」。

在這裏，分明指出了國文的三個層次。此卽應世是一個層次，名世是一個層次，傳世是一個層次。

目前的文學理論，都說文學須反映時代。若僅僅是反映時代，而不能指導時代，扭轉時代，這便只是應世。於此，只須語麗辭贍，卽已足夠。此乃第一層次。

而名世之文，則必須把握時代的核心，承擔時代的重責，而爲其立一方向，作一舵手。若識見低下，又如何可能？若志氣卑近，又何能辦到？若持議庸俗，立論平凡，則更無從說起。故必須於語麗辭贍之餘，有其識高志遠之事，發爲議論卓絕之言。此卽由第一層次，進至第二層次。

只不過時代爲何？此實如風之來，又如風之去；如水之流；又如水之逝。不爲法華轉，終須轉法華；但欲轉法華，卽須超越之。於此，認識時代，是一囘事；面對或正視時代，是一囘事；超越時代，又是一囘事。反映時代，須得認識時代；指導時代，須得面對時代；扭轉時代，須得正視時代；

而一念萬年，心遊邃古，則必須超越時代，斬斷一切時代的葛藤。由此而人安眞常，以處萬變；則文卽以詩書之常爲常，而「編之乎詩書而不媿」。由此而言合眞常，以應萬端，則文卽以天地之常爲常，而「措之乎天地而不疑」。此乃全歸於生命，全歸於性情；此乃全歸於心靈，全歸於智慧。以此爲文，便自傳世。而傳世之文，亦自如此。此卽由第二層次，進至第三層次。此亦國文之最高層次。

時至今日，要談國文，就必須先從最高的層次，再談到次一層次。由此而再俯就世人，以應世；由此而再俯就時代，以應時。從而更配合目前的文學理論，以姑求反映時代。蓋必如是，方是又高明，又切實；旣取法乎上，而又不遺乎下。

第四講　誰來教？

曾文正公於其聖哲畫像記中，自稱：

「國藩之粗解文章，由姚先生（鼐）啟之也」。

而姚鼐於其古文辭類纂序目內，則云：

「鼐少聞古文法於伯父薑塢先生，及同鄉劉耕南先生，少究其義，未之深學也。」

由此而再上推至歐陽修與曾鞏，則又皆以韓文公爲法。若韓文公與柳宗元之作，其雄奇萬變處，復取自揚子雲與司馬相如。

本此以言國文，究竟應由誰教？此實至可玩味。所謂「歸而求之，有餘師。」若眞能法古人，則古人雖逝，惟仍在眼前；若果能法時人，則時人雖遠，惟仍隨左右；固不必僅限於國文課室內之先生們，方爲國文科目中之老師。

以言國文科目中之老師，其任務若僅爲講解，此則有如字典，又如辭書。惟時至今日，欲求一如字典，又如辭書之老師，亦不易多得。

若言眞正之國文老師，實大異於其他科目，如英文數學等等科目之老師。英數老師，能解學生之惑，卽己足夠。而眞正國文老師，則必須於解惑之外，猶須授業，卽授其一己所操之業；並須傳道，卽傳其千古不磨之道。似此韓愈所云：「師者，傳道授業解惑者也」之師，實乃外方之所無，自更爲今世之所缺。

韓愈答李翊書云：

「愈之所爲，不自知其猶未也？雖然，學之二十餘年矣」。

似此學之二十餘年之所得，以之教人，亦只是授其爲文之業。

似此爲文之業，其得之之艱，則更如其所言：

「始者，非三代兩漢之書不敢觀，非聖人之志不敢存。處若忘，行若遺，儼乎其若思，茫乎其若迷。當其取於心而注於手也，惟陳言之務去，戛戛乎其難哉」。

以其得之之難　當益知其授之之艱。時至今日，欲求一如此授業之師，自是尤不易得。

解惑之師，須其一己對所授之課，確能不惑。授業之師，須其一己對所操之業，確能有成。而傳道之師，則一方面須求其學脈之綿延，一方面又須求其文脈之永續。於此，可以開出一風氣，亦可以開創一時代，並可以開闢一天地。因此之故，在國文上能爲一傳道之師，便必然是一大師。此如何不更難得？

時至今日，學有中西，文有新舊。有學而無文者，固無由任國文之教。有文而無學者，亦不足教國文之課。但卽有學有文，而學不通中西，文不兼新舊，仍難爲一理想之國文老師。

任何學科之教師資格，皆限於專家。有某一學科之專才，卽可充當某一學科之教授。惟國文一科，則未必卽能如此。此乃因教國文，終不能限定在國文之內，而須旁通一切。究極言之，任何學科，皆可有專家；而國文則於專業之餘，專家之上，尤須有通識通才，始足以言教。

文章之道，多由心悟。故必眞有心得者，方眞能爲師。

第五講　「志於學」

目前學英文的學生，只要肯經常用功，有幾年的功夫，總可以學得不壞。同樣，學數學的，學物理的，學化學的，學生物的，以及學其他的學科的，也差不多一樣。只有學國文的，從幼稚園學起，一直學到大學，甚至學到老，還儘有學不好的人。因此，青年人就常常感覺到學英文或其他的學科，皆是越學越有趣，而學國文則是越學越艱難。這當然可以分兩方面說：一是教法，二是學法。但在此，如何學習，實更重於教。對着國文，教不可隨便教，學更不可隨便學。教要用心用力，學更要用心用力。這必須「志於學」，這必須有志。學英文或學其他的學科，可以用不着所謂「士尙志」的志；而學國文，則必須有志。惟有志，方能用力。惟有志，方能用心。惟有志，方不致隨隨便便。而所謂有志，則卽關聯到一己對國家民族的愛好，與夫一己對歷史文化的認識。

要是一個人對自己的國家，有形無形之間看不起；對自己的民族，有意無意之中看不起。同時，對本國的歷史，毫無所知；對本國的文化，亦毫無所知。如此一來，則連對本國的文字，亦將視之爲可有可無，又如何能對國文發生興趣？

既對國文不發生興趣，自不能對國文有所愛好。既不能對國文有所愛好，自不能對國文有志學習。由是而不能用心用力，又何足怪？此使學者隨便學，敎者亦隨便教。而當敎者亦隨便教時，學者就更隨便學了。大家隨便，自一切落空。

有人說：對國文不感興趣，是因爲國文沒有什麼用。果眞是連國文都沒有什麼用，那這一個國家還會有什麼用嗎？果眞是連國家都沒有什麼用，那這一個人還會有什麼用嗎？果眞是連人都沒有什麼用，那他或她所願學習的其他一切學科，又還會有什麼用嗎？這眞是不堪聞問的一件事體。

其實，一個人決不能離開自己的國家。而一個國家，也決不能不到處用得着自己的國文。果眞是學好了國文，那就必然會是自生至死，受用不盡。要知：一個人究竟有什麼時候，用不着國文？究竟有什麼地方，用不到國文？除非是眞的要「學彈琵琶，習鮮卑語，以服事公卿」，且能死心蹋地如此，方可以眞的不用國文。

有人說：科學沒有國界，學科學可以不用國文。但學科學的人，畢竟還要做人，而且還要做人的兒子，又要做人的祖先。如此一來，就終究用得上國文。更何況一個眞正的科學家，必然會離不開本國的文字？而且本國的文字，也必然會大有助於眞正科學的學習。

以前讀書人，總是一開始識字，就要拜孔夫子。只此，便是讓國文的學習，聯結着本國的一個偉大的歷史文化的傳統。而且以前就是不讀書，不識字的人，也總是愛惜字紙。即此，亦就是讓對國文的愛好與尊崇，深深聯接着對自己的國家的愛好與尊崇，和對自己的民族的愛好與尊崇，從而推動着一個人的「志於學」，並從而開出一個國家民族的大志氣。

我在初中的時候，因爲英文數學等功課都很好，國文成績不及格，故對國文不感興趣，遂亦對國文不「志於學」，而在高中進理科。後因國文老師汪辟疆先生之故，始一方面研究科學，一方面留意國文。汪先生後任中央大學中文系主任，我能稍知爲文，實汪先生啟之。隨後在大學入物理系，二年後轉入農學院，學農與文。只見國文有助於我的學習科學，亦只見學習科學有助於我的致力國文。

惟學習科學與致力國文之間，究如何方能眞正拉在一起？此則在個人方面，對國文固然須「志於學」；而對國家民族，則更須拿出志氣來；對歷史文化，也更須得拿出志氣來。

第六講　看讀寫作

曾文正公在其家書中訓子，云看讀寫作，缺一不可。惟在以前，學習國文，多着重讀。經書固要讀熟，要背誦；子書亦要讀要誦。史書置諸案頭，被當成讀物；而各人之集，置諸座右，則更被當成讀本。科舉時，八股文則尤被人讀之爛熟。

說到看書，如看小說等等，在以前卽往往被先生所禁止，更常常爲父母所斥責。而看報章，看雜誌之類，則在以前實無從看到，固不必說。卽看戲劇之事，亦在以前，極爲不易。

關於寫，則在以前，於讀書之外，卽爲習字抄書。而且習字之時間，多在淸晨。大字小字，實無時不練。有在未開始讀書之前，卽開始習字者。從此由幼而壯，由壯而老，都不間斷。於是習字一事，卽無形之中，作成了人生修養上的一件大事。那和一個人的生活離不開，那也和一個人的性情離不開。而在整個國家民族和歷史文化上，寫字更被作成一大藝術。

說到作文，那在以前，是十分鄭重的事體。那時，兒童入學，先讀「人之初」，以後一直把四書五經讀完了，背誦完了，方去開講。開講是開始講解文義。開講以後，才是開始作文。至於一般的「作」，這更是所謂「述而不作」，除作日記和作讀書劄記之外，是極少有「作」的事。若夫作賦作詩，則所謂「十年一賦」，和所謂「二句三年得，一吟雙淚流」之事，是牢記在心的。

可是到了現在，大家都着重看書了。兒童看兒童畫報，識字是看圖識字。少年男女是看漫畫小說，又看武俠小說，可以看一大堆。青年們所看的東西更多更雜，而報章雜誌，則更爲一般人所常看；因此之故，現代的新聞記者，可以做無冕的帝王。在學校裏，如果有一位先生能夠眞正指導學生看書，那麼這一位先生就算好到極點。只不過，究竟有沒有學生眞正能夠大聲讀書呢？又有沒有先生眞正能指導讀書，以使人像往日一樣，「讀書聲出金石」呢？青年學生在目前，可以大聲讀英文，但總不願意大聲讀國文。他們只是看國文，唸國文，可是沒有人肯眞正讀國文，更沒有人肯像以前的人那樣眞正讀國文。大家是看書，而不讀書。因此之故，國家民族到了今日，亦就幾乎會是沒有了讀書種子。要知中國的文章特點，在其氣韻。不讀則決不能暢其氣，亦決不能識其韻味之所在。僅僅是看，僅僅是唸，那是不成的。

說到寫作，到了現在，也正如對國文看而不讀一樣，而祇是作而不寫。現在的兒童，在幼稚園裏就開始造句，在小學就開始作文，以後在中學在大學，也還是不斷練習作文。可是作文的進步如何？字的寫法如何？而且執筆如何？字跡如何？文是否清順？字是否清楚？凡此皆足令人浩歎。從前清晨寫字，現時則整個國文功課，常是排在下午，會眞是夜氣不存。當重視國文之讀與寫時，常對書一看卽懂，對文一作卽好。而在目前，則因看而不讀，作而不寫之結果，竟令大家連字也不會寫了。

因此之故，要扭轉國文之厄運，還是要在國文的學習上，注意看讀寫作，四者缺一不可，且應多讀才好。

第七講　性情與才華

在近數十年來中國的學校學生，以至社會人士中，大體上國文好的人，總會是帶着若干土氣的。而英文好的人，則是不免帶些洋氣。

在此，所謂土氣，其涵義實相當於樸實，又相當於純厚，沈潛，靜默，持重，舉止緩慢，言辭遲鈍，生活簡單，思想保守，態度誠篤而絕不輕浮，作事拘謹，爲人總有其可靠性和穩健性。在待人接物上，總常常是一本其一己的性情，並處處能見出性情，富於性情，而每每有其性情與性情間之接觸，可以經久，可以安常，可以對很多事體，毫不在乎；但又往往對一些事體，堅持到底，絕對不能遷就絲毫，以致看來，不免頑固。其實是「有守」。

而所謂洋氣，則大體上與土氣相反，其涵義可相當於華彩，又相當於健捷，活躍，活動，活潑，舉止靈敏，言辭靈利，生活花樣多，思想前進，態度明朗而絕不含糊，作事有辦法，爲人有其適應性，又有其創造性。在待人接物上，總常常是顯露其一己的才華，並處處能表現才華，富於才華，而每每有其才華與才華間之相競，可以速成，可以處變，可以對很多事體，毫不放鬆；但又往往對主要事體，予以遷就，而並不如何堅持，以致看來，不免流走，並非「有爲」。

一般言之，土氣聯結着性情；而所謂洋氣，則每聯結着才華。但此，亦並非意味着土氣中，就沒有了才華；而所謂洋氣，亦儘可歸於性情。

只不過近百年來的中國，土氣與洋氣，却如此不相容：以致在社會上，有洋與土之格格不相入；在經濟上，有洋與土之狠狠相排斥；在政治上，有洋與土之時時相打倒；而在教育上，亦復有洋與土之處處相矛盾。

儘管我國教育上的主張，紛紛不定，然大體上仍不外乎洋與土之爭。此在土的一方面，則每以國文爲重，從而以中國文化爲重，以民族大義爲重。此在洋的一方面，則每以英文爲重，從而以西方科學爲重，以民主改革爲重。於是學校中的國文教師和英文老師，就無形之中，形成兩種型態。而國文好的學生和英文好的學生，亦復是兩種型態。惟此兩種型態，終究是屬於過渡之型態。

時至今日，敎國文者又何嘗不應具備西洋文學之知識？敎英文者又何嘗不應具備中國文學之根底？而所謂土氣，更何嘗拋開科學，拋開民主？所謂洋氣，亦何嘗不要文化，不要民族？若在學生之中，則凡國文好者，其英文亦未必不好；英文好者，其國文亦未必不通。在這裏，土氣與洋氣，可以相得益彰，而性情與才華，亦終可歸於一致。只不過，二者之間，縱無重輕，究有本末。必須洋氣全歸於土的氣息之中，方是新的天地；必須才華全歸於性情之敎之內，方有新的乾坤。

因此之故，目前要談國文，須有其特色，卽須有其土氣；由此而使整個洋氣，亦在土的氣息之中，這就成了國文的使命。同樣，目前要談國文，須見其本質，卽須見其性情；由此而使蓋世才華，亦在性情之敎之內，這又成了國文的使命。

第八講　酸與枯

今日之文，不入魔道者，每又流而爲酸；不入邪僻者，每又流而爲枯。而青年人之作文，亦復如是。惟終勝於走入魔道與走入邪僻。

究極言之，酸由於性情之沾滯與膠固，而枯則由於才華之窒塞與衰竭。若僅由於沾滯，則酸實儘有其不酸之道。若僅由於窒塞，則枯亦儘有其不枯之理。惟若眞由於膠固，則酸卽難免於不酸。若眞由於衰竭，則枯卽難免於不枯。而文章之道，除須力求免入於魔道與邪僻之外，終須力求酸與枯之免除。

通常陳腔濫調，最難免於酸；實則，目前的新腔濫調，亦會是難免於酸。韓退之爲文，自云：「惟陳言之務去」，此固爲求免於酸。惟目前之「惟新詞之引用」，究於求免於酸之道，亦有所違。本此以言，腔之新陳，猶屬事小；而調之濫，則所關極大。

大抵文章之酸，每由於文氣之俗；文氣之俗，每由於文調之濫；而文調之濫，則又每由於文筆之熟。

只因文筆之熟，故出之易易。只因出之易易，故漫不經心。只因漫不經心，故一切流走。此所以成文調之濫，而自有其文氣之俗，以至於文章之酸而後已。

惟此所謂文筆之熟，自與所謂「七步成章」之熟，大異其趣。彼七步成章者，詩是自然流露之詩，文亦是自然流露之文。其出於所謂才捷，便自無所謂熟與不熟。而文筆之熟者，則只是求熟於外，並不求熟於心。由是以溺其心於語言與文字之中，便卽成其語文泛濫之狀，此卽所謂濫調。

時至今日；爲舊體文者，自清末以來，固常不免流於濫調；而爲新體文者，則自五四以來，更多難免流於濫調。由前而言，那是老八股；由後而言，那是新八股。老八股有種種型態，而滿紙之「之乎者也」，則幾乎一致。新八股亦有種種型態，而滿紙之新名詞新口號，則差不多一樣。到此又如何能免於俗？能免於酸？其初流於俗，初流於酸者，猶屬酸俗之氣有限。及其爲青年人，相率效其俗，仿其酸之後，則卽播其酸俗之氣於天下，而爲害於國家，以成文禍。

欲免此文酸之禍，則在青年人之爲舊體文者，少用「之乎者也」；爲新體文者，少用新詞口號。這是一個起點。由是而更讓大家多用一點心血，多談一點義理，且讓大家於立德之後，而立言隨之，則卽文不論新舊，而氣味總會是截然兩樣。這是不二法門。

說到文章之枯，則每由於文氣之衰；文氣之衰，則每由於文調之貧乏。而文調之貧乏，則又每由於文筆之鈍。

只因文筆之鈍，故求諸形式。只因求諸形式，故必無所用心。只因無所用心，故一切貧乏。此所以不成文調，而自有其文氣之衰，以至於文章之枯而後已。

惟此所謂文筆之鈍，自與所謂「十年一賦」之鈍，大異其趣。彼「十年一賦」者，自是思之深深，爲文不苟。是以賦成，卽爲傑作。其歸於所謂研慮，便自無所謂鈍與不鈍。而文筆之鈍者，則只是求不鈍於外，而不知實鈍於心。由是以困其心於語言與文字之中，便卽成其語文貧乏之狀。此卽所謂不成調。

時至今日，爲舊體文者，自清末以來，固多不免流於形式化；而爲新體文者，則自五四以來，更多難免流於形式化。由前而言，那是老學究；由後而言，那是新學究。老學究有種種樣相，而生命力欠缺，則幾乎一致。新學究亦有種種樣相，而氣概毫無，則差不多一樣。到此，又如何能免於貧乏？能免於乾枯？其初流爲貧乏，初流爲乾枯者，猶屬枯乏之病有限。及其爲青年人相率承其貧乏，學其乾枯之後，則卽傳其枯乏之病於天下，而爲患於國家，以成文災。

欲免此文枯之災，則在青年人之爲舊文體者，多避免籠統；爲新體文者，多顧照條理。這是一個起點。由是而更讓大家多用一點心思，多談一點理想，且讓大家於眞有生命之後，而隨之有文，則卽文不論新舊，而氣概總會是完全不同。這是唯一辦法。

通常文章一流於形式化，卽難免於枯。此枯是文章之枯，亦是心靈之枯，思想之枯，與夫生命之枯。故卽不足以言才華。然文章之所以流於形式化，則又或由於才華之窒塞，或由於才華之衰竭。此文之所以貴乎眞才與實學。

惟通常文章亦儘有有眞才與實學而仍不免於酸者，則此酸是文章之酸，亦是性情之酸。彼性情之酸，乃由於性情之不顯，此則又或由於性情之沾滯，或由於性情之膠固。到此，爲文之道，則尤貴乎眞情與實感。

惟有眞情與實感，始眞正足以使文免於酸；亦惟眞情與實感，始眞正可以使文免於枯。

惟有眞情與實感，始眞正足以使文不入於魔道；亦惟眞情與實感，始眞正可以使文不入於邪僻。

而欲有眞情與實感，則又必須有眞性情。至此，性情之文，自必聯結於性情之教。

從性情之敎上說，文之酸與枯，猶非眞患；惟性情膠固，才華衰竭，以致走入魔道與邪僻，方爲眞患。

第九講　開脫與條理

對治性情之膠固，全靠開脫。對治才華之衰竭，全靠條理。

有性情上之開脫，卽有文筆上之開脫。有才華上之條理，卽有文筆上之條理。

所謂開脫，那可以從靈感方面說，亦可以從實感方面說。前人有「下筆如有神」之言，這「有神」會就是靈感。又有「妙手偶得之」之語，這偶得亦會就是靈感。說到實感，則所謂「親歷其境」，會是實見；「稱心之談」，會是實語；「迫切之痛」，會是實受；而舉凡實見，實語與夫實受，固皆是實感。此在下筆之際，只須如實出之，便卽爲結實之文。而「如有神助」者，則卽爲神來之筆。大抵在由靈感而有之開脫下，每多神來之筆；在由實感而有之開脫下，常多結實之文。

所謂條理，亦可以從兩方面說：一是在思想上，那儘會是千頭萬緒，但只要能分析綜合，亦就可以有條理。一是在生活上，那儘會是千變萬化，但只要能四平八穩，亦就可以有條理。在有條理之生活中，再加以見聞多，經驗富，卽於才華之衰竭，終當有其補救之可能。在有條理之思想中，再加以讀書多，積理富，則於才華之衰竭，尤當有其醫治之奇效。而合生活與思想上之條理，以成其才華上之條理，則自能有其文筆上之條理。此在下筆之際，只須次第出之，便卽成爲清順之文。而能層出不窮者，則卽爲暢通之筆。大抵在由生活而得之條理下，每多清順之文；在由思想而得之條理下，常多暢通之筆。

通常性情輕浮者，不足以言開脫。而其執筆爲文，最多亦不過是花草多而已。

通常才華淺露者，不足以言條理。而其執筆爲文，最多亦不過是花樣多而已。

等而下之，則性情輕浮者，更儘可流而爲刻薄。及其爲文，則於漂亮之外，益以尖酸之詞，便自入於魔道。若夫才華淺露者，亦儘可流而爲一偏。及其爲文，則於疑似之餘，加以激急之語，便自入於邪僻。

今之青年，每喜魔道之文，即此亦可知其性情之輕浮。若於此而不能有所警惕，以歸於性情上之開脫，則卽連性情之膠固，亦說不上。似此不能爲人，自亦不足以言爲文。

今之青年，多愛邪僻之文，卽此亦可知其才華之淺露。若於此而不能有所收斂，以歸於才華上之條理，則卽連才華之衰竭，亦無從說。似此不能爲文，自亦不足以言爲人。

第十講　清順之不易

由清順之文，到結實之文，這是讓才華歸於性情之一個層次。由通暢之筆，到神來之筆，這是讓才華歸於性情之又一個層次。在這裏，卽使是清順之文，亦會是談何容易？

從美學中之諸形式原理上說，其層漸（Gradation）之一原理，固所以求清順。其平衡之一原理，亦所以求清順。此外如對稱，對比，比例，與夫調和及統一等等原理，自皆所以求清順。

但於此，必須清順於心，始能清順於目。必須清順於目，始能清順於手。必須清順於手，始能清順於文。由是而清順之文，再入於清順之心，始能有其清順之效，以行於天下。

如何是清順之效？通常所謂渙然冰釋，會就是清順之效。而易經渙卦，則卽以風行水上，爲渙之象。於此，更由渙其躬，而渙其羣；由渙其羣，而渙其血。人必九死一生，方足以言清順。而文亦必千鎚百煉，方足以言清順。若非山窮水盡疑無路，又如何能柳暗花明又一村？而此又一村之境，正是清順之境。必到達此一清順之境，方能生其清順之效。

惟以此清順之效，期之於一般青年，自是過高之論。時至今日，若能爲文，而不僅僅是觸及着表面，且能深入一層，復能層層深入，亦儘可有清順之功。又若爲文，而不僅僅是顧到邏輯，且能首尾相應，復能句句扣緊，亦未始不可有清順之功。

惟似此清順之功，欲其見之於一般青年之作，仍是過於苛求。時至今日，若能爲文，先訂立一大綱，再節節爲之，而不致前後倒置，或左右搖擺，或大小不稱，或上下不接，以陷於紊亂不清，矛盾不順，亦足以爲淸順之文。

通常作文，會總是大題大作，小題小作。若眞能如此，自亦可不失爲淸順。惟若又能從而大題小作，並從而小題大作，則更可不失爲進一步之淸順。

大題小作，可以成爲絕妙之小品，亦可以成爲典型之古文。曾文正公稱：「韓柳有作，盡取揚馬之雄奇萬變，而內之於薄物小篇之中，豈不詭哉」？於此，揚馬是大題大作，而韓柳則分明是大題小作。若夫小題大作，則每見之於西方之文苑中；而今之論文，固亦多如此。惟由前而論，乃是化繁爲簡之淸順。由後而言，乃是積雜成純之淸順。

第十一講　古文辭類纂序目與文開新運

姚鼐本諸桐城古文義法，以編其古文辭類纂一書，實似暗示天下文章，盡在於此。此誠有其謹嚴，有其精當。惟終覺規模氣象，有其欠缺，有其不足之處。其所爲分類，計有論辨，序跋，奏議，書說，贈序，詔令，傳狀，碑誌，雜記，箴銘，頌贊，辭賦，哀祭等十三類。似此文之體類十三，若就散文之應用體類而言，固不止於此數。且隨時之進展，其數可增至無數。若就散文之本質，以言體類，則全歸於說理，抒情與敘事之三類，亦未始不足。若就散文與生活之配合，而須融情理與事爲一而言，則卽不予分類，而一以時代爲準，亦未爲不可。在此等處，姚氏未能開脫，故覺規模欠缺；又在此等處，姚氏未能釐清，故覺氣象不足。

在序目中，最醒人心目之言，厥爲其「所以爲文者八，曰神理氣味，格律聲色」之語。其實，文之合乎此「神理氣味，格律聲色」者，已卽爲詩的散文。而此詩的散文，在我國以前，又常非大文。但姚氏所選者，竟多是大文與大篇。

曾文正公稱「韓柳有作，盡以揚馬之雄奇萬變，內之於薄物小篇之中」，而力贊其詭。此在文辭之表現上爲詭，而在文辭之實質上則爲詩。然只限於薄物小篇之內。於古文之大篇，則又似當別論。

姚氏稱：「神理氣味者，文之精也；格律聲色者，文之粗也」。一般言之，由文之有色彩有聲調，進而爲有旋律有風格，這已是由美麗之散文，進到散文之頂點。若再由文之有旋律有風格，進而爲有情味有氣韻，則卽已進到詩的領域。若更由是而入理入神，自又爲一完美的詩。固不僅爲「文之精也」。

由此以言古文，則典型之古文，實一方面爲絕妙之小品，而一方面又爲詩的散文。在此等詩的散文中，一方面融合情理與事而爲一，一方面又配合日常生活而如神；遂儘足以使人因文而不朽，又儘足以使文因人而不朽；此之謂眞有生命。

似此眞有生命之古文，從事寫作者，自須如姚氏之所稱：義理考據詞章，不可一闕。惟若三者之中，只是各有若干，或是各有一點，置於一處，合而爲文，則文雖無弊，然義理終不足爲義理，考據終不足爲考據，詞章亦終不足爲詞章。至此，雖三者俱全，究爲三者俱失。以此而文之生命不顯，故必流而爲枯。反不若義理考據詞章三者分途發展，各自爲文之爲愈。故桐城之後，必須文開新運。

第十二講　文章之氣與美

通常所謂文章之氣，總是說氣勢。如一氣呵成，如磅礴之氣；如長江大河，一瀉千里；又如潮湧等等，皆所以形容文氣。

實則，似此文氣，如不聯結於韻味，便會只是表面上的氣魄。而在骨子裏，終究會顯不出什麽氣概來。更談不到什麽氣象了。

必須文章氣勢，富於韻味，方足以言氣韻。必須氣韻生動，方足以言氣概。必須氣概十足，方足以言氣象。必須氣象萬千，方足以言美妙。

一般說來，文章一有其結構之完整與統一，即有其氣勢；一有其內容之調和與變化，即有其氣韻；但必須有其變化裏的統一，始可有其氣概；又必須有其統一裏的變化，始可有其氣象。

而所謂文章之美，則即爲由一種氣韻中，所顯現出的一種優美的氣氛而來；又即爲由一種氣概中所顯現出的一種壯美的氣氛而來；更即爲由一種氣象中，所顯現出的一種合優美與壯美以成的完美的氣氛而來。僅僅是文章的氣勢，實未足以言文章之美妙。

古文中，人人皆特重韓文中之氣。如伯夷頌，自是一氣呵成。如張中丞傳後叙，自是磅礴之氣。至其他傳誦於人口之作，亦會是如長江大河，一瀉千里；又會是有如潮湧。似此文氣，其富於氣勢，固一讀卽知。而其所以能如此，自皆可歸功於其文章結構之完整與統一。惟以言文章之氣韻生動之極，終不若求之於莊子；以言文章氣概十足之至，終不若求之於孟子；以言文章氣象萬千之狀，終不若求之於論語。而左傳與史記之文，亦儘有其一種完美之氣氛，既顯現其變化裏的統一，又顯現其統一裏的變化；此所以爲文章之典型，此所以爲美。

在古文中，以所謂古文八大家而論，除韓文之氣以外，人人復推重蘇文之氣。三蘇之文，是以東坡爲特出。以前朱子除稱讚「韓文高」，又稱讚「韓千變萬化，無心變」之外，亦稱讚「東坡文字明快」。似此明快之文氣，自亦由於其富於氣勢。惟此氣勢，終不免有其流而爲放肆之處，故較韓文又低一格。然「韓文力量不如漢文」（亦朱子語）。此在蘇文中，其力量自更不如。由此以言夫文章之氣韻，雖東坡力學莊子，究亦不夠。若夫文章之眞氣概與眞氣象，則蘇文實尤不足以語於此。此所以文章之美，至不易言。

文章之美與文章之氣，不能分離。惟文章之氣，終必須由氣勢進而爲氣韻，爲氣概，爲氣象，方眞爲美的氣氛。

第十三講　文與人

魏晉南北朝之際，人多將文章之事，分而爲二：一爲文，二爲筆。如宋時顏延年謂其二子：「竣得臣筆，測得臣文」，此卽其一子善爲文，而其另一子則長於筆。

魏晉南北朝之際，人又每以爲：「有韻爲文，無韻爲筆」。此則直至清阮元，猶持「有韻爲文」之見。此所謂有韻無韻，固涉及所謂聲與色，惟其眞正之含義，仍在其篇中詩情詩意與詩思之有無，易言之，卽其能否到達一詩的境界。此則正如沈約傳之所稱：「謝玄暉善爲詩，任彥昇工於筆」。在這裏，所謂「測得臣文」（顏竣傳），與夫「謝玄暉善爲詩」之詩文二者，實相當於一事。而所謂「筆」，則僅指全不包含詩的成分之散文。

在任何民族中，似乎都是「有韻之文」，在「無韻之筆」以先出現。此亦儘可謂詩在散文之前。以言我國，則由詩經到離騷，由離騷到辭賦，由辭賦到駢麗之文，自更是一直下來之事。凡此固皆可謂之詩，亦皆可謂之爲有韻之文，或有詩情詩意與詩思之文。而外乎此等詩或此等文者，便卽爲筆，或通常之散文，或卽所謂「無韻之筆」。

由六朝駢麗文而下，則爲韓愈所力倡之古文。此從韓愈個人所持之觀念上說，古文係對駢文之一種文學革命。而此後蘇軾以及其他古文家所同予稱許之言，卽「韓愈文起八代之衰」之見，亦是從此一觀念上說。惟若從整個中國文學之演變上說，古文究爲確由詩騷辭賦駢文一直下來之一種文學發展。在此一大文學發展之下，古文可以爲無韻之筆，但亦大可爲有韻之文，或達一詩的境界之文，亦卽詩的散文。而在詩的散文中，有韻與否，實爲一完全不關重要之事體，故卽可以不論。然其中之詩

情詩意與夫詩思　則不可不論。

目前所謂舊體文與新體文，自亦如此。在整個中國文學之發展下，新體文亦可以爲無韻之筆，但亦大可爲有韻之文，亦卽詩的散文。惟若其中全無詩情詩意與詩思，甚至毫無理趣，則卽不僅不能形成一新的詩的散文，亦且筆不成筆。此則必不足以言眞正文學之發展，而只能說是文學上的一大挫折。

在眞正文學之發展上，總須有其文體之步步開脫。且必須有其文體之步步開脫，方可有其新的文體之一一成立，由是而更有其新的文學時代之一一完成。此則又須確有其人，始足以語此。「江山代有人才出，各領風騷數百年」，在確其有人，方能確有其文之發展下，確是如此。

第十四講　古文與小品

在我國以前所謂古文之中，有的是天下大文，也有的是生活小品；又有的是天下大文，出之以生活小品的情趣和手法。此使我國文學中特別發達並特具異彩之散文，出現着三種特出之形態。

第一種形態，是天下大文。此本可以作成專書，但並不作成專書，而只提綱挈領地以言，並畫龍點睛地以說。如此一來，所謂萬言書，卽成一極爲罕有之事；而文成千言者，亦屬少見之舉。在此類文章之中，如賈誼之過秦論，卽屬一典型。此乃所謂大題大做。然按其實，仍只是漫畫式的大做。此所以爲上品。

第二種形態，是生活小品。此使文章與生活，眞正打成一片，是生活的文學化，亦是文學的生活化。就生活的文學化而言，那是讓一種日常生活，成了一種詩的生活；而又讓一種詩的生活，轉成一種散文的人生。就文學的生活化而論，那是讓一種生活的詩，成了一種生活的散文；而又讓一種生活的散文，轉成一種生命的詩。因此之故，生活與文學的分歧沒有了；而詩與散文的分別，也在實質上，不能看出了。似此生活上之小品文，如王羲之之蘭亭序，卽屬一個典型。此乃所謂小題小做。然按其實，仍舊是從一粒砂中，見世界。此所以爲妙品。

第三種形態，是天下大文的小品化。此乃由一個人的生命之成爲藝術品，進而使其一己周遭的人間，又使其一己周圍的世界，亦成爲藝術品。卽使那人間是烽火的人間，但並不會去讓人們感覺着只是火藥味。卽使那世界是戰爭的世界，但並不會去讓人們感覺着只是殺伐聲。在生活小品中，會讓一個人的生命成爲藝術品；而在天下大文的小品化中，則更會讓一個天下成爲藝術品。此使人亦可以在火藥中見性情，此使人亦可以在殺伐中見性情。於是人是性情中人，人間是性情中的人間，世界亦正是性情中的世界。此所以看來，無一不是藝術品。似此之人，諸葛亮是一個典型。似此之文，前出師表是一個典型。在那裏，把出師討賊和躬耕南陽，合而爲一，正是天下大文的小品化。此乃所謂大題小做。但如此做來，正令天下後世，洞見其肝腸，洞見其心血，洞見其性情。此所以爲神品。

本此以衡論後世之文，則王陽明之拔本塞源論，亦是無比的天下大文；施耐庵的水滸傳自序，亦是絕妙的生活小品；曾文正公的聖哲畫像記，亦是極佳的天下大文的小品化。一般言之，不悟小品，卽難言古文。

第十五講　言與文

顏延年謂：「經典則言而非筆，傳記則筆而非言」。又以為「筆之為體，言之文也」。文心雕龍則以此為非，而認為「文以足言，理兼詩書」。

顏氏以有韻為文，無韻為筆，又以言與筆對舉。實無異為以言為最質樸之文。惟既是最為質樸之文，自仍是「文以足言，理兼詩書」。

通常最為質樸之文，總會是文如其人之文，又會是明白如話之文。此會是最為真實之文，亦會是最為耐人尋味之文。

惟在文學上，可以文如其人，且必須力求其文如其人；卻未必可以文如其言，且亦不貴力求其文如其言。同樣，可以明白如話，且必須力求其明白如話；卻未必可以卽為俚語，且亦不貴力求其卽為俚語。

因此之故，言與文之合而為一，在我國文學上，卽絕不能如外方文學上之言文不分。彼言與文之不分，那只會是言的聲音加以記錄或不加以記錄。而其皆為聲音，則正相同。若夫言與文之所謂「合一」則只應求其言之最為質樸之文，而並非只求其言之聲音，加以記錄。這其間的距離，其實是很大的。這須得有學力，這亦須得有天資。就其須靠學力，始能辦到言文之合一而言，那是一種大修養。就其須靠天資，始能辦到言文之合一而言，那是一種大手法。前者之例，可以宋明儒者之語錄為代表。後者之例，可以施耐庵之水滸傳為代表。此決非一種錄音片子所能為力之事。

至若由聖言以成聖文之經典，其間言與文之合一，直是言與文之渾成，以成其至高的語言，又成其至上的文。此可以論語爲代表。此則必須是天縱之聖，方好成其爲經典之書。在那裏，道就是言，言就是文，文就是經典，經典就是性情。

本此以論今之所謂新體文，或語體文，其所指之言與文之合一，意義自是大相懸殊了。

今之所謂言文合一，那只會是外方拼音文字中之言與文不分。似此不分，又會是只求文如其言，並會是只力求其卽爲俚語。此固不文，亦且非筆。然話雖如此，終亦絕不可能。此蓋因言之與文，在筆之下，終不能如在錄音片中一樣，說合一，就可以合一。而所謂言與文之合一，終別有其道，別有其方。

其道，是力求文如其人之道。

其方，是力求明白如話之方。

第十六講　事與理

在語言文字之運用上，抽象地說一一之理易，具體地言一一之事難。而卽事以見理，據理以言事，又因事以明理，並融理於事中，則尤難。

因此之故，最爲結實之文，必爲事理之文；而最爲疏朗之文，亦必爲事理之文。事理之文，事與理不分。而通常之文，則多分事與理：其敘事者，爲敘事文；其說理者，爲說理文。此在外方，尤屬如此。

卽事以見理，則理不離事，事貫於理中。據理以言事，則事不離理，理貫於事中。此事理之初步不分。惟若能如此爲文，已使其文，最爲結結實實。

再因事以明理，並融理於事中，由是而事理無礙，事事無礙，此事理之眞正合一！果眞能如此爲文，則更使其文，最爲疏疏朗朗。

一般言之，結實之文，實不易見。在古文八大家中，韓文高，蘇文明快，惟都不過是所謂有其氣勢而已。但僅憑其文之氣勢，究亦難言文之眞正結實。

從另一方面言之，如朱子之大學章句序與中庸章句序等文，却儘可讓人按之又按，只覺其實實在在，倒是眞正的結結實實。

至於疏朗之文，尤不易言。在古文八大家中，歐文實最富於情趣，且儘有其溫厚之氣。惟都不過是如曾文正公所謂「得於陰與柔之美」。但僅憑此文之陰柔之美，究亦難言文之眞正疏朗。

又從另一方面言之，如程明道之定性書與識仁篇等文，却儘可讓人味之又味，只覺其通明通透，倒是眞正的疏疏朗朗。

然於此所謂之眞正的結結實實，與夫眞正的疏疏朗朗，究仍不足以言眞正和最高之事理之文。如孟子之文，實乃眞正之事理之文。因其結結實實，故儘足令人想見其泰山巖巖之氣象。但亦儘是疏朗。

如論語之文，實乃最高之事理之文。因其疏疏朗朗，故尤足令人想見其天地之氣象。但亦儘是結實。

在外方，如基督教的聖經，自亦爲至高的書和至高的文。但不足以言眞正事理之文。而其結結實實與疏疏朗朗處，亦終是另屬一格。

名理之文，不同於事理之文；教理之文，亦不同於事理之文。而一般名理之文，終欠結實；一般教理之文，終欠疏朗。只事理之文，兩者圓融。

第十七講　思與境

理臻於神思，事臻於神境，如是理與事爲一，思亦與境爲一。

通常之文思，實難言文境。而文有其境界者，則必富於文思。

文心雕龍神思篇稱：「登山則情滿於山，觀海則意溢於海」，似此情意，實惟富於文境者能之。通常之文思，實不足以語此。

文思如泉湧，此乃文思之清，而儘可以漸入佳境。然必須於此，更能有其一大躍進，始足以言眞正之文境。通常此種躍進，卽所謂靈感（Inspiration）。靈感之來，人每以其爲突如其來，實則爲由文思之清而至。其湧如泉，其流亦如泉，當漸流入佳境時，必逢一斷崖絕澗，而又不得不有其水花四濺，方是躍入另一境界，而有其一種靈境。似此靈境，乃眞文境。

而文思如潮湧者，則雖有其文思之大觀，却未必有其文思之壯；雖有其文思之壯觀，却未必有其文思之奇；雖有其文思之奇觀，却未必有其文思之純。若由此而流於文思之雜，卽不足以言文思之清。此則必須是：

「大人虎變，其文蔚也；君子豹變，其文炳也」；

一方面是心安理得，一方面是天清地寧。此乃一方足以積雜成純，化繁爲簡，而有其清。似此之清，一方面是天清地寧。此乃一己之清明，此乃天下之文明。而憑此清明以爲文，自必有其文境；憑此文明以爲文，自更有其文境。

由文思如泉湧，以躍進至一靈境，而有其眞正之文境者，在古文之中，自應以陶淵明之桃花源記，爲一最好之典型。此誠爲思與境，合而爲一之文。

由文思如潮湧，而憑一己之清明，以有其眞正之文境者，在古文之中，當不妨以范仲淹之岳陽樓記，爲一特出之典型。惟若由文思如潮湧，而憑天下之文明，亦卽性情之敎，以有其眞正之文境者，則在古文之中，卽應以張橫渠之西銘，爲一典型。

眞正之文境，常是偶得，實不可以輕言。但卽使是偶得，亦靠有其筆力。若筆力不夠，仍是難言。西銘作成後，程伊川見之，說是某已有此意思，但無此筆力。若岳陽樓記，則直是范仲淹的整個生命，納入其中。而桃花源記，則更是陶淵明的全副性情，滲透於內。說到筆力，亦正是人之所無。

以言文思，則靠天資，亦靠學力。大抵讀書多，積理富，總可有其文思。惟文思之妙，亦終有賴於文才之高。

第十八講　情與志

在中國文學上，由情到志，會有其很長之距離，亦會有其很多之層次。凡屬爲文，總不患無其情。惟一有其情，則總患實無其志。因此之故，在事與理合一之下，在思與境合一之下，猶貴情與志之合一，方足以言文章之至極。情與志合，便爲情志。我在中國文學論略一書中論中國詩的本質，曾言詩可大體落在如下的五個層次之中，卽：

(1)情志；　(2)情思；　(3)情識；　(4)情感；　(5)情欲。

而在情識以下，卽停滯於情感與情欲之層次的詩的境界，在西方會只是希臘神話中的酒神卽狄恩休士(Dianysus)的境界。而在停滯於情感與情欲之層次的文的境界，亦復如是。此則必須有其層次之上提，以具備其情思，並終於能落到情志之一層次上，始能到達姚氏所謂爲文八法中，卽神理氣味格律聲色中之神的境界。

通常所謂之情，總是情欲與情感。而眞正之情，則總會是情思，更會是情志，亦卽所謂志。禮記有言：「氣志如神」。在文學上，亦最貴「氣志如神」。此則決非酒神，卽狄恩休士神之神。

在古文中，最富於情思與情志之文，以明清兩代而論，當可舉出三個典型。第一是王陽明的瘞旅文；第二是歸有光的先妣事略；第三是曾國藩的歐陽生文集序。

在瘞旅文中，中土亡人之痛，和置死生於度外之心，既見之於情思與情志，自達之於永恆與無限。

在先妣事略中，其所云「世乃有無母之人」之悲，和人生無可柰何之處，旣見之於情思與情志，自垂之於萬古與千秋。

在歐陽生文集序中，其所云「文章與世變相因」，和置一身於一禍亂之中心之感，旣見之於情思與情志，自貫之於現在與未來。

士尚志，文亦尚志。人必由情以達於志，方非僅以文抒情，而實能以文見志。以文見志，此則必須靠學力，又須靠才力。但更須靠性情。大抵性情之所至，終不難有性情之文。而性情之文，亦必爲見志之文。

見志之文，總有其眞性眞情。有其眞性眞情，總有其眞才實學。至此，文章之才，方會是眞才；而文學之學，亦不會不是實學。

第十九講　推陳出新（一）

顏之推在其家訓文章篇中稱：

「凡爲文章，猶人乘騏驥，雖有逸氣，當以銜勒制之，勿使流亂軌躅，放意塡坑岸也。文章當以理致爲心腎，氣調爲筋骨，事義爲皮膚，華麗爲冠冕。今世相承，趨末棄本，率多浮艷。辭與理競，辭勝而理伏；事與才爭，事繁而才損。放逸者流宕而忘歸，穿鑿者補綴而不足。時俗如此，安能獨違？但務去泰去甚耳。必有盛才重譽，改革體裁者，實吾所希。古人之文，宏才逸氣，體度風格，去今日遠，但緝綴疏致耳。今世音律諧靡，章句偶對，諱避精詳，實於往昔多矣。宜以古之製裁爲本，今之辭調爲末，並須兩存，不可偏棄也」。

似此以「古之製裁爲本，今之辭調爲末」，正是文學上的推陳出新。在此推陳出新之古今文學一大趨勢之下，所謂趨新革新，固然是推陳出新；而所謂反本保守，亦正是推陳出新。「革新」須有「逸氣」，而「保守」正爲「銜勒」。　如是「浪漫的」(Romentic)與「古典的」(Classic)，相互而成，卽「理致」，「氣調」，「事義」與「華麗」，皆得其用；放逸者可以歸，而穿鑿者可以止。人必有守而後有爲，有爲而復有猷。彼在文學上之推陳出新。亦復如此。

魏禧論文云：

「學柳州易失之小，學廬陵易失之平，學東坡易失之衍，學穎濱易失之蔓，學半山易失之枯，學南豐易失之滯。惟學昌黎老泉少病；然昌黎易失之生，老泉易失之粗，病終愈於他家」。於此，若學柳州而能大，學廬陵而能雄，以至學東坡，學穎濱，學半山，學南豐，而能不衍，不蔓，不枯不滯，則卽爲推陳出新。

又能學昌黎而不失之生，學老泉而不失之粗，則更爲推陳出新。此必學古，而後推陳；亦必推陳，而後出新。新決不會憑空而出。此所以文學必須貴乎文學之遺產。若棄其遺產，卽終爲浪人。

謂學古而有失，遂爾不學，並唾棄文學上偉大之傳統，而侈言創作，卽終爲妄人。人言「熟讀唐詩三百首，不會吟詩也會吟」。以言作文，實不妨說：熟讀古文三百篇，不會作文也會作。卽不言作文，而言文學欣賞，則在熟讀之後，以至背誦之餘，再加以細細之體會，與時時不斷之回味，亦終將感覺到其滋味會別有一番。

以前的人讀書，要讀要背誦，並要大聲讀和時時背誦，這不能不是學古之一法。今之青年，每以此法爲笨，惟以言學古，終會是不笨不足以爲法。這正是所謂：「不是一番寒澈骨，爭得梅花撲鼻香」？必由此而再千鎚百鍊，使不復東倒西歪，方足以言推陳出新。

惟有推陳出新，方足以言創新，方足以言創作。韓退之云：「惟陳言之務去，戛戛乎其難哉」。於此，務去陳言，則必將如魏叔子之言，易失之生。但若陳腔濫調，又失之熟。故惟不生不熟，善用陳言，方是推陳出新，此又是一義。

第二十講　推陳出新（二）

學古好古，可以推陳出新。而擬古倣古，却終只是一種推陳出新的初步工作。

顧炎武論文，有言曰：

「倣楚辭者，必不如楚辭。倣七發者，必不如七發。」

這無異說：僅僅是擬古倣古，終將無濟於推陳出新。惟在文學上推陳出新之過程中，擬古倣古亦終可作爲推陳出新之一種初步工作。於此，朱子稱：

「前輩作文者，古人有名文字，皆模擬作一篇，故後有所作時，左右逢原」。

似此由模擬古人作品，以到達左右逢原之境，便卽是由擬古倣古，以到達推陳出新之域。這較之熟讀背誦之法，實更爲笨法。然此笨法，若能善於利用，則左右逢原之處，便卽爲熟能生巧之時，所以是：其實非笨。惟若只是模擬，則卽爲笨。宋祁云：

「夫文章必自名一家，然後可以傳不朽。若體規畫圓，準方作矩，終爲人之臣僕。古之譏屋下作屋，信然」。

一般言之，在文學上不能推陳出新，便卽是屋下作屋，多此一舉。舉凡只是擬古倣古，而屋下作屋，便卽是爲人臣僕，其笨可知。文學之事，必須推陳出新，始可自名一家；必須創新創作，始可傳之不朽。

惟在推陳出新之創作過程中，又談何容易。韓柳之文，爲世人所推崇，固皆由極艱苦中得來。在韓愈答李翊書中，有言云：

「……雖然。學之二十餘年矣。始者非三代兩漢之書不敢觀，非聖人之志不敢存；處若忘，行若遺，儼乎其若思，茫乎其若迷。當其取於心而注於手也，惟陳言之務去，戛戛乎其難哉。其觀於人，不知其非笑之爲非笑也。如是者亦有年，猶不改。然後識古書之正僞，與雖正而不至焉者，昭昭然白黑分矣。而務去之，乃徐有得焉。當其取於心而注於手也，汩汩然來矣。其觀於人也，笑之則以爲喜，譽之則以爲憂，以其猶有人之說者存也。如是者亦有年。然後浩乎其沛然矣。吾又懼其雜也，迎而拒之，平心而察之，其皆醇也，然後肆焉。雖然不可以不養也。行之乎仁義之途，游之乎詩書之源；無迷其途，無絕其源，終吾身而已矣」。

其所謂「學之二十餘年矣」，正是學古好古。其由是而進，則爲「識古書之正僞，與雖正而不至焉者，昭昭然白黑分矣」，此乃對古之辨別，與夫眞能欣賞。再由是而進，方是「汩汩然來矣」之推陳出新；又是「浩乎其沛然矣」之創新創作。更由是而進，「不可以不養」，以至於「無迷其途，無絕其源，終吾身而已矣」，方是對文學上之創新創作，眞正承當得起，眞正受用得了。

又柳宗元答韋中立論師道書，說：

「……吾每爲文章，未嘗敢以輕心掉之，懼其剽而不留也。未嘗敢以怠心易之，懼其弛而不嚴也。未嘗敢以昏氣出之，懼其昧沒而雜也。未嘗敢以矜氣作之，懼其偃蹇而驕也。抑之欲其奧，揚之欲其明，疏之欲其通，廉之欲其潔，激而發之欲其清，固而存之欲其重。此吾所以羽翼乎道也。本之書以求其質，本之詩以求其恒，本之禮以求其宜，本之春秋以求其斷，本之易以求其動，此吾所以取道之原也。參之穀梁氏以厲其氣，參之荀孟以暢其支，參之莊老以肆其端，參之國語以博其趣，參之離騷以致其幽，參之太史以著其絜，此吾所以旁推交通，而以爲之文也」。

於此，文學上之推陳出新，會有賴於一大修養；而文學之本身，亦正是一大修養。文學離不開人生，人生離不開修養，而修養則離不開道。其以文羽翼乎道，而去其輕心與怠心，除其昏氣與矜氣，以欲其奧，欲其明，欲其通，欲其重，正是以文學為修養。而其更進而求其質，求其恆，求其宜，求其斷，求其動，取道之原於五經，則又是以修養為文道。故其「旁推交通」於其他典籍以為文，便自有其文之推陳出新。

古文八大家，以韓柳為首。而觀其自述，則韓文實儘有其艱苦，柳文實儘有其修養，已是如此顯然。至若其他文章之士，其造詣雖儘有不同，惟造詣之深淺，終必須視其推陳出新之程度，固無不同；而推陳出新之程度，又終必須視其得來艱苦之與否，與夫修養之如何，亦固無不同。總之，文學上之推陳出新，決不可以倖得。今所謂「新體文」，又果如何？

第二十一講　風格之形式

金王若虛在其所著滹南遺老集中稱：

「或問文章有體乎？曰：無。又問：無體乎？曰：有。然則果何如？曰：定體則無，大體須有」。

在此語意中，所謂「定體」，實相當於目前所說的格式或形式（Form）；所謂「大體」，實相當於目前所說的風格或筆調（Style）。

在我國以前，所謂文章體制或體裁，每每是包括文章之格式與風格兩者而言。且有人偏重於文章之格式，又有人着重於文章之風格，因此而有不斷之爭論，並因此而形成兩派之主張。

王禹偁之竹樓記，王安石稱贊之，謂勝於歐陽修之醉翁亭記。而王若虛則不以爲然，說道：

「醉翁亭記雖涉玩易，然條達迅快，從肺腑中流出，自是好文章。竹樓記雖復得體，豈足置歐文之上乎」？

只不過黃庭堅又以「荆公論文，常先體制」爲可貴。在此等處，分明是王若虛站在文章之風格上，爲醉翁亭記作其辯護，而王安石則以爲須同時顧照文章之格式與文章之風格，使二者不致畸重畸輕，方爲得體。而黃庭堅卽深有見於此，故以荆公論文爲是。惟黃庭堅又以荆公論文，以辭之工拙爲後，此則又似以辭之工拙，與文章之風格，初無關聯，遂爾分之爲二。實則文章之格式，終不能不關聯到文章之風格；而文章之風格，亦終必關聯到辭之工拙。若在今日視之，文章之風格，究須最應重視；而文章之格式，則須予以開脫，故亦儘可以說文無定體。

而文之所以無定體，亦且不貴定體，則因在文學上，會儘有其新的風格，不斷形成；且隨時之進展，而不斷有其進展。

大抵文能學古好古，而不失其一己之面目者，卽往往有其新的風格之形成。此乃眞正之文學上的推陳出新；且由此眞正之文學上的推陳出新，而自有其文體之開脫。彼徒擬古倣古者，實不足以言風格之形成，因亦不足以言文體之開脫。

惟在另一方面，輕言創作，而薄古厚今者，亦不足以言新的風格之形成，與夫眞正文體之開脫。王安石評蘇軾醉白堂記云：「文辭雖極工，然不是醉白堂記，乃是韓白優劣論耳」。而蘇軾復評王安石之虔州學記爲學校策。凡此所論，正是各譏其文體之變；而文體之變，固不卽等於新風格之形成和文體之開脫。

在文學上，有眞正之風格，方有眞正之生命。

第二十二講　論說文

陸機文賦稱：

「論精微而朗暢，說煒曄而譎誑」。

而文心雕龍則稱「論」云：

「論也者，彌綸羣言，而研精一理者也。……原夫論之爲體，所以辨正然否，窮於有數，追於無形；迹堅求通，鉤深取極；乃百慮之筌蹄，萬事之權衡也。故其義貴圓通，辭忌枝碎。必使心與理合，彌縫莫見其隙；辭共心密，敵人不知所乘。斯其要也。」

又稱「說」爲：

「凡說之樞要，必使時利而義貞，進有契於成務，退無阻於榮身。自非譎敵，則唯忠與信。披肝膽以獻主，飛文敏以濟辭，此說之本也。而陸氏直稱說煒曄以譎誑，何哉？」

在這裏，陸機文賦中對論之主張，和劉勰文心雕龍對論之論點，並無不同；而對「說」之意見，則完全兩樣。而其所以會兩樣，則因說之本身，原有兩樣。

佛家說法，稱有三種：一爲彌天蓋地，二爲截斷衆流，三爲隨波逐浪。以言作論，其須彌天蓋地之處，與陸機所謂「論精微而朗暢」之言，及劉勰所謂「彌綸羣言，而研精一理」之說，原可相通。而以言立說，或則截斷衆流，或則隨波逐浪，固儘可因人因事因時因地而不一。若陸機所謂「說煒曄以譎誑」，實卽隨波逐浪之說。劉氏非之，自以爲「說之樞要，必使時利而義貞」，蓋乃就「截斷衆流」之說，以爲言。彼此觀點不同，遂爾說法有別。

要知論有種種類型，說亦有種種類型，此決不能求其一致。只可在理論和理想上，求其應具備一種爲人所共許之風格，以作文學批評之準繩。就此而論，則陸機之言，與劉氏之說，固皆足取。

一般言之，論不易作，說亦難爲。曾文正公謂古文不宜說理。此所謂不宜說理，實卽不宜以古文爲論說之文。因此之故，宋明理學家之爲此類文，寧採用語錄體，而稱心以談，如理以說。通常讀書不多，積理不富者，着手立論，則論卽難免爲空疏之論；從事立說，則說卽每每爲偏枯之說。古文之所以不宜說理，實因其每至流於空疏，流於偏枯，以致只能剩下一個空架子。

大抵論說之文，最怕只具備一副空架子，而空空洞洞，令人不能卒讀。反之，論說文之佳者，總須開門見山，剖心見血。由是而肝膽流出，性情流露，方不僅是白紙黑字而已。

第二十三講　叙事文

清張秉直在其所著之文談一書中，稱：

「文章不過叙事與議論，叙事欲其詳明，議論欲曲折以盡其情」。

在古文中，照日人齋藤拙堂的文話所說：「論辨書序爲議論文，記傳碑誌爲叙事文，不可相亂」。實則，所謂「不可相亂」，亦視在何場合，終難執着。若夫融理於事，又卽事見理，則以之爲文，卽至難分類。惟叙事欲其詳明，總貴直說。議論欲其曲折，則貴婉陳。只不過直說之中，亦非不可婉陳。而婉陳之中，更未嘗不可直說。由是而横說豎說，皆當其理，「以盡其情」，便卽爲議論文之極致。而隨手拈來，皆成妙筆，以有其實，則卽爲叙事文之典型。在這裏，若言何者爲難，何者爲易，固可有種種說法。拙堂文話稱：

「凡作文議論易而叙事難。譬之叙事，如造明堂辟雍，門階戶席，皆有程式，雖一楹一牖，不可妄易。議論如空中樓閣，不厭出新意，故難易迥異」。

似此所言，在一般爲文者，確是如此。

通常最好之議論文，只是照理說。但此「照理說」，却正用得着一絕大的智慧。

通常叙事文之最佳者，只是如實說。但此「如實說」，却更用得着一眞正的性情。

「如理說」以爲文，則卽可以如朱子所言：

「三代聖賢文章，皆從此心寫出，文便是道」。

惟若「如實說」以爲文，則一切是性情的流露，天地萬物，皆透過性情，化而爲文，自更使道便是文。

要知從此心寫出的是道，亦正是事。而全宇宙間是事，亦正是道。由此而事事是理，事事是實。只叙事，而議論卽在其中。是以議論之文，亦儘可出之以叙事。而所謂文章，正可打歸一路，只叙事文已足。

初學爲文，應從叙事文着手。而以言文章之歸宿，亦應歸到叙事之文。古文之佳者，亦大都爲叙事文。而其叙事之佳，則在其簡潔。是以力求簡潔，乃叙事文之一大法則。

惟叙事既欲其詳明，自不能不注意其細部（Detail）。既注意其細部，又如何能力求其簡潔？此叙事文之所以爲難。於此，必須能提挈其細部，方足以言簡潔。

但欲提挈其細部，則必須有主腦，又有眼目。有主腦，則歸於一體，此之謂簡。有眼目，則通體透明，此之謂潔。是以叙事之難，難在簡潔。

第二十四講　抒情文

一般言之，抒情詩歸於詩的領域。而抒情文，亦正可歸於散文詩之內。只不過散文詩和詩的散文，畢竟不是完全一樣。在文章中，若只是議論與叙事，而無詩的散文以抒情，卽終無法眞正完成其一個散文的世界。

在一個散文的世界裏的抒情，和在一個詩的世界裏的抒情，儘會是不必相同。因此，抒情詩和抒情文，更會是手法各異。

抒情詩的手法，總是越直截越好。而抒情文的手法，則常是入情而又須入理，又常是因事以言情，卽情以述事。必須如此，方會是如怨如慕如泣如訴，方會是哀以思。由此而合情理，亦由此而切事情。若一味直截，則情卽難周。自不足以成周情孔思之文。

通常抒情之文，總必須是周情孔思之文。而整個散文的世界，亦應該是一個周情孔思的世界。此固可直抒其情，但更須曲致其意。

因此之故，舉凡匆忙得不得了，而又實無所事者，決不足以言抒情之文。舉凡聰明得不得了，而又並無頭腦者，更不足以言抒情之作。

議論之文，一富於情意，則必可曲盡其情。叙事之文，一富於情意，則必可洞見其心。而所謂情文並茂者，總是屬於抒情之筆。故抒情文，未始不可以滲入於議論文之中，亦未始不可以歸入於叙事文之內。而其獨成一體，則終不能別開叙事，或一無議論。且情見乎辭，情見諸事，更爲抒情文之極則。

人每以爲抒情之文，乃熱烘烘之筆。實則靜悄悄之作，更爲抒情之文。由前而言，那是火氣。由後而言，那是靜氣。

在外方，抒情之文，每多如火如荼。此則有如春陽，又如夏日。而在我國，抒情之文，則貴爐火純靑。此可如冬陽，又可似秋月。於此分明開出兩個境界。然夏日之日，又何如冬陽？而春陽之下，又何如秋月？此則知者自知，昧者自昧。以言雋永，總須靜氣迎人。決不可以一味火氣。

眞正說來，一個詩的世界，會就是一個抒情詩的世界。可是一個散文的世界，則必須是一個抒情文的世界。在抒情詩的世界裏，可以只是哀號，可以只是流淚，甚至還儘可以淚盡繼之以血。但在抒情文的世界裏，却只能是一唱三嘆，而又儘是叮嚀。

第二十五講　開出思路

不論是議論，或是敘事，或是抒情，皆須開出思路。人有聰明，而不能開出思路，那是沒有頭腦。人遇事物，而不能開出思路，那是一榻糊塗。人富感情，而不能開出思路，那是只有痴呆。

目前，大家都聰明得不得了，大家都忙亂得不得了，大家都衝動得不得了。於是大家所要求的，也就只會是一些俏皮話，一些粗線條，和一些刺激品。而在俏皮話裏，決不會有思路；在粗線條裏，也決不會有思路；在刺激品裏，更決不會有思路。於此之際，整個時代，會簡直沒有思想；而大家也只會是不思不想。

在不思不想的世界裏，不會有思路。在沒有開出思路的人間裏，不會有文章。

青年人在一個文題到手時，每每是茫茫然不知從何處下手。這就表明沒有開出思路。於是聰明封閉在裏面，事物堆塞在裏面，感情淤積在裏面。便自然會是議論談不上，敘事談不上，抒情更談不上。只不過，他們的聰明，畢竟是透頂的；眼前的事物，畢竟是衆多的；而青年的感情，更畢竟是豐富的。他們有無盡的寶藏，他們不知道如何開發。

爲什麼會不知道開發？這就不能不歸咎於他們不知用心。他們不能於一題到手之際，稍稍沉靜下來，這就表明他們不知用心。他們不能於一題到手之際，慢點動筆，而只稍稍思維，便一直寫去，這就表明他們不知用心。要用心，一定要寧靜。要用心，一定要深入。

而當大家不知用心之際，又如何能開出思路？

一開不出思路，便會烏雲壓頂。一烏雲壓頂，便會只是煩燥。而當只是煩燥時，就更不足以言深入，更不足以言寧靜了。由此而個人便歸於動蕩，社會便歸於動蕩，時代便歸於動蕩。在一切動蕩之際，最需要的，自然還只會是「寧靜」，還只會是「深入」。

果眞能大家寧靜一下，深入地想一下，這就必然會開出思路。一開出思路，就可以達之遠遠，此之謂寧靜致遠。以此爲文，則文思安安，便自有其境界。而世界亦自不至於無文。

因此之故，在一個無文之世，身居都市之人，若能多去郊區行走，又能於窗口，多看行雲，少看馬路，則心情稍稍寧靜，思想卽可稍稍深沉。積之既久，則思路頓開，天地亦必變化，草木亦可蕃昌。由而是議論滔滔不絕，敘事源源本本，抒情亦儘會是情文並茂。

第二十六講　中間的文體

當一個人思如泉湧時，則提起筆來，以最淺近之文句，如實寫出其心思，自足以成妙筆。而在提筆之前，若以最平淡之言辭，如實道出其心思，則成妙語。是以在妙語與妙筆之間，只有提筆與未提筆之異，又何來語體文與文言或新體文與舊體文之爭？

一般言之，妙語終須爲簡潔之語，而妙筆則終須爲清新之筆。因此之故，淺近明白之文言，若眞有其簡潔，又眞有其清新，便自足爲一介乎新與舊又超乎新與舊之中間的文體。

此一中間之文體，適於思如泉湧之際，亦未始不可以適於思如潮湧之日。因既可以成妙筆，亦自可以成絕作，故儘能應用之以成其文學或學術上之巨著。惟如何應用，總在人之一心而已。

目前的青年人，多喜作語體文，當有二因：一爲認語體文易作，二爲作語體文，已成習慣。惟其心目中所謂眞正之語體文，究屬如何？固亦模糊不清。實則，旣爲語體之文，卽應爲一明白如話之文。而此明白如話之文，豈非又相當於淺近明白之文？若能於此，而稍稍深思，則所謂語體文之觀念，必可一轉。又若能於此，而力求其文之簡潔，並力求其文之清新，則所謂語體文之文體，亦必可一轉。

實則青年人爲文，儘可不問文體，而只應力求其文之簡潔，與文之清新，以免於文之酸與枯。使眞能走向一介乎新舊又超乎新舊之中間的文體，則酸與枯之患，總較易於免除。此於整個時代，亦至有用。

大凡爲文，決不可出之易易，與出之匆匆。說某某文易作者，則必出之易易。說作某某文已成習慣者，則必出之匆匆。如此一來，則在為文之際，卽不足以言靜氣，遑論文思安安？

有文才者，儘可以不拘文體，惟決不可以沒有靜氣。彼無靜氣之迎人，卽終難有文才之出衆。青年於此為文，實應知為文亦是一種修養。而中間的文體，亦未始不足以成一修養，而令人更有其靜氣。

在靜氣迎人之下，可以思如泉湧。而當思如泉湧之時，卽不患無文。

在靜氣迎人之下，可以思如潮湧。而當思如潮湧之際，亦不患無文。

因此之故，欲從事一介乎新舊而又超乎新舊之中間的文體，卽不患無文，而只患無思。果「登山則情滿於山，觀海則意溢於海」，而有其「神思」，則卽不難有其妙筆，有其絕作。

第二十七講　有意爲文與無意爲文

秦漢以前，大都無意爲文。卽以司馬遷而論，亦非有意爲文者。然文或大都有其至味，亦或大都有其奇氣。韓文公自云非三代兩漢之書不敢讀，此亦無異於不敢讀有意爲文之作。

人每以爲政治而爲文，或爲科舉而爲文，爲有意爲文。其實彼所謂爲藝術而藝術，爲文學而文學之名士清流，亦正是有意爲文。

凡是有意爲文，總每每有其另一種氣味，此則或爲政治氣，或爲科舉氣，或爲名士氣。由是而必陷入一種臼穴，以形成一虛矯之風，可以敗事，亦可以敗文。而古文自唐宋八大家之後，會有其一大流弊：流而爲酸，流而爲枯，亦未始非因此之故。

反之，程朱陸王，皆有意爲學，而無意爲文；然其文，在程朱則結實之至，在陸王則開脫之至。卽以文論文，如大學中庸章句序，與夫拔本塞源論等文，又何嘗較之韓柳歐蘇之作，而有遜色？

因爲學而自然用思，因用思而自然爲文，遂使其文有深湛之思維，有迎人之靜氣。此固有意，但只是有意於爲學，全未思及於爲文。

因爲文而不能不用思，因用思而不能不爲學，以使其文有思想之充實，有奇氣之動人，此亦有意，但只是有意於爲文，而非一心於爲學。

青年人爲文，在其練習爲文之階段中固須有意爲文，立意爲文，並一心一意爲文。惟自此以往，若終無其一種自覺，若終無其一大躍進，則當其無由自拔之際，便只有終身爲一文士之心。

人以文士以自了，亦正如人以技術以自了，由是而又必至終其身陷於爲文匠而不自知。此可使其人有步步之墮落，亦自可使其文有層層之低降。

在青年人有意爲文，練習爲文之過程中，又每每是從文章裏學爲文章。實則，似此從文章裏學爲文章，亦只能是一種開步走的方法，和一種方便。若長是如此，便卽難有進一步的開脫，亦卽難有長進。一般的文人，所以總不免庸俗，總不免小模小樣，就是因爲他們，不能從文章裏超拔。

因此之故，有意爲文，究不如有意爲學。且只有有意於爲學，而一心在學，方可無意於爲文，而文自妙。

第二十八講　倒學了

在古文八大家中，韓蘇之文，尤為人所稱道。此若就文論文，原亦難怪。但據韓退之在其進學解中自稱：

「先生之為文，可謂宏其中，而肆其外矣」。

此則誠肆其外，惟所謂宏其中，實有如程伊川之所評。伊川說：

「退之晚年為文，所得處甚多。學本是修德，有德然後有言。退之却倒學了。因學文日求所未至，遂有所得。如曰：軻之死不得其傳，似此言語，非是蹈襲前人，又非鑿空撰得出。必有所見，若無所見，不知言所傳者何事」？

此所謂「倒學了」，實乃因退之因學文日求所未至，遂使其有意於為學。此乃由文到學，而非由學到文。故所謂「宏其中」，終是由肆其外，而始漸宏其中。

蘇東坡自云為文必與道俱，且言：

「吾文如萬斛之泉，取之不竭，唯行於其所當行，止於其所不得不止耳」。

此在朱子語類中，即直言其「大本都差」。朱子說：

「道者，文之根本；文者，道之枝葉。惟其根本乎道，所以發之於文皆道也。三代聖賢文章，皆從此心寫出，文便是道。今東坡之言曰：吾所謂文，必與道俱。則是文自文而道自道，待作文時，旋去討個道來，入放裏面。此是大病處。只是他每常文字華妙，包籠將去，到此不覺漏逗說出他本根病痛所以然處。像他都是因作文却漸漸說上道理來，不是先理會道理了方作文，所以大本都差。」
似此「因作文却漸漸說上道理來」，亦正是「倒學了」。惟彼猶畢竟未能如韓退之一樣，由爲文，進而爲學，此「所以大本都差」。其所謂「吾文如萬斛泉」，實在只不過是「文字華妙」，只不過是「肆其外」。因此之故，便只能是一個具備一些名士氣，而並未「宏其中」的典型文人。而以後之學其文者，則更有其步步之墮落，與夫難免之空虛。

在古文八大家之文章中，如柳子厚的論語辨，如曾南豐的戰國策目錄序，會令人讀來，覺得結結實實。如歐陽永叔的徂徠先生墓誌銘，會令人讀來，覺得堂堂皇皇。如王介甫的答司馬諫議書和度支副使廳壁題名記，會令人讀來，覺其結實，堂皇而又有一股力量。但讀東坡文，則有時實不免覺其明快，又覺其飄忽。此正是「倒學了」和「大本都差」之病。

爲文總應該：人生是大本，學問是大本，性情是大本。

第二十九講　修辭立其誠

易乾卦九三稱：

「子曰：君子進德修業。忠信所以進德也；修辭立其誠，所以居業也」。

而文章之事，文學之業，則更須「修辭立其誠」。於此，人皆知修辭有其美。但美又如何能離得了眞？又如何能離得開善？美固通於眞，通於善。且必「充實之謂美」，亦必「充實而有光輝之謂大」。如眞知其大美，則「大而化之之謂聖，聖而不可知之之謂神」，方足以言美的至上，方足以言美的神聖。惟至此，已是合眞善美而爲一，合眞善美而爲全。似此修辭以全一，便卽是「修辭立其誠」。此乃「所以居業」。而文章之事，文學之業，自更應如此。

一般之修辭，常只是夸與飾，此便只是修辭有其美。惟由夸與飾之中，而有之美，終應有其向上一機，而幾於一，幾於全。故言其至極，仍須有其至誠之立。

若夫以比與興，應用於修辭之內，以成其修辭之美，則其所以爲美之程度，實更應視其由至性至情而出之程度，以爲定準。於此不能立其誠，便必然會是不誠無物，遑論其美？

惟在比興與夸飾之間，比興實更易見性，夸飾則每難立誠。但若不以見性見情爲志，則雖運用比興，亦屬徒然。而眞能以立誠立極爲事者，則雖一味夸飾，亦可不傷大雅。卽此，便可知文章之妙，與夫文學之本。而文章文學之所以須求其美，終究只是在如實以表現其人生，表現其時代；如實以表現其對家國天下之感，表現其對宇宙萬物之意；並如實以洞見其心，洞見其情，洞見其性。凡此如實，會就是不走樣。凡此不走樣，會就是讓一等於一。凡此讓一等於一，會就是誠。

在科學上，不走樣，會極簡單。在科學上，讓一等於一，也會簡單之至。然在文學上，其所謂不走樣，其所謂讓一等於一，卻儘有其無窮的涵義，儘有其無限的美妙。若以此而求所謂文學之科學化，或文章之科學，便只是文學之自殺，或文章之窮。此自不足以言誠。

要知在文學上或文章上的不走樣，乃是心的不走樣，情的不走樣，性的不走樣。在文學上或文章上的一等於一，是心如其心，情如其情，性如其性，以至一切如其爲一切。此乃純一化之至，此乃簡單化之至。此非爲簡單之至。此乃至誠如神，此非化爲一物。因此之故，所謂修辭立其誠，實大有事在：其一爲辭求其一，此卽辭之統一，聯貫與透闢。其二爲辭求其樸，此卽辭之簡單化與純化。

第三十講　辭達與寧靜

子曰：「辭達而已矣」，此乃只求其辭之達。既不必於辭達之外，更添一辭；亦不必於辭達之中，更減一辭。故必一句不能多，一句不能少，方是辭達之言。一字不能多，一字不能少，方是辭達之文。似此辭之達，實卽是辭之定。似此辭之定，實卽是辭之靜。再由此文辭之寧靜，更到文思之安安，便自會是所謂「易簡而天下之理得矣」。亦卽是所謂能慮，能得。因此之故，只一辭達，便覿體承當。只一辭達，便統體透明。那會是直達性情之際，那亦會是由性情之際而達。那會是直達泰初，泰初有道。那會是直達邃古，邃古有辭。故曰：「辭達而已矣」。於此，極度辭達之境界，實卽是極度清明之境界。於此，極度清明之境界，實卽是極度寧靜之境界。在那裏，一句不多，一句不少。那是清涼無汗。在那裏，一字不多，一字不少，那是纖塵不染。在那裏，會由人籟到了地籟，又由地籟到了天籟。而一到「辭達而已矣」，那便會萬籟無聲。在那裏，會由靈境到了聖境，又由聖境到了神境。而一到「辭達而已矣」，那便會神明鑒察。

因此之故，在文章裏，總要辭達。

因此之故，在文學裏，總要寧靜。

在我國，唐宋以後之文章文學，人多以韓柳等人爲達意派；以李攀龍，王世貞等人爲修辭派。惟能「修辭立其誠」，亦正是「辭達而已矣」。柳宗元論文云：

「吾幼且少爲文，以辭爲工，及長乃知文者以明道，不苟爲炳炳烺烺，務采色，誇聲音，而以爲能也」。

清人魏際瑞亦云：

「大家文如故家子弟，雖破巾敝服，體氣安貴。小家文如暴富傖奴，渾身盛服，反增醜態」。於此，必須眞能辭達，方是大家之文。

直正說來，修辭乃所以求辭達。而辭達之中，更儘有其眞正之修辭。於此，蘇軾云：

「夫辭止於達意，宜若不文，是大不然。言理使是理了然於心者，蓋千萬人而不一遇也。而況能使了然於口與手者乎？是之謂辭達。辭而至於達，則文不可勝用矣」。

惟辭之不達，大都由於辭之迫促。而辭之迫促，又大都由於氣之浮燥。於此，而辭能從容，氣能寧靜，則自能意在筆先，文在筆下，緩緩而來，安安而得。劉熙載云：

「古人意在筆先，故得舉止閒暇。後人意在筆後，故至手脚忙亂」。（語見其文概一書中。）

至於何以古人會意在筆先？這就不能不歸功於古人之寧靜。然眞能「心遊邃古，一念萬年」者，亦未始不可以當下有其寧靜！

至於今人何以會意在筆後？這就不能不歸罪於今人之浮薄。然眞能「使得十二時，不爲十二時使」者，亦未始不可以一下去其浮薄。

張耒云：「文以意爲車……，氣盛文如駕」。惟「以意爲車」，終須文思之寧；氣盛如駕，尤須文氣之靜。

柳宗元謂「爲文以神志爲主」。而神志之所以能爲主，終在神志之寧靜。欲求辭達，先求寧靜。

第三十一講　風格種種

文章風格或筆調（Style），因作者之時代不同而不同，更因作者之氣質各異而各異。在時代之不同上，有整個世運之盛衰，有個人遭遇之順逆等等，會是千變萬化。在氣質之各異上，有整個環境之影響，有個人年齡之關係等等，亦會是千差萬別。以此而有種種之風格或筆調，遂使文章之變，翻成文學之美。

蘇軾與侄簡書云：

「凡文字少小時，須令氣象崢嶸，采色絢爛。漸熟乃造平淡。其實不是平淡，乃絢爛之極也」。

又答李豸書云：

「惠示古賦近詩，詞氣卓越，意趣不凡，甚可喜也。但微傷冗，後當稍收斂之，今則未可也」。

似此珍重年齡之關係於文章風格或筆調，在一個人的自然生命上，亦不得不如此。對此，宜順不宜逆，正是在文學上，發展個性之一途徑。

至於整個環境之影響氣質，在文章上，尤爲顯著。且可因此而使文章有貴族與平民之分。宋人盛度（公量）嘗覽夏竦（子喬）之文，說是有舘閣氣。其文章典雅藻麗，此即所謂舘閣氣，亦即所謂貴族氣。

實則文章之帶貴族氣，並不能即謂其爲屬於貴族階級之文學。若以此而認定所謂文學之階級性，尤屬無謂之至。左傳之文，最爲典雅，因亦最富於貴族氣。但此貴族氣，正是文學上之一種美，實最足珍重者。若全無此氣，便即爲文章之酸。文章固最忌酸氣，此實不可不知。宋王安國（平甫）嘗云：

「文章格調，須是官氣」。

此所謂官氣，亦正是所謂舘閣氣，或貴族氣；自非官僚氣。皇朝類苑將天下文章分爲兩等，謂：

「余嘗究之，文章雖各出於心術，而實有兩等。有山林草野之文，有朝廷台閣之文。山林草野之文，其氣枯槁憔悴，乃道不得行，著書立言之所尚也。朝廷台閣之文，其氣溫潤豐縟，乃得行其道，代言華國者之所尚也」。

似此所言，固爲說明整個環境之影響。然人究亦儘可於此而超越之。故山林草野之人，其氣亦儘可溫潤豐縟；而山林草野之文，其氣亦可不致枯槁憔悴。反之，朝廷台閣之人，其氣亦儘可枯槁憔悴；而朝廷台閣之文，其氣亦未必溫潤豐縟。此實不足以盡文章之道。只不過文章之須典雅藻麗，須溫潤豐縟，則終未可非。

謝枋得之文章軌範一書，以文章之事，可類別爲放膽與小心兩大類型。實則，似此放膽與小心之文章類型，正會是整個世運之盛衰反映。

至因個人遭遇之順逆，而有得水得山之多少，則正爲見智見仁之不同，於此，魏禧稱：

「文有得水分者，有得山分者。子瞻水分多，故波瀾動盪。退之山分多，故峯巒峭起」。

凡此文章上之風格種種，正促成文學上之氣象萬千。

第三十二講　文之主理與理勝

文有以理勝者，亦有以情勝者。因此之故，文亦有主理與主情之分。
陸象山云：
「文以理爲主，荀子於理有蔽，所以文不馴雅。」
朱子亦稱：
「不必着意學文，但須明理。理精然後文字自然典實。」
其所謂理，自是義理。而所謂義理之精，義理之熟，又自是仁精義熟。而仁精義熟之文，則卽爲以理勝之文。此在宋明理學家，固如是主張。而古今文人，亦大都如此主張。此乃我國文章之一主流。劉勰文心雕龍稱：「精理爲文」。陸機文賦稱：「理扶質以立」。而孔叢子更載：
「宰我問：君子尙辭乎？孔子曰：君子以理爲尙」。
又文中子亦云：
「言文而不及理，是天下無文也」。
在這裏，實無異是以理爲文之質。而文之所尙，則爲質；無其質，卽無其文。在古文家中，如韓愈亦言：
「學所以爲道，文所以爲理」。
歸有光復云：
「文章以理爲主，理得而辭順」。

而魏禧更稱：「文章之能事，在於積理」。凡此所述之理，固可指種種之理。惟與其謂為理智之理，終不如謂為理性之理。因此之故，其主理者，卽不必為今之主智。且卽使主智，亦會是讓知識歸於智慧，更讓智慧歸於性情，必如此，方是道與文兼至交盡。曾國藩與劉霞仙書云：

「自孔孟以後，惟濂溪通書，橫渠正蒙，道與文可謂兼至交盡。其次如昌黎原道，子固學記，朱子大學序，寥寥數篇而已」。

實則如昌黎之原道，自伊川視之，亦終覺其說得粗。所謂理勝之文，其難可知。而王陽明拔本塞源論與尊經閣記等文，則儘可為仁精義熟之作，故正可以之為理勝之文。若夫程明道之識仁篇與定性書等文，自更為此理勝之文之一典型。

在我國，眞正理勝之文，實是由性情之教，一直下來。而孟子一書，則更對此一文章主流，有其極大影響。古文家中，韓愈學孟子，蘇洵也學孟子，歐陽修亦正是直接間接學孟子。

一般言之，文之主理，而又能不離性情之教，並一本性情之教，卽終不難有其理勝之文。似此理勝之文，既有其義理之嚴整，亦儘有其情趣之盎然。此乃性情之文。

第三十三講　文之情勝與氣勝

漢之蒯徹與主父偃讀樂毅報燕惠王書，竟至廢書而泣。此乃爲情勝之文所感，故自然如此。其間所表現之忠厚之心，與夫至誠之意，固儘足以垂之百世，傳之千載。

又前人論文，有語云：「讀出師表而不泣者，必不忠；讀陳情表而不泣者，必不孝；讀祭十二郎文而不泣者，必不友」。此乃因情勝之文，必可動人。若不爲所動，則必爲乖其性情之人。

在古文中，有主理而爲理勝之文，作其主流。而情勝之文，亦所常見。惟主情之論，則屬罕見。此在外方，竟適得其反，主情之說，實遠多於主理之言。卽以日本而言，當中村敬宇初與三島中洲締交之日，卽明言：「文非人泣，豈可謂至焉者哉」。

只不過，在另一方面，我國主氣之論，則又極多。魏文帝典論云：

「文以氣爲主，氣之清濁有體，不可力强而至」。

而文心雕龍一書中，亦稱：

「翬翟備色，翾翥百步，肌豐而力沉也。鷹隼乏采，翰飛戾天，骨勁而氣猛也。文章才力，有似於此」。

似此所謂之氣，實可合理與情，而以爲質。故有其質，卽有其力；有其力，卽有其氣。氣固不能離於理，亦不必離其情。故主氣，而主理與主情之意，卽俱在其中。韓愈所云「氣盛則言之短長，與聲之高下者皆宜」之語，與夫蘇轍所云「文者，氣之所形」之論，固皆爲主氣之言。卽在詩人杜牧，亦云：「文以氣爲主」。

其後，明之宋濂，復云：

「爲文必在養氣，與天地同。」

又歸有光云：

「爲文必在養氣，氣充於內，而文溢於外」。

大抵古文家之爲文，幾莫不主氣。因之評文，亦多從氣上說。李商隱評韓愈之文云：

「昌黎文若元氣」。

又宋邵博評歐蘇之文，亦有語云：

「歐陽公之文，和氣多，英氣少；蘇公之文，英氣多，和氣少」。

曾國藩稱西漢文章如相如，子雲，乃天地遒勁之氣；劉向匡衡乃天地溫厚之氣。而韓柳於揚馬爲近，歐曾於匡劉爲近。且以文章之道，莫可窮詰，要之不出此二途。亦俱從氣上以論文。

在古文中，如韓愈答李翺書，蘇洵上歐陽公書，蘇轍上樞密韓太尉書，胡銓上高宗封事等文，皆一般人所承認爲氣勝之文。

宋王洙誨諸子文章云：

「壯年爲文，當以氣焰爲主。悲哀憔悴之詞，決不得用」。

此亦正是不主情，而主氣之論。至於青年之文，自更應有青年氣，此卽所謂氣焰。惟氣焰亦終非一味火氣，而實應由養氣而來。而陳繹曾更論養氣八法，以歸於肅壯清和奇麗古遠八類之氣。蓋皆所以求文之氣勝。

第三十四講　文之莊重與遒勁等等

在我國，歷來論文品者，有所謂莊重，雄渾，典雅，渾厚，閎肆，謹嚴，高遠，蒼古，沈鬱；有所謂遒勁，雄健，豪放，跌宕，奇峭，俊逸，悲壯，老健，銳利，奔放；又有所謂簡潔，簡古，精約，精練；有所謂明晰，精明，坦夷，流暢；更有所謂輕妙，平淡，飄逸，清新，瀟灑，奇巧，圓轉，超脫，滑稽；有所謂精緻，精詳，密緻，縝密，詳悉，曲折，周到；尤有所謂優美，絢爛，豐潤，濃艷，婉曲，綺麗，蘊藉等。

而桐城派巨子劉大櫆，則有文之八貴，此卽：一高，二大，三遠，四簡，五疎，六變，七瘦，八華。此皆爲就文之風格或筆調上說。

莊重與典雅等等之文，有其風格之雅或高。遒勁與雄健等等之文，有其風格之健或大。俊逸與奔放等等之文，有其風格之逸或遠。簡潔與精約等等之文，有其風格之約或簡。明晰與坦夷等等之文，有其風格之明或疎。輕妙與清新等等之文，有其風格之新或變。精緻與縝密等等之文，有其風格之密或瘦。優美與濃艷等等之文，有其風格之美或華。彼風格之高大遠簡，亦可全歸之於古典（Classic）之風格。而風格之疎變瘦華，則可齊歸之於浪漫之風格（Romantic）。

古文，自今視之，亦可謂極富於古典意味之散文，其極可至於高大遠簡。而其要，則只在於簡。簡是化繁爲簡，以簡馭繁，亦是刪繁就簡。魏禧稱：

「善作者，能於將作時刪意，未作時刪題」。

而段玉裁更云：

「善做不如善改，善改不如善刪」。

歐陽修之爲古文，乃因與尹洙俱爲錢惟演作雙桂樓記，尹文僅五百餘言，而彼文長千言，遂大服洙之簡古。後更與尹洙謝絳俱作河南驛記，絳文七百字，洙文三百八十字，彼文初爲五百字。旋另撰一文，較洙減十二字，因使尹洙歎曰：

「歐九，眞一日千里也」。

洙死，歐陽修撰墓誌銘，稱洙文簡而有法。並向人解釋，詒書云：

「簡而有法，惟春秋可當之。修於師魯之文不薄矣」。

陳師道嘗作文呈示曾鞏，鞏爲其前後刪去二百字，而文意極完，遂使師道歎服，終身爲文簡潔。故古文之要訣，實在於簡。

古文由簡而遠，由遠而大，由大而高。然於疎變瘦華，終有所未足。而古文之中，亦復極少輕妙，濃艷等等之作。

第三十五講　文章作法

宋濂向吳萊問作文之法，吳萊答曰：

「有篇聯，欲其脈絡貫通。有段聯，欲其奇偶迭生。有句聯，欲其長短合節。有字聯，欲其賓主對待」。

其後，曾國藩更於由篇說到字的以上說法之外，復由着字，造句，分段，說到謀篇。他按到他自己的標準，說：

「欲着字之古，宜研究爾雅說文小學訓詁之書；欲造句之古，宜倣效漢書文選，而後可砭俗而裁僞；欲分段之古，宜熟讀班馬韓歐之作，審其行氣之短長，自然之節奏；欲謀篇之古，則羣經諸子，以及近世名家，莫不各有匠心，各具章法，如人之有肢體，室之有結構，衣之有要領」。

要知文章作法，由字聯而爲句，句聯而爲段，段聯而爲篇，欲其字句段篇之皆古，此固有其無限之工夫和不盡之過程。但若只求其順，則亦終不外乎統一，緊結與細徵之三大修辭法則。

着字須有其一定之意義，此乃字之統一（Unity）；由是而更求其賓主對待，並力求其古，則研究爾雅說文小學訓詁之書，自有所助。

造句須有其一完全之意義，此乃句之統一；由是而更求其長短合節，並力求其古，則倣效漢書文選，自有其益，自有其用。

分段須有其一爲主體之意義，此乃段之統一；由是而更求其奇偶迭生，並力求其古，則熟讀班馬韓歐之文，自於文氣與節奏，皆有裨補。

謀篇須有一萬變不離其宗之意義，此乃篇之統一；由是而更求其脈絡貫通，並力求其古，則羣經諸子等之精研，自於文之風格或筆調，大有好處。

大抵由字句段篇之步步統一，總可漸有其文之莊重，雄渾，典雅，渾厚，閎肆，謹嚴，高遠，蒼古，沈鬱，或文之遒勁，雄健，豪放，跌宕，奇峭，俊逸，悲壯，老健，銳利，奔放。而眞能完成此應有之風格或筆調，便卽爲所謂「古」，或所謂「古典的」（Classic）。

以言緊結（Cohesion）。亦復如是。大抵由字句段篇之緊結，總可漸有其文之簡潔，簡古，精約，與精練，而形成其應有之風格或筆調，此亦可以至於「古」，或「古典的」。

至若細徵（Detail），在字句段篇之中，則正可因之而「疎」，亦可因之而「變」，並可因之而瘦」，更可因之而「華」。此疎，乃明晰與精明之疎；亦爲坦夷與流暢之疎。此變，乃輕妙，平淡，飄逸，清新，瀟灑之變；亦爲奇巧，圓轉，超脫，滑稽之變。此瘦，乃精緻，精詳與密緻之瘦；亦爲縝密，詳悉，曲折與周到之瘦。此華，乃優美，絢爛，豐潤與濃艷之華；亦爲婉曲，綺麗，與乎蘊藉之華。凡此所形成之風格或筆調，在古文中，不必多見；但在外方，正爲文之主流。此亦可謂「浪漫的」（Romantic）。

惟此所謂「古典的」，或「浪漫的」，自只是就今日之常言而言。實則在眞正文章之作法中，欲求其通，欲求其順，則字句段篇上之統一，固不可少；字句段篇上之緊結，亦不可少；而字句段篇上之細徵，仍不可少。此乃基本之法則。

第三十六講　文病種種

無病之文，正如吳萊之所言，實乃篇段句字，皆能脈絡貫通，奇偶迭生，長短合節與賓主對待之文。

惟若一篇之中，起承轉合，不得其法；首尾照應，不得其宜，則脈絡不能貫通，便卽爲病。一段一節之中，虛實，詳略，抑揚，開合，正反，主客等等，不得其當，則奇偶不能迭生，便卽爲病。一句之中，在其構成上，未能有其句句之飛動，而極其妙，則長短不能合節，便卽爲病。一字之中，在其使用上，未能有其字字之活躍，而極其靈，則賓主不能對待，便卽爲病。

而欲文之無病，則總須注意鎚鍊，以使化俗爲雅，化繁爲簡，化粗爲精，化輕爲重。唐皮日休云：

「百煉成字，千煉成句」。

如此鎚鍊之餘，雖未能完全無病，惟總可以少病。

通常文病，眞是擧不勝擧。此在宋呂祖謙之古文關鍵一書中，卽擧出如下之十九種，以論用字之病。此卽：

1深；2晦；3怪；4冗；5弱；6澀；7虛；8直；9疎；10碎；11緩；12暗；13塵；14俗；15熟爛；16輕易；17排事；18說不透；19泛而不切。

而在陳繹曾之文章歐冶一書中，則更擧出如下之三十六種，以論文之病格，此卽：

1晦；2浮；3澀；4淺；5輕；6率；7泛；8俗；9略；10軟；11訐；12短；13穢；14肨；

15俚；16虛；17排；18疎；19嫩；20散；21枯；22緩；23寬；24粗；25尖；26巍；27瑣；28碎；29猥；30冗；31傖；32陳；33庸；34低；35雜；36陋。

此在歸有光之文章指南中，亦有十九病之敘述，係取呂祖謙之說。而宋濂所作文原，論文病，則更有四瑕，八冥，九蠹之言曰：

「何謂四瑕？雅俗不分之謂荒，本末不比之謂斷，筋骸不束之謂緩，旨趣不超之謂凡。是四者，賊文之形也。何謂八冥？訐者將以賊乎誠，橢者將以賊乎圜，庸者將以溷夫奇，瘠者將以勝夫腴，觕者將以賊乎精，碎者將以賊夫完，陋者將以革夫博，眛者將以損夫明。是八者，傷文之膏髓也。何謂九蠹？滑其眞，散其神，糅其氛，徇其私，滅其智，麗其蔽，違其天，眛其幾，爽其貞。是九者，死文之心也」。

似以上所述之種種文病，其實亦至難說。如呂祖謙之文病十九種中，以眞文學眼光視之，惟有熟爛，始爲眞病。此乃因熟爛之餘，必流而爲酸。文章一酸，則卽塵俗冗怪，碎暗輕易，且從而百病叢生，不可救藥。若夫深晦澀直，虛疎緩弱等等，究不足以爲文病，且儘可一轉而爲一種質直之美，或優柔之美。

至所謂三十六種文病，亦只有枯之一病，方爲眞病。其所謂陳與巍之病，若未流而爲熟爛，則仍可有其救藥。尖浮猥穢，雜陋訐俚等等，雖亦足病，但文之不枯者，終足以救治之。他如排散低庸，輕淺率泛，俗軟短略，瑣碎粗傖等等文病，固皆爲直從枯之一病而來者。

若夫四瑕，實僅賊文之形，原可不論，亦終易救。惟九蠹死文之心，最爲可怕，此乃心病。

第三十七講　儒者之文

袁枚在其隨園尺牘中，論古文十弊云：

「談心論性，頗似宋人語錄，一弊也。俳詞偶語，學六朝之靡曼，二弊也。記序而不知體裁，傳志而如寫帳簿，三弊也。如優孟之衣冠，模仿秦漢，四弊也。守八家之空套於一途，不能自出心裁，五弊也。餖飣成語，死氣滿紙，六弊也。措詞率易，類應酬之尺牘，七弊也。窘於篇幅，如枯木寒鴉，淡泊而無味，八弊也。平弱敷衍，襲時文之調，九弊也。艱澀章句，以飾淺陋，十弊也。」

似此所舉之古文十弊，實亦只有「如枯木寒鴉」，方爲眞弊。其他如「死氣滿紙」，分明是直從枯到死，而無可避免者。至於「平弱敷衍」，「艱澀章句」，以至「措詞率易」，與夫「不能自出心裁」等等，亦都是直接或間接由「如枯木寒鴉」而來。若夫「模仿秦漢」，「學六朝」，「似宋人語錄」等等，此固亦爲運用文學上與哲學上之遺產。其運用之佳者，實儘足以助成古文之美，又何足以爲古文之弊？

其實眞正古文之弊，乃在古文之枯。而古文之枯，則在其未能眞成儒者之文。

儒者之文，乃一本性情之教。由是而「修辭立其誠」，更從而「辭達而已矣」，便自有其至語，自有其至文。惟於此，言之實易，而爲之則至難。魏禧稱：

「爲儒者之文，當先去其七弊：可深厚，不可晦重；可詳復，不可煩碎；可寬博，不可泛衍；可正大，不可方板；可和柔，不可靡弱；可無驚人之論，不可重襲古聖賢唾餘；其旨可原本先聖先儒，不可每一開口，輒以聖人大儒，爲開場話頭。七弊去，而七美全，斯可語儒者之文也」。

似此所述，以前所謂儒者之文，誠有其晦重，煩碎，泛衍，靡弱等等之弊。然此終是僅限於世俗之儒。以言眞儒，則有其性情，自有其性情之文，又何至於有如是之作？閻若璩在其所著潛邱劄記中，論明以後之文，有其三失，故總不及漢唐宋元之作。其一爲洪武十七年以後，以八股文取士，其失爲陋。其二爲李夢陽唱復古之說，而不原本六藝，其失爲俗。其三爲王陽明講良知之說，而以讀書爲禁，其失爲虛。實則陽明良知之說，又何嘗禁人讀書？惟世俗之儒，自陷於虛，且從而更陷於俗，更陷於陋。似此自不足以言儒者之文。而眞正儒者之文，則總會是「梧桐月向懷中照，楊柳風來面上吹」；又會是「沾衣欲濕杏花雨，吹面不寒楊柳風」；更會是「萬物靜觀皆自得，四時佳興與人同」。然此，亦只是不枯不酸而已。

惟其是不枯，所以儒者之文，在「等閒識得東風面，萬紫千紅總是春」之下，總是見其本性。

惟是其不酸，所以儒者之文，在「樂意相關禽對語，生香不斷樹交花」之下，總是有其至情。

見其本性，便自文章歸於深厚，歸於寬博，歸於正大，豈待重襲古聖賢唾餘？

有其至情，便自文章歸於詳復，歸於和柔，當不致每一開口，卽輒以聖人大儒，爲開場話頭。

然其文之骨髓之中，固完全是性情之教。

第三十八講　起承轉合（一）

元人范梈（德機）對近體詩之篇法，第一次加以起承轉合之名。而元陳繹曾則在其文章歐冶一書中，對古文之體段，第一次應用起承轉結之語。

此起承轉結，乃指一般文章有四段結構者而言。惟亦有三段之文章結構者。古來論文之篇法，有所謂常山蛇勢，擊首則尾應，擊尾則首應，擊其中則首尾俱應，卽就此三段而言。亦有文章結構，分爲五段之作。其第一段爲起，第二段爲承，第三段爲中，第四段爲轉，第五段爲結。而秦漢唐宋之文章，則大都爲三段，四段，或五段。宋謝枋得之文章軌範，共收集文章六十九篇，幾無五段以上之作。

文章之有六段結構者，陳繹曾之文章歐冶，特稱之爲起，承，鋪，叙，過，結。而文章結構之在六段以上者亦不過將中段文章，分之又分而已。

在文章之起承轉結中，結後亦可復開，開後更可復起。如此一來，起則有如風起雲湧，承則有如風雲際會，轉則「山窮水盡疑無路，柳暗花明又一村」，合則「殊途同歸」，儘有混一宇內之勢。而開則「言有盡而意無窮」，又復有天下何思何慮之概。

就通常修辭學之所論，文須有主腦，氣須一貫，便卽爲通起承轉結而爲一之統一（Unity）。文須首尾相應，味須雋永，便卽爲由起到結，皆處處相聯之扣緊（ Cohesion ）。文須傍徵博引，天馬開張，有其奇趣，便卽爲顧照全局，而又儘有其局部發展之細徵（Detail）。

至於六段之文章結構，則正如日本造園之所謂六位置。此卽眞，副，對，控，前置與見越。眞乃全景全園之主，用以提挈全景。此在文章之中，便是主腦。文須當下卽眞，一起便有主腦，故可相當於起。副爲輔助主景，補足細部缺陷，此則相當於承。若參以黑格爾之說，則在精神之發展上，眞與副二者，乃所以構成一個「正」。「對」係用以減少僅有眞與副存在時之單調，位於眞副之前方。此在文章上爲轉。照黑格爾之說，便是「反」，或「對反」。這是一個破裂，這是一個發展。控與前置之作用，在收斂全景之勢。控位於副與對之前方，通常均較矮小，用來補足全景。用控不足時，始用前置。前置與控之關係密切，與眞對副之關係較少。此控與前置，乃所以求一致。在文章上，這是合。照黑格爾之說，亦是合。見越乃背景之謂，通常設於眞副的後方中央，襯托全景，襯托出眞。此在文章上爲開，蓋所以見變化。關於文章通於造園之理，我在我所著中國庭院設計一書中亦曾論及之。

黃庭堅論文章應有之篇法亦稱：

「文章必謹布置，如官府甲第，廳堂房屋，各有定處，不可亂也」。

此所謂「必謹布置」，正是文章之結構。在文章之結構中，起必繼之以承，無承則卽無文章之開展。承必繼之以轉，無轉則無文章之變化。轉必繼之以合，無合則無文章之完成。文章之合或結，總須有其力量，又有其餘味。淸人梁章鉅稱：「後人文字之不及秦漢者，所爭在結處」。以此知文章之起固難，而合亦至爲不易。若夫文章之美，尤儘有其起承轉合以上之事，實非僅有此布置結構爲已足。

第三十九講　起承轉合（二）

文心雕龍於風骨一篇中稱：

「辭之待骨，如體之樹骸」。

此所謂骨，亦正是文之結構。我在文心雕龍講義一書中，曾言：

「骨聯結於辭，辭聯結於義，義聯結於思，思聯結於體裁。由是而捶字堅而難移，則形成其一種結構之完整，是以『練於骨者，析辭必精』；而『其骨髓畯』者，則必有其經典之思，不易之義，可以體道，可以裁篇」。

似此所言，正是所謂起承轉合以上之事。而所謂眞正之文章結構，則總須有骨。

文於有骨之後，欲更求其美，更求其靈，便卽更須從文之「轉」處着眼，並須於文之首尾相應處致力。由是而有其風，便可風靡一世。明末董其昌云：

「文章之妙，全在轉處。轉則不窮，轉則不板。如遊名山，至山窮水盡處，以爲觀止矣。俄而懸崖穿徑，忽又別出境界，則眼目大快。武夷九曲，遇絕則生。若千里江陵，直下奔迅，便無轉勢矣」。

若本此以論古文，則韓蘇之作，大都是如長江大河，一瀉千里，其從起首，一直說下，固是滔滔，固是氣勝，惟終非「武夷九曲，遇絕則生」，故終有末流之弊，以至於枯。

又明陳善在所著捫蝨新語一書中云：

「桓温見八陣圖曰：此常山蛇勢也。擊其首則尾應，擊其尾則首應，擊其中則首尾俱應。予謂此非特兵法，亦文章法也。文章亦要宛轉回復，首尾相應，乃爲盡善。山谷論文亦云：每作一篇，先立大意，長篇須曲折三致意，乃成章耳。此亦常山蛇勢也」。

似此常山蛇勢之首尾相應，自今視之，亦儘可由演繹法而成，又儘可由歸納法而得。但若能由演繹法與歸納法之交互爲用，以成其常山蛇勢，則首尾相應之美，與夫首尾相應之靈，卽尤足以見出。於此而能「曲折三致意」，則正是所謂：武夷九曲，遇絕則生，又何致流而爲枯？

劉熙載之文概一書，有語云：

「揭全文之指，或在篇首，或在篇中，或在篇末。在篇首，則後必顧之。在篇中，卽前注之，後顧之。顧注，抑所謂文眼者也」。

文章必須有眼目。大抵全文有其主調，而主調復能統御其全部，且不遺其細部，則一切提挈得起，運用得靈，則不患無其眼目，此文章之美的一大關鍵。

文章於有骨，有結構之後，更有其風，又有其眼目，則其他所謂修辭等等，卽皆屬細節。此在議論文章上，更屬如此。

程伊川稱孟子之文云：

「孟子善議論，先提其綱，而後詳說之，是見識高，胸中流出。辯論盤根錯節處，只以譬喻，輕輕解破」。

以後韓愈學之，卽使其一己之文，雄視百代。於此，所謂「輕輕解破」，便只是一種風。所謂「先提其綱」，便只是一大眼目。楊愼丹鉛總錄稱莊子齊物論爲繁而美，養生主爲簡而美。此乃因莊子之文，繁有其眼目，簡亦有其眼目。

第四十講　古文筆法

曾文正公云：

「讀古人文，須尋一篇義緒脈絡，正反賓主，輕重淺深，前後疏密，詳略縱擒，分合明暗，斷續承御，轉接處。又求其所以不得不然。此處看得透，方免晦澀蕪雜之病」。

如此讀古人之文，正是所以看出古文筆法。在古文筆法中，有所謂層疊法，有所謂開闔法，有所謂一擒一縱法，有所謂一正一反法，有所謂抑揚法，有所謂緩急法，有所謂賓主法，又有所謂双關法，更有所謂一虛一實法，眞是不一而足。

層疊法，其實是層漸法（Gratation），那可以是層層深入，又可以是層層上提，更可以是層層分解，而步步落實。那可以到達堅不可破之境，那亦可以到達其味無窮之域。

開闔法，亦稱爲斷續法。魏禧論古文文法爲四種，一曰伏，二曰應，三曰斷，四曰續。而劉熙載在其文概一書中，更稱：

「章法不難於續，而難於斷。先秦文善斷，所以高不易攀也。」

於此，以言續，那實在須要眞情實感。而以言乎斷，則更須要眞知灼見。沈德潛評歐陽修王彥章畫像記之善於運用斷續法云：

「忽斷忽續，筆如龍游」。

而劉熙載更稱莊子之文云：

「莊子之文法續斷之妙，如逍遙遊，忽說鵬，忽說蜩與鷽鳩斥鴳，是爲斷。下乃接之曰：此小大之辨也。則上文之斷處，皆續矣。而下文宋榮子，許由，接輿，惠子諸處，亦無不續矣」。

又魏禧論文之斷續稱：

「語不屬而意屬者，譬如複岡斷嶺，望之各成一山，察之皆有脊脈相連。意不屬而節續者，譬如一林亂石，原無脈絡，而高下疏密，天然位置，可入畫圖」。

似此正是語之與意，若斷若續；又正是意之與節，似斷非斷，似續非續。一切會是隨手拈來，一切又會是隨手放下。此如游龍，更如流水，又如行雲，終如風動，直是無迹可尋。

關於一擒一縱，一正一反，則在美之形式原理上，實是既求其對稱，又求其對比，俾更有其顯赫之聲勢，更有其顯明之色彩。

關於抑揚，則正如柳宗元答韋中立論師道書中之所稱：

「抑之欲其奧，揚之欲其明」。

而繁欽與魏文帝牋更稱：

「遺聲抑揚，不可勝窮」。

此對文章之音節與聲律，實至關重要。而文氣之與抑揚，亦至有其關係。

若緩急之法，亦所以使文章能曲折變化，且能動中有靜，靜中有動，而富有其靈氣之道。

又若賓主法，則更使文如禪師們之論道，有賓，有主，有主中主，有賓中賓，有賓中主，有主中賓，其間賓主之位，亦儘會是變化無窮，惟總須不離其宗，不離其主。

其他若雙關法，若虛實法，在運用美之形式原理上，自須特重其平衡與比例之形式原理。而文章之能有其美，能有其靈，則更須於此，能有所悟。舉凡實中有虛，虛中有實，虛虛實實，實實虛虛，言在此，而意在彼，其意無窮，其味無窮，固皆由雙關虛實的運用之妙而得。

凡此所述之古文筆法，亦可謂古文之章法，蓋乃所以力求文章局部中之變化，以配合文章全局，加强主調，顯明眼目，且能於統一中，有其一大諧和，免於晦澀蕪雜，並歸於典雅。惟在此等處，若只着眼於種種之形式，而不能於實質上，求諸典雅，則古文筆法，終是落空。

第四十一講　文味與文筆

最居於頂層之文味，是文之富於詩情，又富於畫意；而詩情與畫意之間，又復是詩中有畫，畫中有詩。似此通詩與畫而爲一，以爲其文，自使其文味，達於頂點。

本此以論文之眞味，則姚鼐所謂之古文八法，卽聲色格律，神理氣味，固可全歸於此「味」之中。

惟通常之所謂文味，每求之一句一字之中。其實，文之眞味，儘會在一句一字之上。而咬文嚼字，反有時大有累於行文。

但在另一方面，一句一字之當否，亦畢竟有關於文味。捫蝨新語稱：

「文字意同，而立語有巧拙。沈存中記穆修，張景二人同造朝。方論文次，適有兵馬踐死一犬。遂相與各記其事，以較工拙。穆修曰：馬逸，有黃犬遇蹄而斃。張景曰：有犬死奔馬之下。今較此二語，張當較優。然存中但云：適有奔馬踐死一犬，則又渾成矣」。

又唐宋八家叢話，載：

「歐陽公在翰林日，與同院出遊。有奔馬斃犬於道。公曰：試書其事。同院曰：有犬臥通衢，逸馬蹄而死之。公曰：使子修史，萬卷未已也。曰：內翰以爲何如？曰：逸馬殺犬於道」。

惟純從文味上以言，則逸馬殺犬於道，實爲史筆，而非文筆。而文筆則總須「渾成」，方有文味。昔人云：

「酒肆帳簿，一經子長手，便是好文」。

此乃因司馬子長，不僅有其史筆，且儘有其文筆。曾文正公稱子長所爲史記，寓言亦居十之六七。此則正如莊子，無非是出之以文筆。故史記與莊子之書，實俱爲極富文味之文學作品。

文筆須有其文句意義之妥當，尤須有其文句輕重之安排。宋唐庚稱：

「凡爲文，上句重，下句輕，則或爲上句壓倒。晝錦堂記曰：仕宦而至將相，富貴而歸故鄉。下曰：此人情之所榮，而今昔之所同也。非此兩句，莫能承上句。六一居士集序曰：言有大而非誇。此雖一句，而體勢則甚重，下乃曰：達者信之，衆人疑焉。非用兩句，亦載上句不起」。

此外在文句之安排上，更有對偶，層疊，承遞，照略等法，不一而足，亦皆所以求其平衡，調和，統一，變化，俾合於美之形式原理：既具備其繪畫上的美，又具備其音樂上的美。惟此文句安排上之要着，亦終不外乎求其輕重緩急之合拍，又復典雅可觀而已。郝敬於其藝圃傖談一書中，有語云：

「言語無輕重緩急，尚不可聽，況文章乎」？

蓋必語句輕重緩急可聽，而字句又復典雅明麗可觀，方有文味，方爲文章。

又據姚鼐稱：

「神理氣味者，文之精也。格律聲色者，文之粗也。然苟舍其粗，則精者亦胡以寓焉」？

惟於此，神理氣味，味實爲本。格律聲色，聲實爲先。苟能由聲之緩急輕重，進而爲味之入神入理，便卽爲妙筆。

第四十二講　文筆與文字

劉大魁云：

「神氣者，文之最精處也。音節者，文之稍粗處也。字句者，文之最粗處也。然予謂論文而至於字句，則文之能事畢矣。蓋音節者，神氣之迹也。字句者，音節之矩也。神氣不可見，於音節見之。音節無可準，以字句準之。音節高，則神氣必高。音節下，則神氣必下。故音節爲神氣之迹。一句之中，或多一字，或少一字；一字之中，或用平聲，或用仄聲；同一平字仄字，或用陰平陽平上聲去聲入聲，則音節迥異。故字句爲音節之矩」。

一般言之，文味之長，須視文筆之妙；而文筆之妙，則須視文字運用之靈。所謂「一句之中，或多一字，或少一字」，此可從字音方面着眼，亦可從字形方面着眼，又應從字義方面着眼。但「一字之中，或用平聲，或用仄聲」，則全爲從字音方面着眼。而能從字音方面着眼，則更有其文字運用之靈。至「同一平字仄字，或用陰平陽平上聲去聲入聲」，自更使我國文字頓成一音樂之文字。沈約於謝靈運傳論，謂「高言妙句，音韻天成，皆暗與理合，非由思至」。又於答陸厥書中稱：

「韻與不韻，有精粗，輪扁不能言之，老夫亦不盡辨」。

此據阮元之解釋，則云：

「休文此說，乃指各文章句之內有音韻宮羽而言，非謂句末之押脚韻也」。

而所謂「各文章句之內，有音韻宮羽」，實卽爲句內之文字，已頓合於音樂之文字。由此更進而有其奇氣，有其神理，則一到文之最精處，而「字句爲音節之矩」，便又「音節爲神氣之迹」。

英國神學博士詹姆士勒格氏譯論語一書，費時二十載。於原文略去主語之處，皆以我彼等主語加入；於目的語，亦往往如是。似此可以省略主語或目的語之我國文字，於避繁就簡上，固有其應用之便；而於音韻宮羽上，更有其運用之靈。

又我國文字，一音一字，合二音而爲騈語疊字，雙聲疊韻，由是而更積字爲句，疊句成章。此則不僅有其字音上運用之靈，且儘可有其字形上運用之巧。若夫一字一義，而由字之組合，更成無窮無盡之詞，此則更儘可有其字義上運用之神。

惟在我國文字之運用上，除字音上運用之靈，字形上運用之巧，與夫字義上運用之神以外，猶儘有其超乎字音，字形與夫字義之運用之妙。

歐陽修作晝錦堂記，已贈於韓琦，旋又索回，謂：「前有未是，可換此本」。琦讀之後，始知其特於起首「仕宦至卿相，富貴歸故鄉」二句中插入兩「而」字。似此兩「而」字，於字音字形字義皆無關，惟儘有其妙。

蘇軾作富鄭公神道碑，內有：「然一趙濟能搖之」一語，張耒爲其改能字爲敢字，軾大以爲然。

又蘇軾作勝相院經藏記曰：

「如人善博，月勝日貧」。

王安石得其文，大喜云：

「子瞻，人中之龍也，然有一字未穩」。

客請問其說，安石曰：

「月勝日貧，不如月勝日負」。

而范仲淹所作嚴先生祠堂記，給李覯讀後，李覯則卽向其言道：

「公此文一出名世，只一字未安。先生之德，不如以風字代德字」。

凡此以敢易能，以負易貧，以風易德等等文字運用上之斟酌，固皆所以力求文字運用上之能有其美，能有其靈。

此外更有以刪字的方法，作爲文字運用的方法。如王安石賀韓魏公致仕書中之「言天下之所未嘗，任大臣之所不敢」二句，原來嘗字下有言字，敢字下有任字，但終被其刪去。遂使楊萬里稱之曰：

「初語平平。而去其一字，精神百倍，妙語超絕」。

在此等處，若衡之以外方之文法，直是不可想像。惟在我國文字運用上，則正以此而「超絕」，並特別顯現其精采之處。

黃山谷謂人三月不讀書，則語言無味，面目可憎。此乃因書中固有書味，更有文味；而此文味之至，更使一切有味，固不僅爲使語言有味，面目可親而已。

惟文味之長，總須文筆之妙；而文筆之妙，則總須文字運用之靈。文味與文筆，不可分；而文筆與文字，亦不可分。

中國文論

中國文論

目錄

前言

余爲新亞同學寫成中國文話及中國詩學，以作講義之後，又寫此中國文論一書，以作講義之第三部份。此書本可採用中國文學批評或中國文學理論等名，惟終覺不如沿用以前所用文論之名爲佳。此乃余之著作第六十種。與此書有關而不妨同時一閱者，除上述之文話與詩學二書外，猶有余以前印行之中國文學論略及文心雕龍講義等。余寫此書之目的，在欲從我國歷代文論中，淸理出一種文的方向，以作一己與同學今後應走之文路。余一面授課，一面寫此，其時余家庭中又發生一種意外之事，心情不佳，爲生平所未有。而匆匆寫成之後，同學已屆大考之期。乃即油印，希其以後能有閱讀之機會。計聽講之同學有高美慶、司徒貞、劉汝鵬、鄭漢龍、潘鳳羣、陳家君、張燕儀、孫吉昌、孫美蓮、施佩儀、林琦玲、熊筑貞、尹仲謀、曹娟娟、梁瑞明、邱陶娟、梁秀嫻、賴俊傑、鄭景鏗、鄺漢明、王浩余、白中敬、杜麗容、鄺新梅、袁滿堂、廖國榮、譚堅國、郭萬年、江强華等。暑期之後，油印之文論，更分發新同學陳勝華、勞六方、陸惠風、張思嘉、唐小敏、陳倩筠、何樹榮、高翠珍、車克强、邱志德、伍卓鎭、朱婉蘭、張炳曄、廖學通、楊麗嫺、宋同九、歐劍碧、麥慶華、陳煜新、彭傑恩、黃德榮、鄭秉舫、鍾敏霞、翁達生、吳兆芳、袁慧珠、唐小玫、王志礎、倫兆銘、吳秀琳、歐立圻、黃炳森、饒美蛟、譚英達、葉堯明、霍永光、馬志强等。自思苦苦寫此，正不知一己亦能眞正受用否？因油印欠妥，故鉛印之。

第一講　文學的準則

文學一名，在我國，最早是出現於論語一書中，論語先進篇稱：

『子曰：從我於陳蔡者，皆不及門也。德行：顏淵、閔子騫、冉伯牛、仲弓。言語：宰我、子貢。政事：冉有、季路。文學：子游、子夏。』

在此所稱之文學，自與目前所謂之文學(Literature)，其涵義之廣狹，有所不同。惟子夏在孔門之中，特富其文學精神與文學智慧，亦可見之於論語另一段記載中。那就是：

「子夏曰：巧笑倩兮，美目盼兮，素以爲絢兮，何謂也？子曰：繪事後素。曰：禮後乎？子曰：起予者商也，始可與言詩已矣。」

在此所謂「可與言詩」，自會是由於子夏能有見於詩的本質，與夫文學之本質。此在我所寫之中國詩學一書中，亦已討論及之。

又在論語另一處，孔子復稱子貢可與言詩，而子貢則被列於言語一科。言語歸於辭令，而辭令亦自近於文學。顏回聞一以知十，子貢聞一以知二。本此，亦儘可知子貢在孔門之中，實同樣爲一富有文學天才之人。

論語衞靈公篇載：

「子曰：辭達而已矣。」

易繫辭下引孔子語云：

「其旨遠，其辭文。」

又左傳襄二十五年亦引孔子之言道：

「志有之：言以足志，文以足言。不言，誰知其志？言之無文，行之不遠。」

於此，由言語或辭之達，到辭之文，再到文以足言，卽補充言語之不足，或充實言語之功能，便卽足以行之遠，並形成文章，以進入文學之領域。

惟在眞正之文學領域中，其「文以足言」，亦正所以使「其辭文」，更從而眞正使其「辭達」。因此之故，「辭達而已矣」，亦正足以爲文學之終極目標，或爲文學之一大準則。儀禮聘禮記稱：

「辭無常，孫（通遜）而說。辭多則史，少則不達，辭苟足以達，義之至也。」

通常好的文章，以至好的文學，亦儘會是一字不多，一字不少。一字不少，那是表示「文已足言」。一字不多，那是表示其辭已文。而到此地步，亦正是所謂「辭達」。

只求其辭達。辭達之外，更無所求。由是而生命歸於淡淡，性情歸於平平，精神歸於浩浩，心靈歸於寂寂。這卽是所謂：

「修辭立其誠。」

必有其誠之立，始能有其辭之達。亦必有其辭之達，始足以言其誠之立。到這裏，文辭或文學，歸於一大眞實。人生或生活，亦歸於一大眞實。在同歸於一大眞實之下，一切打成一片；文學與人生，或文辭與生活，自然亦儘會是打成一片。

在孔門之中，子夏特富於文學精神與文學智慧。但亦爲特別着重生活之人。所以他一方面說：

「博學而篤志，切問而近思，仁在其中矣。」（子張篇）

而另一方面又極力教其弟子「灑掃，應對，進退」。並不顧子張之非笑，且因哭子而喪明。那是由誠之立，到辭之達。

在孔門之中，子貢儘有其文學天才，但亦爲特別扣緊人生之一人。所以他一方面「億則屢中」，而另一方面又極思「有一言而可以終身行之」。並自言「夫子之文章，可得而聞」。那是由辭之達，到誠之立。

然在孔門之中，漆雕開之「吾斯之未能信」，與夫曾點之「浴乎沂，風乎舞雩，咏而歸」，在文學與人生的境界上，又分明是更上一層。而顏回的一方面「不違如愚」，和一方面的「聞一知十」，則更到了化境。那是讓一個人，眞成了一首詩。

關於辭達或修辭的過程，在我國以前，那會是正當處理國家辭命之重要過程，而在今日，亦會是眞正着手文學創作之重要過程。論語憲問篇載稱：

「子曰：爲命，裨諶草創之，世叔討論之，行人子羽修飾之，東里子產潤色之。」

孔子於此所言，固然一方面是稱贊鄭子產之從政，能够「擇能而使之」，以使當時之鄭國，周旋於大國之間，憑行人（外交官）辭令之善，國雖小，亦能有以自立；但在另一方面，亦正所以極力稱贊此種由草創，到討論，到修飾，再到潤色的辭達或修辭的妥善過程。

左傳襄三十一年載：

「子產之從政也，擇能而使之。……公孫揮能知四國之爲，而辨于其大夫之族姓，班位，貴賤，能否，而又善爲辭令。裨諶能謀，謀于野則獲，謀于邑則否。鄭國將有諸侯之事，子產乃問四國之爲于子羽（公孫揮），且使多爲辭令。與裨諶乘以適野，使謀可否。而告馮簡子使斷之。事成，乃授子大叔（世叔）使行之，以應對賓客。是以鮮有敗事。」

於此，公孫揮能知四國之爲，其任行人，便自可如周易家人卦之所稱：

「君子以言有物而行有恆。」

若裨諶之「謀於野則獲」，此乃由於一個人在曠野裏會更有其清明，而欲辭達或修辭，則總須有其清明性。子產能「與裨諶乘以適野」，那亦正所以表示子產在從政上之清明性。故「鮮有敗事」。而在辭達或修辭的過程上，能始終保持其清明性者，其重要之一表現，則必如易經艮卦六五爻中之所稱：

「言有序。」

從我國文學的準則上說：「言有物」，正是所以求「修辭立其誠」；而「言有序」，則正是所以求「辭達而已矣。」

第二講　文學的途徑

史記司馬相如傳贊稱：

「太史公曰：春秋推見至隱；易本隱以之（一作之以）顯；大雅言王公大人，而德逮黎庶；小雅譏小己之得失，其流及上。所以言雖外殊，其合德一也。相如雖多虛辭濫說，然其要歸，引之節儉，此與詩之風諫何異？…………」

在此所謂「言雖外殊，其合德一也」，亦正是指明語言文學上分殊於外的四個途徑，和合德於內的一個歸宿。

章實齋文史通義詩教篇中稱：

「後世之文，其體皆備於戰國。」

又稱：

「戰國之文，其源皆出於六藝。」

本此以言「文之至」，自不能不推之於六經。在我國，泰初有道，那全是六經之言。在我國，六經有言，那全是不朽之文。因此之故，整個中國文學上的生命，會從六經來；整個中國文學上的心靈，會從六經出；整個中國文學上的精神，會從六經顯；整個中國文學上的性情，會從六經生。這都是很自然的事體。

說春秋推見至隱，那是由事以見理。那是由顯見之事，以見隱微之理。韋昭曰：

「推見事至於隱諱，謂若晉文召天子，經言『狩河陽』之屬。」

由是以成天下眞實之文，亦由是以成天下富有生命之筆。從而指導人生，亦從而指導歷史。其滲透於文學，則使文學可納生活於正軌，亦可納時代於正軌。這當然是文學上應有的一大途徑。這是由顯以至隱的一大途徑。亦即是由具體的到抽象的一大途徑。

說到「易本隱以之顯」，那是由隱微之理，或精微之數，或幽冥之相，以推至顯見之事，或日用之常，或具體之物。韋昭曰：

「易本隱微，妙出爲人事，乃顯著也。」

由是以成天下通明之大，亦由是以成天下凸顯心靈之筆。從而讓萬化歸身，亦從而讓乾坤在手。其滲透於文學，則使文學可令人當下有其無限，剎那就是永恆。這當然又是文學上應有的一大途徑。這是由隱以之顯的一大途徑。亦即是由抽象的到具體的一大途徑。

而似上所述之「推見至隱」及「本隱以之顯」的兩大途徑，亦即由具體的到抽象的，又由抽象的到具體的兩大途徑，照虞喜志林之所言，則爲：

「春秋以人事通天道，是推見以至隱也。易以天道接人事，是本隱以之明顯也。」

似此人事之合乎天道，與夫天道之合乎人事，自會是求人事與天道之契合無分，又會是求天道與人事之打成一片。衡之現代文學，其不能離人事，人固莫不知之。但其不能離天道，又豈眞不易解？在眞正之文學上，必須由具體的到抽象的，方是眞能把握人事。亦必須由抽象的到具體的，方是眞能把握天道。只有眞能把握人事的，方是眞正富於生命之文學。只有眞能把握天道的，方是眞正凸顯心靈之文學。

說到「大雅言王公大人，而德逮黎庶」，那只是我國詩教的由上而下。那只是一大性情的廣被，而無遠勿屆。索隱載張揖之註曰：

「謂文王公劉在位，大人之德，下及衆民也。」

由是以成天下堂皇之文，亦由是以成天下富有性情之筆。從而以中國爲一人，亦從而以天下爲一家。其滲透於文學，則使文學可令人當下有其溫柔，一切歸於敦厚。這當然又是文學上應有的一大途徑。這是由上而下的一大途徑，亦卽是由獨特的到一般的一大途徑。

說到「小雅譏小己之得失，其流及上」，那只是我國詩教的由下而上，那只是一大精神的直達，而無微不至。索隱載張揖之註云：

「己，詩人自謂也，己小有得失，不得其所，作詩流言，以諷其上也。故詩緯云：小雅譏己得失，及之於上也。」

由是以成天下朗爽之文，亦由是以成天下凸顯精神之筆。從而思上下與天地同流，亦從而思一草一木皆得其所。其滲透於文學，則使文學可令人周情孔思，又使人不能自已。這當然亦是文學上應有的一大途徑。這是由下而上的一大途徑。亦卽是由一般的到獨特的一大途徑。

而似上所述之由上至下，又由下至上的兩大途徑，亦卽由一般的到獨特的，又由獨特的到一般的兩大途徑，實乃構成我國詩教的兩大途徑，而通於往古，亦通於來今。章學誠文史通義詩教篇稱：

「後世之文，其體皆備於戰國，人不知；其源多出於詩教，人愈不知也。」

似此源出於詩教，若照現今的話說，實無寧說是離不開此兩大途徑。蓋必如此，才會有其清明性，又有其理想性，並進而將一個人和文的清明性與理想性打成一片，契合無分。衡之現代文學，其不能離開理想性，人固知之。但其不能離開清明性，又豈難知？在眞正的文學上，必須由獨特的到一般的，方眞有其淸明性，亦必須由一般的到獨特的，方眞有其理想性。只有眞能淸明在躬的，方有其眞正富於性情之文學。只有眞能面對理想的，方有其眞正凸顯精神之文學。

而凡此所述之生命的文學，性情的文學，與夫凸顯心靈和凸顯精神的文學，都會是：

「言雖外殊，其合德一也。」

此即是我國古往今來的文學上的四大途徑，儘管外殊，但都會是一齊走，以合其德，而獲其眞正的一大歸宿。

第三講　得言之解、得書之體

揚雄法言問神篇有語云：

「惟聖人得言之解，得書之體。白日以照之，江河以滌之，灝灝乎其莫之禦也。」

時至今日，亦惟眞正的大文學家，才可以「得言之解，得書之體」。而當其一「得言之解」之際，便整個是生命，活躍於人前；整個是心靈，透露於天下；以與眞理爲一。當其一「得書之體」之時，便全副是精神，活躍於紙上；全副是性情，流露於世界；以與萬古同春。到這裏，亦自然會一如宋咸之所註云：

「有所發明，如白日所照；有所蕩除，如江河所滌；浩浩洪盛，無能當之者。」

要知一個「無言」之人間，是一個萬分不可想像的人間。同樣，一個「無書」之世界，亦是一個萬分不可想像的世界。且按其實，無言便不能是「有道」；而無書則簡直是「無明」。揚雄問神篇繼稱：

「面相之辭相適，捈中心之所欲，通諸人之嚍嚍者，莫如言。彌綸天下之事，記久明遠，著古昔之㫚㫚，傳千里之忞忞者，莫如書。故言，心聲也；書，心畫也。聲畫形，君子小人見矣。聲畫者，君子之所以動情乎？」（面相，猶面對。捈，引也。嚍嚍，猶憤憤。㫚㫚，目所不見；忞忞，心所不了也。）

因此之故，如眞能得言之解，便即由通乎諸人之嚍嚍，而通乎心聲，並儘可「發言成教」，以與眞理爲一。如眞能得書之體，便即由「著古昔之㫚㫚，傳千里之忞忞」，而傳此心畫，並儘可「肆筆成典」，以與萬古同春。君子之所以動情者在此；而眞正之偉大的文學家，其所以動情者，自然也不外乎此。

然則，自古以來，君子之言又如何？這照揚雄所稱，便是：

「幽必有驗乎明，遠必有驗乎近，大必有驗乎小，微必有驗乎著。無驗而言之謂妄。」

本此以論眞正的偉大的文學家之文，自亦不應該是妄言妄語，妄文妄書。而欲其無妄，以歸於眞實，俾能與眞理爲一，又能與萬古同春，則又分明有其四大途徑，此即：

1. 由幽到明——那是通乎幽明，以有其精神之顯；
2. 由遠到近——那是通乎遠近，以有其性情之貞；
3. 由大到小——那是泯大與小，以有其生命之全；
4. 由微到著——那是知微知著，以有其心靈之廣。

蓋亦必眞正有其精神之顯，有其性情之貞，有其生命之全，有其心靈之廣，方足以言眞正使言能達其心，並能眞正得言之解；方足以言眞正使書能達其言，並能眞正得書之體。此在聖人，是自古如此。此在文人，亦是理所應然；惟極不易見而已。

惟言須有驗，亦須足言，以使事與辭相稱。揚雄法言吾子篇有語云：

「事勝辭則伉，辭勝事則賦。事辭稱則經。足言足容，德之藻矣。」

此乃言不足爲伉，言過多爲賦。賦爲舖排，言過舖排，即言之過多。而足則正爲言之不多，亦不少。此正爲辭達。亦惟辭達，始可言如川流。此所以揚雄法言問神篇中又有語云：

「聖人之辭，渾渾若川；順則便，逆則否，其惟川乎？」

又惟辭達，始可以不雜，此所以揚雄問神篇復云：

「或曰：淮南，太公史者，其多知歟？曷其雜也？曰：雜乎雜，人病以多知爲雜。惟聖人爲不雜。書不經，非書也。言不經，非言也。言書不經，多多贅矣。」

只不過，太史公的雜，聖人亦有所取。揚雄法言卷十二的君子篇稱：

「淮南說之用，不如太史公之用也。太史公聖人將有取焉。淮南鮮取焉爾。必也儒乎！乍出乍入，淮南也。文麗用寡，長卿也。多愛不忍，子長也。仲尼多愛，愛義也。子長多愛，愛奇也。」

（淮南卽劉安）

一般言之，不雜卽爲純。聖人於此，純亦不已，此所以照明宇宙，以使萬古不復如長夜。惟眞正之文學家，以及眞正之史學家，亦儘可以因其愛美愛奇之心，積雜以成純，而大放光明於世界。

人間不能無言，世上不能無書。若此言眞能有驗乎幽明，有驗乎遠近，有驗乎大小，有驗乎微著，而又足言足容，且事與辭不相勝而有其辭達，則渾渾若川，積雜以成純，其見之於書，便自人文化成，而天下文明。於此，「惟聖人得言之解，得書之體」，而眞正之大文學家，亦儘可進而「得言之解，得書之體」。所謂「文以載道」，其義不外乎此。而所謂文學家之眞正使命，其旨亦不外乎此。至於由此而生出來的一種偉大而無比之力量，則全是一種生命的力量，一種心靈的力量，一種精神的力量，和一種性情的力量，故爲：

「灝灝乎其莫之禦也。」

第四講　物以文爲表、人以文爲基

王充論衡書解篇稱：

「或曰：士之論高，何必以文？答曰：夫人有文，質乃成。物有華而不實，有實而不華者。易曰：聖人之情見乎辭。出口爲言，集扎爲文；文辭施設，實情敷烈。夫文德，世服也。空書爲文，實行爲德，著之於衣爲服。故曰：德彌盛者，文彌縟；德彌彰者，文彌明；大人德擴，其文炳；小人德熾，其文斑；官尊而文繁，德高而文積。……」

於此所言，分明是：文乃所以成其質，而德乃所以稱其文。文與質，不能相離；德與文，亦不能相離。而其相離者，則只是物，所以物可以華而不實，亦可以實而不華。但人則不能如此，而須「文辭施設，實情敷烈」。其情見乎辭，其德顯諸文。是以「大人德擴，其文炳；小人德熾，其文斑」。在這裏，文與質的關係，是成正比例的；而德與文的關係，亦是成正比例的。

書解篇繼稱：

「華而睆者，大夫之簀（簟也）；曾子寢疾，命元起易。自此言之，衣服以品，賢賢以文爲差；愚傑不別，須文以立折（分也）。非唯於人，物亦咸然。龍鱗有文，於蛇爲神；鳳羽五色，於鳥爲君；虎猛，毛蚡蜦；龜知，背負文。四者體不質，於物爲聖賢。且夫山無林，則爲土山；地無毛，則爲瀉土，人無文，則爲樸人。土山無麋鹿，瀉土無五穀；人無文德，不爲聖賢。上天多文，而后土多理；二氣協和，聖賢秉受；法象本類，故多文彩；瑞應符命，莫非文者。晉唐叔虞，魯成季友，惠公夫人，號曰仲子，生而怪奇，文在其手。張良當貴，出與神會；老父授書，卒封留侯。河神故出圖，洛靈故出書；竹帛所記，怪奇之物，不出潢洿。物以文爲表，人以文爲基；棘子成欲彌文，子貢譏之；謂文不足奇者，子成之徒也。」（彌與弭通，滅也。）

似此所謂：「物以文爲表，人以文爲基」之言，正所以說明物與人之不同，亦正所以說明自然與人文之有別。今之唯物論者，每以王充不同乎流俗，且「疾虛妄」，而又重視造論著說之文，並謂「文由語也」（語見論衡自紀篇），且謂「文有僞眞，無有故新」，遂認其爲富有反抗精神，主張言文一致，不貴古賤今，而引以爲同調；實則，王充之立論，又何至與彼等同調？

後漢書於儒林傳外，別立文苑傳。而史記漢書，則只有儒林傳，此乃後漢較前漢更尚文之故。在後漢書中，王充與王符仲長統合傳。其文學批評之意見，在我國文學批評史上，實較之揚雄，又推進一步。其所謂「文由語也」（由與猶通），只是指示着爲文不當「隱閉指意」，而須求其「分明」，「荴露」，與「昭察」。此在文學上，正是所謂要「開門見山」，要「朗朗爽爽」，要「洞見肺腑」，要「直剖心胸」。此對當時的古典文學言，乃是要多少帶點浪漫諦克的色彩和筆調。故在論衡自紀篇中，王充自述其意云：

「口則務在明言，筆則務在露文。高士之大雅，言無不可曉，指無不可覩。觀讀之者，曉然若盲之開目，聆然若聾之通耳。」

於此所謂「高士之文雅」，實是把當時一般人所認「賢聖之材鴻，故其文語與俗不通」之所謂典雅，予以開脫，而更求其能一新世人之耳目。因此之故，王充復云：

「夫文由語也，或淺露分別，或深遠優雅，孰爲辯者？故口言以明志；言恐廢遺，故著之文字；

文字與言同趨。何爲猶當隱閉指意？」（語見自紀篇）若一味隱閉指意，便是只求晦澀，實亦非文求典雅之正途。而時代之要求，更絕對不會如此。于此只有當時賦頌一類之古典文學，方爲例外。故王充繼云：

「夫口論以分明爲公，筆辯以荴露爲通，吏文以昭察爲良。深復典雅，指意難覩，唯賦頌耳。」本此所言，王充之所謂「文由語也」，實在完全是從文學上的風格（Style）說。他是要求着一種開朗的風格。但對古典的賦頌，仍是十分肯定其價値的。

至於王充所言之「文有僞眞，無有故新」，亦只不過是指出眞正的文學，並不受時代的限制。在論衡超奇篇內，他對桓譚之稱讚揚雄謂「漢興以來，未有此人」之語，極認爲「得高下之實」，就是根據這一觀點。在論衡案書篇內，王充云：

「夫俗好珍古，不貴今，謂今之文，不如古書。夫古今一也，才有高下，言有是非，不論善惡而徒貴古，是謂古人賢今人也。」

於此，王充亦並非不貴古，而只是反對「不論善惡，而徒貴古」。其實，在文學上，所有古典的著作，都是經過時代的甄別的。所謂沙裏淘金，其被淘出而加以保存的金，總是可以珍貴的。只不可不問是沙是金，而徒貴之。此所以王充在案書篇中繼云：

「善才有淺深，無有古今，文有僞眞，無有故新。」

於此，王充既反對「不論善惡，而徒貴古」，自然亦會斷然反對不分僞眞，而徒貴今。似此在文學批評上，力求不爲時代所限制，而求有以超越之，亦正是一種應有的態度。

若夫王充之所云「物以文爲表，人以文爲基」，則正是直從物之所以爲物，和人之所以爲人上說，這實在是文學批評上的一個重要觀點。

物以文爲表，是表明文對物，是外在的，那可以不直接涉及物的本質，及其生命，此所以爲表。但人以文爲基，則完全不一樣。只因人的生命，不能完全是一種自然的生命；人的本質，不能完全是一種自然的本質，所以必須要有文去滲透其生命，以成就其本質，而爲其基。由此可見文的意義爲何如，亦由此可見文學的使命爲何如。

本上所述，現今的唯物論者，以至自然主義者，又如何可以引王充爲同調？

第五講　華與實、多與約

漢桓譚著新論凡二十九篇，其言體、道賦等篇，實有關文學批評，惜全書已失。惟據後人所輯，亦有如次之語，涉及文章：

「文家各有所慕，或好浮華，而不知實覈，或美衆多，而不見要約。」（語見指海本四十四頁）

似此文之華與實，與夫文之多與約，自會是往古來今，在文學上所爭論之一大問題。對此問題，桓譚自述其親身之感受，與其所持之論點，爲：

「予見新進麗文，美而無采；及見劉（劉安）揚（揚雄）言辭，常輒有得。」（同上）

王充一生最推崇桓譚，而桓譚則最推崇揚雄，其新論閔友篇有答人之語云：

「王公子問揚子雲何人耶？答曰：揚子雲才智開通，能入聖道，卓絕于衆，漢興以來，未有此人也。國師子駿曰：何以言之？答曰：通才著書以百數，惟太史公廣大，其餘皆叢殘小論，不能比子雲所造法言太玄經也。」

又漢書揚雄傳亦載稱：

「大司空王邑，納言嚴尤，聞雄死，謂桓譚曰：子嘗稱揚雄書，豈能傳于後世乎？譚曰：必傳，顧君與譚不及見也。」

此亦因揚雄之文，實覈而要約，正所謂「得言之解，得書之體」，故能傳於後世。似此文之實覈而要約，不復浮華而衆多，乃所以極力保持其古典（Classic）之意味，而表現其典雅之風格（Style）。此在我國文學批評上，實是一傳統的觀念。若桓譚之「見新進麗文，美而無采」，且從而與此不諧，則正因其富於文學的傳統之精神。

由於文之實與約，能令人「常輒有得」，而文之華與多者，則「美而無采」，故至王符，便卽以信順爲本，以詭麗爲末。王符在後漢書卷四十九中，與王充合傳，其所著潛夫論務本篇稱：

「教訓者以道義爲本，以巧辯爲末；辭語者以信順爲本，以詭麗爲末。」

惟時代風氣之推移，人多不務本而務末，因此之故，文之華而多者，又每爲人之所好；而文之實而約者，反不爲世之所喜。故王符務本篇繼稱：

「今學問之士，好語虛無之事，爭著雕麗之文，以求見異於世。品人（衆人）鮮識，從而高之，此傷道德之實，而或（惑）矇夫之大者也。」

由此說到詩與賦，務本篇更慨乎言之如次：

「詩賦者，所以頌善醜之德，洩哀樂之情，故溫雅以廣文，興喻以盡意。今賦頌之徒，苟爲饒辯屈蹇之辭，竟陳誣罔無然之事，以索見怪於世。愚夫戇士，從而奇之，此悖孩童之思，而長不誠之言者也。」

惟詩賦究亦與文有異。詩賦終有詩賦之體，其以信順爲本，以實與約爲準固是；然若詭麗而華，不背其本，而有其多，亦未爲不可。特別兩漢之賦，富麗堂皇，爲文學之巨製，終不失爲美文，而儘有其價值。只不過流弊所至，竟至「賦頌之徒，苟爲饒辯屈蹇之辭」，不能不予以糾正。其糾正之道，卽爲重質，故潛夫論釋難篇云：

「夫譬也者，生於直告之不明，故假物之然否以彰之。物之有然否也，非以其文也，必以其質也。」

所謂「必以其質」，乃是指每一名詞之後，皆有其實指，有時儘可不必更運用一切之形容詞，造作種種之譬，以免花草之多，反迷路數。故凡物如實而言，儘可直告；若有不明，方可用譬。似此「重質」亦正是王符潛夫論交際篇中之所言：

「士貴有辭，亦憎多口。」

而欲免多口，則必以信順爲本，以覈實爲宜，以要約爲貴。此乃由桓譚至王充與王符之一貫主張。而荀悅之申鑒雜言下，亦有其相似之論調。他說：

「辯爲美矣，其理不若綳；文爲顯矣，其用不若樸；博爲盛矣，其正不若約。」

惟此所言之不若綳，不若樸，和不若約，仍是肯定辯之爲美，文之爲顯，和博之爲盛。只不過爲免其過於辯，過於文，過於博，不能不有以節制之，此即節之以綳，節之以樸，節之以約。此在另一方面說，亦正會是「不得已」，故荀悅又言：

「或曰：辭達而已矣，聖人以文其隩也有五：曰玄、曰妙、曰包、曰要、曰文。幽深謂之玄，理微謂之妙，數博謂之包，辭約謂之要，章成謂之文。聖人之文，成此五者，故曰：不得已。」

似此所謂「不得已」，正所以說明：人之由質到文，乃是時之所趨，亦是勢之所至，而且也是理之所宜。必須順之，方可以成天成地；然於此逆之，以反歸於質，反歸於實，反歸於約，則正是所以成聖成賢，以合於道。

第六講　典論論文

曹丕著典論二十篇，其中僅存之「論文」一篇，在我國文學批評上，較之王充等人，實是又推進了一大步。在此一文中，曹丕首言：

「文人相輕，自古而然，傅毅之於班固，伯仲之間耳，而固小之，與弟超（班超）書曰：『武仲以能屬文，爲蘭台令史，下筆不能自休。』夫人善於自見，而文非一體，鮮能備善。是以各以所長，相輕所短。里語曰：『家有弊帚，享（亨）之千金。』斯不自見之患也。」

於此所謂「文人相輕」，自然是指一般文人，對一般文學作品，都只能作其主觀的文學批評，而似此主觀的文學批評，在魏晉以前，更是流行。且亦因此，論文之人，論及文章，常是片言隻語，隨意而談，往往不足以言正式之文學批評。這眞是「自古而然」。至所提傅毅與班固，則更因一己爲之文，才各不同，以至相輕，實則班固之輕傅毅，實是以己之史才，輕人之文才。而有文才之士，總不免「下筆不能自休」，固不能一如史筆，亦不必一如史筆。此正所謂「文非一體，鮮能備善」，其實亦不必備善，而只須各各發揮其所長，即已足够。在這裏，若不自知，而只「善於自見」，任一己之主觀，從事文學之批評，則一不加以限定，便即泛濫無歸，結果所至，更自然會是「善於自見」其長，而有「不自見」其短之患，故必：

「各以所長，相輕所短。」

由此亦可知：欲免「各以所長，相輕所短」，即應竭力避免此純主觀式的文學批評，並應自知其在文學上之才力，必然有其在某一方面的限定，而不能不開拓其心胸。

典論繼言：

「今之文人，魯國孔融文舉，廣陵陳琳孔璋，山陽王粲仲宣，北海徐幹偉長，陳留阮瑀元瑜，汝南應瑒德璉，東平劉楨公幹，斯七子者，於學無所遺，於辭無所假，咸以自騁驥騄於千里（以旨亦作旨以，驥騄亦作騏驥），仰齊足而並馳。以此相服，亦良難矣。蓋君子審己以度人，故能免於斯累，而作論文：王粲長於辭賦，徐幹時有齊氣（亦作逸氣）。然粲之匹也。如粲之初征，登樓，征思；幹之玄猿，漏卮，圓扇，橘賦，雖張蔡（張衡蔡邕）不過也。然於他文，未能稱是。琳瑀之章表書記，今之儁也。應瑒和而不壯，劉楨壯而不密。孔融體氣高妙，有過人者；然不能持論，理不勝辭，至於雜以嘲戲，及其所善，揚班儔也。（指揚雄班固）」

於此所謂君子「審己以度人」，就是在文學批評上，必須審乎一己總不免是「善於自見」其長，而「不自見」其短；由是以度量他人，方知一己不能不有其心胸之開拓，與夫態度之客觀，從而免其一己純主觀式的文學批評之所累，方爲君子。因此之故，文有文德，而論文亦復有論文之德。若無此德，便即：無以令人相服。

七子「於學無所遺，於辭無所假」，惟孔融則終「理不勝辭」，但其「體氣高妙，有過人者」，實因其特富於文學之氣質。而其不能「持論」，亦正所以說明其長於文學之創作。本此以言，孔融在七子之中，「及其所善，揚班儔也」，自可有其特出之風格。王粲長於辭賦，徐幹可與之匹，那都是長於純文學。其「於他文，未能稱是」，此以王粲言，則亦因其「理不勝辭」，而不長於一般應用之散文。陳琳與阮瑀，長於章表書記，則正與王粲徐幹相反。應瑒和而不壯，那是在文學上偏於陰柔之美（優美Grace）。劉楨壯而不密，那是在文學上偏於陽剛之美（壯美Subline）。因此曹丕對七子之品評，既是從文之體類上說，亦是從文之風格上說。從文之體類上說，七子之文，固是各有所短；但從文之風格上說，七子之文，終是各有千秋。似此兩面兼顧，實是典論論文，在我國文學批評上，有其劃時代的意義之故。

隨後，曹丕更稱：

「常人貴遠賤近，向聲背實，又患闇於自見，謂己爲賢。夫文本同而末異：蓋奏議宜雅，書論宜理，銘誄尚實，詩賦欲麗。此四科不同，故能之者偏也。唯通才能備其體。文以氣爲主，氣之清濁有體，不可力彊而致。譬諸音樂，曲度雖均，節奏同檢，至於引氣不齊，巧拙有素，雖在父兄，不能以移子弟。」

此又爲從文之體類與文之風格兩方面說，但更着重於文之風格。人皆喜愛其一己獨特之風格，故莫不「謂己爲賢」，以此而至「闇於自見」；此實非「闇於自見」，始「謂己爲賢」。又人皆嚮往於一種與己有其距離之風格，故莫不「貴遠賤近」，以此而至「向聲背實」；此實非「向聲背實」，始「貴遠賤近」。在這裏，是否爲患？猶須從文學根本上的風格有無來說。若在文學上不能具備其一己獨特之風格，而只「謂己爲賢」，則是狂。若在文學上不能嚮往超越其一己獨特之風格，而只「貴遠賤近」，則是妄。一切文學上的本質，都是相同的。但文學上的體類，則並非一樣。此即所謂「本同而末異」。因此之故，一談及文學上的體類，那才是文學上的末着。

曹丕分文學上的體類爲四科，此即奏議、書論、銘誄與詩賦。惟在此所謂四科中，奏議與銘誄二科之體類，是屬於文學上的應用體類。其與書論和詩賦二科並列，終有所未能盡合。只不過魏晉以前，對文學的劃分體類，猶未有如曹丕之明顯者。且由此明顯之體類劃分，更可使人對文學之觀念，愈趨于單純，而無以前之廣泛。至所謂「奏議宜雅」，以及「銘誄尚實」，則是就寫作的態度上說；而此寫作的態度，又爲適應外在的要求而來。若所謂「書論宜理」，以及「詩賦欲麗」，則是就創作的方法上說；而此創作的方法，乃是根據文學的本身而有。在此等處，一個人自然會有所能，亦會有所不能，而無可如何，故曰：「能之者偏」。但就文學上之「本同」而論，則眞能有其文學之天才，而又儘有其文學之修養者，亦卽所謂「通才」，對此體類之「末異」，自可克服，故曰「唯通才能備其體」。惟此所謂「能備其體」是一回事，而是否須備其體，又是一回事。蓋從文學之創作上說，一個眞正的文學家，固亦不必全備其體。且從文學上之應用體類言，其數可隨時而增，隨地而增，而其寫作態度上之外在要求，亦復各各不同，若全備其體，終是播弄精魂。

由此以言「文以氣爲主」，則播弄精魂者，便卽難言此氣。所謂氣，對人體言，恐正是所謂「體之充」；而對文體說，則只是所謂「一種風」，亦卽所謂「風格」。文之風格有無，實有關於文之根本。文無風格，便卽無氣，此所以「文以氣爲主」。只因風格有清濁，所以氣有清濁。但亦因氣有清濁，所以風格有清濁。由此氣與風格爲一，亦由此人與文爲一。所謂文如其人，其根據亦正在此。

文之風格，是根據一個人的文學天才和文學修養而來，而文氣的根據，亦正是如此。這正是所謂「氣之清濁有體」，亦卽是氣之清濁，有其後面所根據之體。在這裏，說氣之清濁有體，正無異是說風格之清濁有體。只不過曹丕在這裏所謂有體，自然正像是就文學天才一方面說。一個人的文學天才是先天的，所以他便說：「不可力彊而致」。他以音樂爲譬，認爲「引氣不齊，巧拙有素」，都是屬於天才方面的事，亦卽是先天的。故曰：「雖在父兄，不能以移子弟」。只不過，所謂「引氣不齊，巧拙有素」，雖有關於天才，亦畢竟有關於修養。所以說文以氣爲主時，若只落到文以才氣爲主，便有所未足。實則，典論論文，對文學修養，究仍極重視，而並非如一般所謂中國文學批評史家之論，以爲那只是由莊子下來的天才說，並認其爲一較莊子天道篇的說法，尤爲旗幟顯明的天才創造說。此觀典論論文之末段，即可瞭然。末段說：

「蓋文章經國之大業，不朽之盛事。年壽有時而盡，榮樂止乎其身；二者必至之常期，未若文章之無窮。是以古之作者，寄身於翰墨，見意於篇籍，不假良史之辭，不托飛馳之勢，而聲名自傳於後。故西伯幽而演易，周旦顯而制禮，不以隱約而弗務，不以康樂而加思。夫然，則古人賤尺璧而重寸陰，懼乎時之過已。而人多不彊力，貧賤則懾於飢寒，富貴則流於逸樂；遂營目前之務，而遺千載之功，日月遊於上，體貌衰於下，忽然與萬物遷化，斯志士之大痛也。融等已逝，唯幹著論（中論），成一家言。」

在這裏，說「人多不彊力」，那分明是要人彊力。以前所謂「不可力彊而致」，自只是就得於天者而言。但僅此由天而來者，終屬有限，故必須「賤尺璧而貴重寸陰，懼乎時之過已」，方可有成。及其有成，則其文之風格，或其文之氣，即與其人之風格，或其人之氣，相互增長，而洞見其生命，洞見其心靈，洞見其精神，洞見其性情，有如「西伯幽而演易，周旦顯而制禮」，並由此而使文章，眞正爲一「經國之大業，不朽之盛事」，故能有其無窮而不朽之價值。至著論能「成一家言」者，自亦須「寄身於翰墨，見意於篇籍」，而「彊力」爲之。

第七講　論文之難

曹植給吳季重書，有語云：

「夫文章之難，非獨今也，古之君子，猶亦病諸。家有千里驥，而不珍焉；人懷盈尺，和氏無貴矣。」（見文選卷四十二）

只因「文章之難，非獨今也」，所以論文之難，亦自古如此。至何以文章之事，會最爲難言？此則是因文章之事，涉及生命，涉及心靈，涉及精神，涉及性情；而擧凡生命之事，心靈之事，精神之事與夫性情之事，皆最爲難言。且亦正因如此，方足以顯出文章之眞正價值。又曹植與楊德祖書首段稱：

「植曰：數日不見，思子爲勞，想同之也。僕少小好爲文章，迄今二十有五年矣，然今世作者，可略而言也。昔仲宣獨步於漢南，孔璋鷹揚於河朔，偉長擅名於靑土，公幹振藻於海隅，德璉發迹於大魏，足下高視於上京。當此之時，人人自謂握靈蛇之珠，家家自謂抱荆山之玉。吾王（曹操）於是設天網以該之，頓八紘以掩之，今悉集茲國矣。然此數子，猶復不能飛騫絕跡，一擧千里也。以孔璋之才，不閑於辭賦，而多自謂能與司馬長卿同風，譬畫虎不成，反爲犬者也。前有書嘲之，反作論盛道僕讚其文。夫鍾期不失聽，於今稱之；吾亦不能妄嘆者，畏後世之嗤余也。」

以曹子建一代文宗之天才，又加以二十五年之學力，但對「今世作者」，仍只是「可略而言」；且因「畏後世之嗤」，而深懼乎一己之「妄嘆」；此誠深知論文之難。

要知文學創作固難，而文學批評亦難。「以孔璋（陳琳）之才，不閑於辭賦」，這是創作之難。

其「多自謂能與司馬長卿同風」，則是在文學上所作自我批評之難。由此當更知在文學上進而批評他人之難。

他如王粲（仲宣）、徐幹（偉長）、劉楨（公幹）、阮瑀（德璉）等，不論是在文學創作上說，或是在文學批評上說，亦皆「不能飛騫絕跡，一舉千里」。於此，曹植因深知其難，遂力求如「鍾期不失聽」，此正爲其對文學批評之有得處。但今之一般中國文學批評史家，總是看重曹丕之文學批評，此當亦爲偏見。

曹植與楊德祖書繼稱：

「世人之著述，不能無病。僕嘗好人譏彈其文，有不善者，應時改定。昔丁敬禮嘗作小文，使僕潤飾之。僕自以爲才不過若人，辭不爲也。敬禮謂僕「卿何所疑難？文之佳惡（麗），吾自得之。後世誰相知定吾文者耶？」吾嘗歎此達言，以爲美談。昔尼父之文辭，與人通流。至於春秋，游夏之徒，乃不能措一辭。過此而言不病者，吾未之見也。」

於此實指出：任何文學創作，皆「不能無病」，此則正有賴於文學之批評，以使其漸幾於無病。而曹植之「好人譏彈其文，有不善者，應時改定」，則正是一種在文學上最好的創作態度。同時，他對潤飾他人之文，「以爲才不過若人，辭不爲也」，亦正是一種在文學批評上的最好態度。由此而有其謹嚴的文學創作，亦由於此而有其謹嚴的文學批評。同時，在謹嚴的文學批評下，又更有其謹嚴的文學創作。亦必如此，方能眞使文學批評，促進文學創作，並提高其水準，指定其方向，而不致更陷入於所謂「文人相輕」之境地。在這裏，曹植之說，實較之曹丕，又推進了一層。

此外，曹子建更認爲只有眞正的文學創作者，始足以成爲眞正的文學批評者。這便更提高了眞正文學批評者的地位。他在給楊德祖書中接着說：

「蓋有南威之容，乃可以論於淑媛；有龍淵之利，乃可議於割斷。劉季緒（表）才不能逮於作者，而好詆訶文章，掎摭利病。昔田巴毀五帝，罪三王，呰五霸於稷下，一旦而服千人。魯連一說，使終身杜口。劉生之辯，未若田氏，今之仲連，求之不難，可無歎息乎？人各有好尙，蘭茝蓀蕙之芳，衆人之所好，而海畔有逐臭之夫；咸池六莖之發，衆人所共樂，而墨翟有非之之論，豈可同哉？」

在這裏，曹子建指出了文學批評的主觀條件，亦復指出了文學批評的客觀限度。此所謂文學批評的主觀條件，便是：在文學上的才情，要「能逮於作者」，亦卽是要求文學批評者的本身，同時是一位文學上的創作者。似此文學創作者，可以不必同時是文學批評者，而文學批評者則必須兼爲創作者，這便更形成了「論文之難」，且更不應有「文人相輕」之習。要知：在文學上誰能眞正「有南威之容」？又誰能眞正「有龍淵之利」？旣未能眞正有之，又何能輕易論之？輕易論於「淑媛」與「割斷」且不可，又何況輕易論於文學？而劉表之「才不能逮於作者，而好詆訶文章」，便卽是輕易論於文學。彼對文學有輕易之心，便似對文人有相輕之意。故欲免於文人之相輕，仍只有使其了然於文章之難與夫論文之難之一法。

關於文學批評上之客觀限度，那是因爲「人各有所好」，而無可如何！於此，更進一步了然於文章之難與夫論文之難，便可有其在文學批評上心胸之廣，與夫「不同同之之謂大」。到這裏，「蘭茝蓀蕙之芬」，應予肯定；「而海畔有逐臭之夫」，亦應曲諒其意。到這裏，咸池六莖之發，應予肯定，「而墨翟有非之之論」，亦應深悉其心。由此文學批評上客觀限度之瞭解，再推進一步，便是在文學批評上的客觀態度之樹立，固不僅所以防文人之相輕。

說到文學價值之認識，曹氏兄弟在表面上更是持論相左，曹植與楊德祖書末段說：

「今往僕少小所著辭賦一通，相與夫街談巷說，必有可采。擊轅之歌，有應風雅；匹夫之思，未易輕棄也。辭賦小道，固未足以揄揚大義，彰示來世也。昔揚子雲先朝執戟之臣耳，猶稱「壯夫不爲也」。吾雖薄德，位於藩侯，猶庶幾戮力上國，流惠下民，建永世之業，流金石之功，豈徒以翰墨爲勳績，辭賦爲君子哉？若吾志未果，吾道不行，則將採庶官之實錄，辨時俗之得失，定仁義之衷，成一家之言。雖未能藏之名山，將亦能傳之於同好。非要之皓首，豈以今日之論乎？其言之不慚，恃惠子之知我也。明早相迎，書不盡懷。曹植白」

從此所謂「辭賦小道」，與彼典論論文中之所謂「文章經國之大業，不朽之盛事」，相互對照，在表面上，自然是差異極大。惟細觀之，曹植所言，會有所指，而曹丕所言，亦會有所指，其對文學價值的肯定，仍是相近的。

關於文學的眞正價值，一個人可以從文學的本身去看，亦可以跳出文學的本身去看。如果是洞見生命，洞見心靈，洞見精神，洞見性情的文章，便必然會是「經國之大業，不朽之盛事」。反之，若不一本生命之道，心靈之道，精神之道，與夫性情之道，以爲辭賦，則此辭賦之道，便必然是「小道」。而曹植在此，則分明是跳出文學的本身，去看文學，這實是我國自古以來，對文學之傳統看法。在這裏，其實並沒有對文學價值，加以輕視，或予以否定，而所謂「壯夫不爲」，則正是着重文學的本質，以期眞有其文學的生命，文學的心靈，文學的精神和文學的性情，而確實歸於「修辭立其誠」；故不爲文學而文學，或溺於文學之中，或只從文學的本身去看，而徒以翰墨爲勳業，辭賦爲君子。

若曹植之所云「定仁義之衷，成一家之言，雖未能藏之於名山，將亦能傳之於同好」，則又簡直是以文學爲其生命，以文學爲其心靈，以文學爲其精神，以文學爲其性情，而不僅僅是以文章爲「經國之大業，不朽之盛事」。到這裏，辭賦又何至於是「小道」？文學又何至於是小道？

正因曹子建是一位眞正的文學家，所以他知道「文章之難」。亦正因曹子建是所謂「今之魯連」，所以他深悉「論文之難」。同時又正因曹子建是儘可以「言之不慚」，所以他才說：「辭賦小道」。在這裏，一方面說文學之難和論文之難，一方面又說「辭賦小道」，若非「恃惠子之知我」，自然會容易引起一般中國文學批評史家之誤解的。

第八講　陸機文賦(上)

晉書陸機傳稱：

「機字士衡，天才秀逸，辭藻宏麗。張華常謂之曰：人之爲文，常恨才少；而子常患其多。」

本此以觀，陸機之爲天才文人，除具備其天才之特質外，尤具備其文人之特質。謝靈運嘗言：「天下文章只一石，子建(曹植)獨得八斗。」但曹子建之爲天才，又爲文人，終極力欲擺脫其文人之特質，而從文章甘苦中，體認到文章之難和論文之難，並言辭賦爲小道。若陸士衡則直從其文學創作之經驗中，正面提出文學創作之方法，以使文學眞正完成其所謂文學，並使文人眞正完成其所謂文人。故其所爲之文賦，一方面固近似司馬相如言作賦的重「賦家之心」，與夫揚雄言作賦之重「神化所至」，但另一方面則全不似其以前之人，說得虛玄，談得神祕；而實是對文學方法說得周詳，談得切實。此在中國文學批評史上，乃一極可重視之事體。

陸機文賦序稱：

「余每觀才士之所作，竊有以得其用心。夫其放言遣辭，良多變矣；妍蚩好惡，可得而言。每自屬文，尤見其情；恆患意不稱物，文不逮意。蓋非知之難，能之難也。故作文賦，以述先士之盛藻。因論作文之利害所由，他日殆可謂曲盡其妙。至於操斧伐柯，雖取則不遠；若夫隨手之變，良難以辭逮。蓋所能言者，具於此云爾。」

此所謂「恆患意不稱物，文不逮意」，其實還只是辭達與否的問題。在原則上說，一切的文學方法論，總不過是「辭達而已矣」。但若不僅僅從原則上說，便即有種種「作文之利害所由」，而須對「才士之所作」，加以方法上之說明，「以得其用心」，並從而「曲盡其妙。」

只不過在文學創作上，方法之說明，終有其限度。那可以「取則不遠」，然以言「隨手之變」，則仍須歸之於相如所言「賦家之心」，與夫楊雄所言「神化所至」，此所以是「良難以辭逮」。但無論如何，陸機之文賦，終是第一篇眞正周詳而切實地涉及文學方法之文獻。

文賦首段稱：

「佇中區以玄覽，頤情志於典墳；遵四時以歎逝，瞻萬物而思紛。悲落葉於勁秋，喜柔條於芳春，心懍懍以懷霜，志眇眇而臨雲。詠世德之駿烈，誦先人之淸芬；游文章之林府，嘉麗藻之彬彬；慨投篇而援筆，聊宣之乎斯文。」

此所謂「慨投篇而援筆，聊宣之乎斯文」之寫作動機，簡直是牽涉到遠古，牽涉到典墳，又牽涉到四時，牽涉到萬物。其心懍懍以懷霜，志眇眇而臨雲，是對生命有其眞正的自覺，亦是對文學有其眞正之自覺。由此而「詠世德之駿烈」，遂益見文學之莊嚴；更由此而「游文章之林府」，亦益見方法之重要。因此之故，其所涉及之文學方法，卽全非泛泛之言，而確爲一己在文學創作上的經驗之說。

文賦繼稱：

「其始也，皆收視反聽，耽思傍訊；精騖八極，心游萬仞。其致也，情曈曨而彌鮮，物昭晣而互進；傾群言之瀝液，漱六藝之芳潤；浮天淵以安流，濯下泉而潛浸。於是沈辭怫悅，若游魚銜鉤而出重淵之深；浮藻聯翩，若翰鳥纓繳而墮曾雲之峻。收百代之闕文，採千載之遺韻；謝朝華於已披，啓夕秀於未振；觀古今之須臾，撫四海於一瞬。」

於此所言文章之構思過程，亦正是文學創作的第一個過程。在此一過程中，最足以見司馬相如所言的

「賦家之心」，亦最足以顯揚雄所言之「神化所至」。此不可得而言，但亦畢竟可得而言。其所謂「收視反聽，耽思傍訊」，便是憑諸想像。其所謂「精騖八極，心游萬仞」，便是憑諸靈感。其所謂「情瞳矓而彌鮮，物昭晣而互進」，便是憑諸觀察；其所謂「傾羣言之瀝液，漱六藝之芳潤」，便是憑諸典籍。典籍是文學的遺產，觀察是文學的杷柄，靈感是文學的源泉，想像是文學的本領。因此之故，在文學的構想上，舉凡古典的訓練，觀察的訓練，與夫靈感的修養，想像的修養，都是十分必要的。

至於文學構思的範圍，則是以全宇宙的範圍爲範圍，而且還可以超越任何空間和任何時間。由此而「浮天淵」，「濯下泉」，收「闕文」，採「遺韻」，以「沉辭」，「浮藻」，「謝朝華」，「啓夕秀」，並由此而「觀古今之須臾，撫四海於一瞬」。使一切呈現於眼前，又全歸於筆下。問何以能如此？亦無非是憑諸典籍，憑諸觀察，憑諸靈感，憑諸想像而已。此乃文學創作之第一個過程，亦是一個最重要的過程。

文賦於述及構思之功以後，復論措辭之事云：

「然後選義按部，考辭就班；抱景者咸叩，懷響者畢彈。或因枝以振葉，或沿波而討源；或本隱以之顯，或求易而得難；或虎變而獸擾，或龍見而鳥瀾；或妥貼而易施，或岨峿而不安。罄澄心以凝思，眇衆慮而爲言；籠天地於形內，挫萬物於筆端。始躑躅於燥吻，終流離而濡翰；理扶質以立幹，文垂條而結繁。信情貌之不差，故每變而在顏；思涉樂而必笑，方言哀而已歎。或操觚以率爾，或含毫而邈然。伊茲事之可樂，固聖賢之所欽；課虛無以責有，叩寂寞以求音。函綿邈於尺素，吐滂沛乎寸心；言恢之而彌廣，思按之而愈深。播芳蕤之馥馥，發靑條之森森；粲風飛而猋（飆）豎，鬱雲起乎翰林。」

在文學創作上的第二個過程，便是措辭或修辭。而欲措辭或修辭成篇，則首須言之有序，此即須顧照措辭或修辭之次序與條理，亦即所謂：「選義按部」，「考辭就班」。

其次須言之有物，此即是讓一切的形相，顯於紙上，又讓一切的聲音，現於紙上。如此有色有聲，便自言之有物。此亦即所謂：「抱景者咸叩，懷響者畢彈」。

惟如何能符合此「言之有序」與「言之有物」的兩大措辭或修辭之原則？此則必須：

1.因枝以振葉—即分析之餘，求其細述；
2.沿波而討源—即細述之餘，求其統一；
3.本隱以之顯—即統一之餘，求其明朗；
4.求易而得難—即明朗之餘，求其深入；
5.虎變而獸擾—即深入之餘，求其變化；
6.龍見而鳥瀾—即變化之餘，求其聯貫；
7.妥貼而易施—即聯貫之餘，求其調和；
8.岨峿而不安—即調和之餘，求其突出。

惟此尤須繼之以澄然，此即心靈之靜，亦即所謂「罄澄心以凝思，眇衆慮而爲言」。又須繼之以浩然，此即精神之大，亦即所謂「籠天地於形內，挫萬物於筆端」。而其「始躑躅於燥吻，終流離而濡翰」，則所以見生命之力。若夫「信情貌之不差，故每變而在顏」，則所以見性情之眞。由是而文如其人，故「或操觚而率爾」；亦由是而人如其文，故「或含毫而邈然」。假此措辭以成篇，或修辭以成創作，便自會是「闊聖賢之所欽」。其「課虛無以責有」，正是由無窮的想像而來。其「叩寂寞以求音」，正是由無盡的靈感而至。且因有其觀察的不斷訓練，故儘可「函綿邈於尺素」。又因有其古典之絕大修養，故儘可「吐滂沛乎寸心」。此乃因構思運思之美，而有其措辭修辭之佳，即所謂「言恢之而彌廣」。此亦因措辭修辭之佳，而顯其構思運思之美，即所謂「思按之而愈深」。如此以爲文章，便自可「粲風飛而猋豎，鬱雲起乎翰林。」

文賦於論修辭成篇之後，復論文體如次：

「體有萬殊，物無一量；紛紜揮霍，形難爲狀。辭程才以效伎，意司契而爲匠；在有無而僶俛，當淺深而不讓。雖離方而遯員，期窮形而盡相。故夫誇目者尙奢，愜心者貴當；言窮者無隘，論達者唯曠。詩緣情而綺靡，賦體物而瀏亮；碑披文以相質，誄纏綿而淒愴；銘博約而溫潤，箴頓挫而清壯；頌優游以彬蔚，論精微而朗暢；奏平徹以閑雅，說煒燁而譎誑。雖區分之在茲，亦禁邪而制放；要辭達而理舉，故無取乎冗長。」

於此所謂「體有萬殊，物無一量」，實是指文之風格，千變萬化；而物之描述，則至難一律。由前而言，那是「紛紜揮霍」。由後而言，那是「形難爲狀」。因此之故，文章之創作，一方面是言辭的技術，須以才華爲轉移，故曰：「辭程才以效伎」。但另一方面更是心意的藝術，須以性情爲定準，故曰「意司契而爲匠」。其風格的有無，須靠個人之努力；惟風格之淺深，則視天資之如何。故曰：「在有無而僶俛，當淺深而不讓」。惟任何創作，其唯一的原則，總會是「愜心者貴當」，此即是：一切都須得相稱。必言窮而意不盡，論達而識有餘，方眞可「言窮者無隘，論達者唯曠」，以稱此心。在這裏，心之相稱與文之相稱，實是一事。本此以論種種之文，那便是：

1.詩緣情而綺靡——此即是詩須以緣情爲主體，而以綺靡爲其應有之風格。由是在辭句上儘有其華美，而在氣氛上則儘會是精誠。

2.賦體物而瀏亮——此即是賦須以體物爲骨幹，而以瀏亮爲其應有之風格。由是在辭句上儘有其鋪排，而在氣氛上則儘會是清徹。

3.碑披文以相質——此即是碑須以文雅爲前提，而以質實爲其應有之風格。由是在辭句上儘有其古樸，而在氣氛上則儘會是堂皇。

4.誄纏綿而淒愴——此即是誄須以纏綿爲切要，而以淒愴爲其應有之風格。由是在辭句上儘有其哀情，而在氣氛上則儘會是厚意。

5.銘博約而溫潤——此即是銘須以博約爲主旨，而以溫潤爲其應有之風格。由是在辭句上儘有其省靜，而在氣氛上則儘會是淵深。

6.箴頓挫而清壯——此即是箴須以頓挫爲要着，而以清壯爲其應有之風格。由是在辭句上儘有其沉潛，而在氣氛上則儘會是痛切。

7.頌優游以彬蔚——此即是頌須以優游爲步調，而以彬蔚爲其應有之風格。由是在辭句上儘有其典雅，而在氣氛上則儘會是從容。

8.論精微而朗暢——此即是論須以精微爲手法，而以朗暢爲其應有之風格。由是在辭句上儘有其老練，而在氣氛上則儘會是開明。

9.奏平徹以閑雅——此即是奏須以平徹爲條件，而以閑雅爲其應有之風格。由是在辭句上儘有其切當，而在氣氛上儘會是雍和。

10說煒煒而譎誑——此卽是說須以煒煒爲到家，而不妨以譎誑爲其應有之風格。由是在辭句上儘有其波瀾，而在氣氛上則儘會是曉暢。

似此所述，雖文賦將文區分爲十，較之典論論文中僅分爲四者，又推進一步，然以言文之體類，究不止於此數。只不過文賦中對文章體類之十分法，其着重之點，終在風格之說明，使每一文章體類，有其正當之方向；亦卽是爲每一體類，立一正當的文學批評的標準。而在此各體類中之標準上，更有一總的標準，這卽是一古典之標準，亦卽是所謂「禁邪而制放」。而欲到達此一禁邪制放的古典之標準，則仍必須「辭達而已矣」，和「修辭立其誠」，以力避其繁，重歸於簡。故曰：

「要辭達而理擧，故無取乎冗長。」

第九講　陸機文賦(下)

文賦於論文之風格以後，更進而「論作文利害所由」，其語云：

「其爲物也多姿，其爲體也屢遷；其會意也尚巧，其遣言也貴妍。暨音聲之迭代，若五色之相宣；雖逝止之無常，固崎錡而難便。苟達變而識次，猶開流以納泉；如失機而後會，恆操末以續顚。謬玄黃之秩序，故淟涊而不鮮。或仰逼於先條，或俯侵於後章；或辭害而理比，或言順而義妨。離之則雙美，合之則兩傷。考殿最於錙銖，定去留於毫芒；苟銓衡之所裁，固應繩其必當。或文繁理富，而意不指適；極無兩致，盡不可益。立片言而居要，乃一篇之警策；雖衆辭之有條，必待茲而效績；亮功多而累寡，故取足而不易。或藻思綺合，淸麗芊眠；炳若縟繡，悽若繁絃。必所擬之不殊，乃闇合乎曩篇；雖杼軸於予懷，怵他人之我先。苟傷廉而愆義，亦雖愛而必捐。或苕發穎竪，離衆絕致；形不可逐，響難爲係。塊孤立而特峙，非常音之所緯；心牢落而無偶，意徘徊而不能揥（褫）。石韞玉而山暉，水懷珠而川媚；彼榛楛之勿剪，亦蒙榮於集翠；綴下里中雪白，吾亦濟夫所偉。」

只因文之爲物，多姿多采，便自文之爲體，隨時變遷。於此，所謂體，一方面是文之體類，一方面又是文的風格。兩者固皆是隨時代之不同，而有其不斷之翻新；亦隨時代之各異，而有其不斷之開脫。從文之常道以言，那會只是「辭達而理擧」；但從文之變化而言，那又必然是：「其會意也尚巧，其遣言也貴妍」。

由此以言文章之美，第一便須「暨音聲之迭代」，以有其聲調之美；其次則須「若五色之相宣」

，以有其色澤之美。然此又必須從「逝止之無常」中以「達變」，更必須從「崎錡而難便」裏以「識次」。如此使變化中有其秩序，又使秩序中有其變化，方足以使文章眞有其聲色。而「玄黃之秩序」，若一有謬，則「泱漻而不鮮」，便卽難免。

更由此以言文學批評上應有之準則，第一須言辭與義理之一致，並須力求其均衡。舉凡「辭害」、「義妨」等等，皆非所取；而「理比」、「言順」等等，方爲「必當」。第二須力求其簡要，而在「文繁理富」中，更須有其主旨，有其「機（警）策」。此乃求變化中之統一，故曰：「雖衆辭之有條，必待茲而效績」。否則，無其主調，失其眼目，卽決不能「耿足而不易」。第三須力避因襲陳言，而有其獨創之格，故曰：「苟傷廉而愆義，亦雖愛而必捐」。第四須出之平易，而自然有其「苕發穎豎，離衆絕致」。此則必須更富其內容之美，以使「石韞玉而山暉，水懷珠而川媚」；又必須更有其化腐朽爲神奇之手法，而可以「彼榛楛之勿剪」，又可以「綴下里中白雪。」

關於文章之道，文賦繼稱之如次：

「或託言於短韻，對窮迹而孤興；俯寂寞而無友，仰寥廓而莫承。譬偏絃之獨張，合淸唱而靡應。或寄辭於瘁音，言徒靡而弗華；混姸蚩而成體，累良質而爲瑕。象下管之偏疾，故雖應而不和。或遺理以存異，從尋虛而逐微；言寡情而鮮愛，辭浮漂而不歸。猶弦么而徽急，故雖和而不悲。或奔放以諧合，務嘈囋而妖冶；徒悅目而偶俗，固聲高而曲下；寤防露與桑間，又雖悲而不雅。或淸虛以婉約，每除煩而去濫；闕大羹之遺味，同朱絃之淸氾；雖一唱而三歎，固既雅而不豔。」

此言文章之道，第一辭不可偏枯，偏枯則「譬偏絃之獨張，合淸唱而靡應」。第二辭不可混雜，混雜則「象下管之偏疾，故雖應而不和」。第三辭不可虛浮，虛浮則「猶絃幺而徽急，故雖和而不悲」。第四辭不可庸俗，庸俗則「寤防露與桑間，又雖悲而不雅」。第五辭不可質滯，質滯則「雖一唱而三歎，固既雅而不艷」。

由是以言文章之妙，照文賦所稱，則爲：

「若夫豐約之裁，俯仰之形，因宜適變，曲有微情。或言拙而喻巧，或理樸而辭輕，或襲故而彌新，或沿濁而更清，或覽之而必察，或研之而後精；譬猶舞者赴節以投袂，歌者應弦而遣聲，是蓋輪扁所不得言，故非華說之所能精。」

此所謂文章之妙，「非華說所能精」，實即是說，文學創作固儘有其創作之方法，但亦儘有其方法論以上之妙着。於此由文之不偏枯而「應」，到文之不混雜而「和」，又到文之不虛浮而「悲」，更到文之不庸俗而「雅」，復到文之不質滯而「艷」。再由此而有其步步之躍進，以「因宜適變，曲有微情」，則「言拙而喻巧」，終不必以巧拙言；「理樸而辭輕」，亦不必以輕樸論；其「襲故而彌新」，會儘有其新與故之超越；其「沿濁而更清」，尤有其清以上之神奇。此自可「覽之而必察」，亦必須「研之而後精」。由精而妙，妙則終是「輪扁所不得言」。

雖然如此，文章究應有其規律，故文賦又稱：

「普辭修與文律，良予膺之所服，練世情之常尤，識前修之所淑。雖濬發於巧心，或受嗤於拙目。彼瓊敷與玉藻，若中原之有菽；同橐籥之罔窮，與天地乎並育。雖紛藹於此世，嗟不盈於予掬；患挈瓶之屢空，病昌言之難屬。故踸踔於短韻（垣），放庸音以足曲；恆遺恨以終篇，豈懷盈而自足？懼蒙塵於叩缶，顧取笑乎鳴玉。」

只因文章上有其種種之規律，所以文學上有其種種之修養。此規律是修辭方法上的規律，是創作方法上的規律，凡有志於文者，總不能不服膺此規律，故曰：「普辭修與文律，良予膺之所服」。於此，實不限於文學天才之有無，且愈有天才者，愈須服膺，方能免於天才之夭折；由此以言文學之修養，除須「練世情之常尤」，以免與時代脫節之外，更須「識前修之所淑」，以有其古典之訓練。從而以文學爲生命，則「若中原之有菽」；又從而以文學爲性情，則「與天地乎並育」。於是一己精神因之而愈大，故「病昌言之難屬」；一己心靈因之而愈虛，故「豈懷盈而自足」？蓋必如此，方能在文學上眞有所成就，而不致「顧取笑乎鳴玉」。

文有文心，心有「應感」；文有文思，思有通塞。文賦於此稱之云：

「若夫應感之會，通塞之紀，來不可遏，去不可止；藏若景滅，行猶響起；方天機之駿利，夫何紛而不理？思風發於胸臆，言泉流於脣齒；紛葳蕤以馺遝（壯貌），唯毫素之所擬；文徽徽以溢目，音泠泠而盈耳。及其六情底滯，志往神留；兀若枯木，豁若涸流；攬營魂以探賾，頓精爽而自求；理翳翳而逾伏，思軋軋其若抽。是以或竭精而多悔，或率意而寡尤；雖茲物之在我，非余力之所勠。故時撫空懷而自惋，吾未識夫開塞之所由。」

似此所謂「吾未識夫通塞之所由」，人亦可解釋爲靈感之有否。靈感固爲應感之靈，然文學上應感之靈，終亦由感悟而至。此須有其無窮之想像，尤須有其「天機之駿利」。而以言天機，則又終須歸於生命，歸於精神，歸於心靈，歸於性情。莊子云：「其嗜欲深者，其天機淺」，此則因嗜欲埋沒了生命，埋沒了精神，埋沒了心靈，埋沒了性情。否則，「思風發於胸臆」，正是天風之來；「言泉流於脣齒」，亦正是天泉之湧。由是而「文徽徽以溢目」，無非是天光；「音泠泠而盈耳」，亦正是天籟。

反之，天機一失，便卽「六情底滯，志往神留」。其「兀若枯木」，是無精神，無生命；而其「豁若涸流」，則是心靈之塞和性情之乖。由是，「理翳翳而逾伏，思軋軋其若抽」，似此文心之不能應感，與夫文思之塞，亦正是天地之閉，故不能不「時撫空懷而自惋」。

文賦末段云：

「伊茲文之爲用，固衆理之所因，恢萬里使無閡，通億載而爲津，俯貽則於來葉，仰觀象乎古人，濟文武於將墜，宣風聲於不泯。塗無遠而不彌，理無微而不綸，配霑潤於雲雨，象變化乎鬼神；被金石而德廣，流管絃而日新。」

在這裏所切實肯定的文學價值，簡直是超乎一切，這較之典論論文裏所說的「文章經國之大業，不朽的盛事」，是又推進了一步。

第一、「伊茲文之爲用，實衆理之所因」，那等於說：道由文顯，而不僅是文本於道，文學獨立之觀念，可謂已在此眞正的樹立了。

第二、「恢萬里使無閡，通億載而爲津」，那等於說：文學是儘可以超越空間，又超越時間的。惟此乃尅就文學之價值說，而與文學的民族性和時代性，是不相聯的，亦是不相妨的。

第三、「俯貽則於來葉，仰觀象乎古人」，那等於說：文學是人文的樞紐，一直貫穿着往古與未來的文化的資產。於此，一方面有其偉大的傳統的因襲，一方面又有其偉大的格局的創新。

第四、「濟文武於將墜，宣風聲於不泯」，那也等於說：文學是整個歷史文化之精神的護衞者，又是整個歷史文化之使命的宣揚者。由是而「塗無遠而不彌，理無微而不綸」，便自可使文學爲歷史文化之骨幹。

第五、「配霑潤於雲雨，象變化乎鬼神」，那更等於說：文學儘可以動天地，感鬼神，而直通到一個無限而永恆的世界。其能「被金石而德廣，流管弦而日新」，便自可使其本身爲一永恆而無限的存在，又爲一悠久而無疆的事業，並儘有其一種天地的規模，和神聖的面目。

第十講　雅韻克諧、判微析理

抱朴子（葛洪）外篇卷四十辭義篇稱：

「或曰：乾坤方圓，非規矩之功；三辰摛景，非瑩磨之力。春華粲煥，非漸染之采；茝蕙芬馥，非容氣所假。知夫至眞貴乎天然也。義以罕覯爲異，辭以不常爲美；而歷觀古今屬文之家，尟能挺逸麗於毫端，多斟酌於前言，何也？抱朴子曰：清音貴於雅韻克諧，著作珍乎判微析理。故八音形器異而鍾律同，黼黻文物殊而五色均。徒以閑澀有主賓，妍蚩有步驟；是則總章無常曲，大庖無定味。夫梓豫山積，非班匠不能成機巧；衆書無限，非英才不能收膏腴。何必尋木千里，乃構大廈；鬼神之言，乃著篇章乎？」

此乃自然美與藝術美之問題。所謂「乾坤方圓」，所謂「三辰摛景」，所謂「春華粲煥」，和所謂「茝蕙芬馥」，這都是屬於自然美。在文學上，順承此自然美，而只憑天才，不問學養，這便是所謂「知夫至眞貴乎天然」。由是而「義以罕覯爲異，辭以不常爲美」，終至虛玄而蕩，情識而肆，遂不復「斟酌於前言」，而盡棄其文學之規律。惟文學畢竟爲一藝術，因亦畢竟須有其藝術美，並須多少具備其古典之精神，方能有其典雅，有其諧和，並有其精微，有其文理，此所以說：

「清音貴於雅韻克諧，著作珍乎判微析理。」

以言藝術之美，總須有其變化裏的統一，亦即異中之同。因此「八音形器異而鍾律同，黼黻文物殊而五色均」，斷不能不有其藝術之規律。惟藝術之美，亦終須有其統一裏之變化，亦即同中之異，因此「總章無常典，大庖無定味」，又斷不能不有其藝術規律之活用。而所謂「梓豫山積，非班匠不能成機巧，則正所以說明自然美，須進入於藝術美之層次，方有其美的完成。其所謂「衆書無限，非英才不能收膏腴」，則正所以說明：「斟酌於前言」，亦儘可以推陳出新；且其膏腴，亦只有英才能收；以作其應有之古典的修養，使藝術美更可以底於完成。

至所謂「何必尋木千里，乃構大廈；鬼神之言，乃著篇章乎」，此在文學上，實是本其所應具備之藝術美，隨意處理着「自然」和「斟酌於前言」，不必求「不常」，亦不必求「異」。惟在此則更須天才之高，更須學養之純。

又辭義篇稱：

「夫才有清濁，思有修短；雖並屬文，參差萬品。或浩瀁而不淵潭，或得事情而辭鈍，違物理而文工。蓋偏長之一致，非兼通之才也。闇於自料，强欲兼之，違才易務，故不免嗤也。」

此乃在文學上對才與思的處理。人之「才有清濁」，故文之品，有高有低。人之「思有修短」，故文之體，亦有大有小。在這裏，清濁修短之情形，各各不同，故高低大小之層次，亦復「參差萬品」。若能不「闇於自料」，則各因其才思之所近，而定其在文學上所應努力之方針，便自可不致「違才易務」。

辭義篇繼稱：

「五味舛而並甘，衆色乖而皆麗，近人之情，愛同憎異，貴乎合己，賤於殊途。夫文章之體，尤難詳賞。苟以入耳爲佳，適心爲快，尠知忘味之九成，雅頌之風流也。所謂考鹽梅之鹹酸，不知大羹之不致；明飄颻之細巧，蔽於沈深之宏邃也。其英異宏逸者，則網羅乎玄黃之表；其拘束齷齪者，則羈紲於籠罩之內。振翅有利鈍，則翔集有高卑；騁迹有遲迅，則進趨有遠近。駑銳不可

（孫星衍疑此下有脫文），膠柱調也。文貴豐瞻，何必稱善如一口乎？不能拯風俗之流遯，世塗之凌夷，通疑者之路，賑貧者之乏，何異春華不爲肴糧之用，茝蕙不救冰寒之急？古詩刺過失，故有益而貴；今詩純虛譽，故有損而賤也。」

藝術之美，取決於藝術之風格；而凡能眞完成其一種藝術之風格者，固莫不有其藝術之美。此在五味，則「五味舛而並甘」。此在衆色，則「衆色乖而皆麗」。此在文章，亦復如是。因此之故，文學批評之要旨，總在客觀認識其風格之所在，並從而肯定之，絕不可「愛同憎異」，只憑主觀，以致只「以入耳爲佳適心爲快」，而抹煞「大羹之不致」與夫「沈深之宏邃」。惟風格亦自有其高低，故又儘可愛高憎低，而予以客觀之評價。因此，一說到文學批評之態度，就必須「英異宏逸」，而不可「拘束齷齪」。而文學批評之眼光，則又必須能見出「振翅有利鈍」與夫「騁迹有遲迅」，以有其適切之衡量。彼「文貴豐贍」，實乃文學上之一大標準。但在此一大標準之下，又須求其能拯「風俗之流遯，世塗之凌夷」，以有其對社會之價值；並須求其「通疑者之路，賑貧者之乏」，以有其對時代之貢獻。蓋必如此，文學本身，方是「有益而貴」；其對人類，方非「有損而賤」；且眞爲崇高，不爲低下。

辭義篇末稱：

「屬筆之家，亦各有病；其深者則患乎譬煩言冗，申誡廣喻，欲棄而惜，不覺成煩也；其淺者則患乎妍而無據，證援不給，皮膚鮮澤，而骨鯁迴弱也。繁華暐曄，則並七曜以高麗；沈微淪妙，則儕玄淵之無測；大事靡細而不浹，王道無微而不備，故能身賤而言貴，千載彌彰焉。」

此所謂「不覺成煩」，或「骨鯁迴弱」，實是古往今來之文章通病，而其所認爲「繁華暐曄」，與夫「沈微淪妙」之文，而足以使作者身賤言貴與「千載彌彰」者，則正爲古往今來之文章，懸一極高之標準。惟此仍不過是：「清音貴於雅韻克諧，著作珍乎判微析理」而已。

似上所述葛洪辭義，實是既重文學上之才思或天才，又重文學上之規律和方法。此有異於曹氏兄弟，亦有別於陸機等人。只不過單就文學上之修養言，葛洪於看重文學的技巧以外，又復重視着文學的胸襟。抱朴子外篇卷三十二尚博篇稱：

「若夫馳驟於詩論之中，周旋於傳記之間，而以常情覽巨異，以褊量測無涯，以至粗求至精，以甚淺揣甚深，雖始自髫齡，訖于振素，猶不得也。」

凡此所謂「常情」，所謂「褊量」，所謂「至粗」，所謂「甚淺」，實皆由於文學上，不能有其胸襟之廣。而文學上胸襟之廣，實乃文學修養上之一大關鍵。「雅韻克諧」，須要胸襟；「判微析理」，亦須要胸襟。故在文學上，胸襟不可不廣。

第十一講　裴子野的雕蟲論

梁武帝時，裴子野（幾原）作雕蟲論並序，其序云：

「宋明帝博好文章，才思朗捷，嘗讀書奏，號稱七行俱下。每有禎祥，及幸讌集，輒陳詩展義，且以命朝臣。其戎士武夫，則請託不暇，困於課限，或買以應詔焉。於是天下向風，人自藻飾，雕蟲之藝，盛於時矣。」（見全梁文卷五十三）

此序實儘足以說明時代之偏邪，亦儘足以說明文學對時代之反映。於此，文學未能扭轉時代，便即隨時代轉；而形成一時代的悲劇，亦復形成一文學的悲劇。裴子野當時「在禁省十餘年，未嘗請謁，及歸，妻子恆苦饑寒，唯以教誨爲本，人以師道推崇之」。假若是對時代與文學沒有深感，他自然不會有他的雕蟲論。其文云：

「梁鴻臚卿裴子野論曰：古者四始六藝，總而爲詩。既形四方之風，且彰君子之志，勸美懲惡，王化本焉。後之作者，思存枝葉，繁華蘊藻，用以自通。若悱惻芬芳，楚騷爲之祖；靡漫容與，相如和其音。由是隨身逐影之儔，棄指歸而無執；賦詩歌頌，百帙五車。蔡應（通典作邕）等之俳優，楊雄悔爲童子。聖人不作，雅鄭誰分？其五言爲家，則蘇李自出；曹（植）劉（楨）偉其風力，潘（岳）陸（機）固其枝葉。爰及江左，稱彼顏（延之）謝(靈運)。箴繡鞶帨，無取廟堂。宋初迄於元嘉（宋文帝年號），多爲經史；大明（宋武帝年號）之代，實好斯文。高才逸韻，頗謝前哲；流波相尚，滋有篤焉。自是閭閻少年，貴游總角，罔不擯落六藝，吟咏性情。學者以博依爲急務，謂章句爲顓（蒙也）魯；淫文破典，裴爾爲功（通典作曹）。無被於管弦，非止乎禮義。深心主卉木，遠致極風雲。其興浮，其志弱；巧而不要，隱而不深。討其宗途，亦猶宋之（通典此下有遺字）風也。若季子聆音，則非興國；鯉也趨室，必有不敢。荀卿有言，亂代之徵，文章匿而采。斯豈近之乎？」

於此，梁書卷三十本傳云：

「子野爲文，典而速；不尙麗靡之詞。其制作多法古，與今文異體。當時或有詆詞，及其末皆翕然重之。」

似此之人，與夫似此之文，正是轉時代，而不爲時代所轉。這是須要力量的。但有力量是由於有生命，有生命是由於有性情，從而有精神之顯，與夫心靈之活。裴子野之終能令人「皆翕然從之」，自非無故。

隨後蕭綱（梁簡文帝）與湘東王書有語云：

「又時有效謝康樂裴鴻臚文者，亦頗有惑焉。何者？謝客吐言天拔，出於自然，時有不拘，是其糟粕。裴氏乃良史之才，了無篇什之美。是爲學謝則不屆其精華，但得其冗長；師裴則蔑絕其所長，惟得其所短。謝故巧而不可喩，裴亦質不宜慕。故胸馳臆斷之侶，好名忘實之類，亦分肉於仁獸，逞卻克於邯鄲，入鮑忘臭，效尤致禍。決羽謝生，豈三千之可及？伏膺裴氏，懼兩唐之不傳。故玉徽金銑，反爲拙目所嗤；巴人下里，更合郢中之聽。陽春高而不合，妙聲絕而不尋；竟不精討錙銖，量覈文質，有異巧心，終愧妍手。是以握瑜懷玉之士，瞻鄭邦而知退；章甫翠履之人，望閩鄉而歎息。詩既若此，筆又如之。」（梁書卷四十九文學上庾肩吾傳）

於此可知那時代之搖擺和失其方向，同時亦可知當時文學之搖擺和失其方向。裴子野雖欲極力扭轉，而簡文帝竟又「頗有惑焉」。他認定裴子野是「了無篇什之美」，是「質不宜慕」，他歎息着「握瑜懷玉之士，瞻鄭邦而知退」：他又感慨着「章甫翠履之人，望閭鄉而歎息」。他誠如章太炎國故論衡中所言：「簡之變古，志在桑中」。他和裴子野所論，正是所謂針鋒相對。這以外方的情況來說，正像是文學的古典主義與浪漫主義之爭。而在一偏邪的時代中，又每有利於後者之進展。史稱「簡文帝辭藻豔發，所爲詩傷於輕豔，當時號爲宮體，並使境內化之」（見劉肅大唐新語）。於是當時文學遂更陷入於所謂香豔，或唯美之境地。而裴子野所爲之雕蟲論，亦終無以挽救那時代之頹靡，與夫大明以後靡敝已極之文學。

一般言之，時代的趨向，總是由質到文；因知文學的趨向，亦總是由質到文。此在裴子野的雕蟲論中，所謂「後之作者，思存枝葉，繁華蘊藻，用以自通」，亦正看出由詩到騷，由騷到賦，更到五言詩與駢麗文之一大勢所在。於此順之，便只有「淫文破典，斐爾爲功」，以之與古時詩之可以「形四方之風，且彰君子之志」者相較，自會是「無被於管弦，非止乎禮義」。此從純粹之文學觀點言之，亦未始不可以說是在文學上所應有之進展，或進化；但從整個歷史文化觀點言之，却總不應一味順之，而使文學與人生脫節，以全失其在生命和性情上所應有之質樸，與夫在心靈與精神上所應有的單純。

所謂「其興浮，其志弱」，那正是由於在生命和性情上，無其質樸，而一任浮華。所謂「巧而不要，隱而不深」，那正是由於在心靈和精神上，無其單純，而一任繁雜。在浮華中，人生會迷其路數；在繁雜裏，時代會失其方向。由此終必導致人生與時代之動亂；此所以是「亂代之徵，文章匿而采」。必於此能逆，以確保其文學的古典意味，方足以言國家民族之興盛與夫歷史文化之健康。雕蟲論之用心，當在於此，而其所以爲「良史之才」，亦當在此。若必以裴子野爲歷史家，而謂其談論文學，未必有當，此則有昧於文學之歷史使命，實只有歷史家更能知之。簡文帝云裴子野「質不宜慕」，實一爲文學而文學之語，固不識裴子野之用心。

簡文帝誡當陽公大心書稱：

「汝年時尚幼，所闕者學。可久可大，其惟學歟？所以孔丘言：吾嘗終日不食，終夜不寢，以思，無益，不如學也。若使面牆而立，沐猴而冠，吾所不取。立身之道，與文章異。立身先須謹重，文章且須放蕩。」

在此所謂「立身先須謹重，文章且須放蕩」，便分明是讓文學與生活脫節，讓文學與人生脫節。此與雕蟲論相對照，就更可以看出「其興浮，其志弱」；而其所謂「可久可大」之「學」，亦終不足以言受用了。

第十二講　顏氏家訓文章篇

顏之推（介）其人，在北齊書與北史中，皆敍於文苑傳。其所著顏氏家訓有文章篇，專論文章。首云：

「夫文章者，原出五經。詔命策檄，生於書者也。序述論議，生於易者也。歌詠賦頌，生於詩者也。祭祀哀誄，生於禮者也。書奏箴銘，生於春秋者也。朝廷憲章，軍旅誓誥，敷顯仁義，發明功德，牧民建國，施用多途。至於陶冶性靈，從容諷諫，入其滋味，亦樂事也。行有餘力，則可習之。然而自古文人，多陷輕薄：屈原露才揚己，顯暴君過；宋玉體貌容冶，見遇俳優；東方曼倩，滑稽不雅；司馬長卿，竊貲無操；王褒過章僮約，楊雄德敗美新；李陵降辱夷虜，劉歆反覆莽世；傅毅黨附權門；班固盜竊父史；趙元叔抗竦過度，馮敬通浮華擯壓；馬季良佞媚獲誚，蔡伯喈同惡受誅；吳質詆忤鄉里，曹植悖慢犯法；杜篤乞假無厭，路粹隘狹已甚；陳琳實號粗疏，繁欽性無檢格；劉楨屈强輸作，王粲率躁見嫌；孔融禰衡誕傲致殞，楊修丁廙扇動取斃；阮籍無禮敗格，嵇康凌物凶終；傅玄忿鬥免官，孫楚矜誇凌上；陸機犯順履險，潘岳乾沒取危；顏延年負氣摧黜，謝靈運空疏亂紀；王元長凶賊自貽，謝玄暉侮慢見及。凡此諸人，皆其翹秀者，不能悉紀，大較如此。至於帝王亦或不免：昔天子而有才華者，唯漢武、魏太祖、文帝、明帝、宋武帝，皆負世議，非懿德之君也。自子游、子夏、荀況、孟軻、枚乘、賈誼、蘇武、張衡、左思之儔，有盛名而免於過患者，時復聞之，但其損敗居多耳。每嘗思之，原其所積文章之體，標舉興會，發引性靈，使人矜伐，故忽於持操，果於進取。今世文士，此患彌切，一事愜當，一句清巧，神厲九霄，志凌千載，自吟自賞，不覺更有旁人。加以砂礫所傷，慘於矛戟，諷刺之禍，速乎風塵；深宜防慮，以保元吉。」

本上所述，我人當知顏之推，對一般之所謂「文」，實有兩大觀念：第一、他以為文章原出五經。這與梁劉勰在其文心雕龍之一文學批評專書中所說者，正是相同。第二、他以為自古文人多陷輕薄。這與歷史事實，大抵相符；而當魏晉南北朝時，更為顯著。此在顏之推以前，曹丕與吳質書亦云：

「觀古今文人，類不護細行，鮮能以名節自立。」

又魏書文苑傳亦載楊遵彥作文德論，以為：

「古今辭人，皆負才遺行，澆薄險忌；惟邢子才、王元美、溫子昇，彬彬有德素。」

此用目前的話來說，就是文學和道德，總難一致。而在外方，則如法國大文豪左拉在其「文學上的道德」一篇論文中，竟直認文學應別開道德，並且說：

「文學作家只有在不以道德做投機的人中，才能找出。」

惟在我國，文人無行，總是要指摘的。而顏之推則尤特重文行。遂至如屈原等，亦加以指摘。此在劉勰文心雕龍書中則云：

「若夫屈賈之忠貞，鄒枚之機覺，黃香之淳孝，徐幹之沉默，豈曰文士必其玷歟？」

然劉勰之文心雕龍，亦非不注重文行者。故在對文人的評論上，可以不同；但對文人的評論原則，即文學與道德須有其一致之原則，仍是一樣。

所謂「文章原出五經」，其下所應引申之意義，便必然會是：以經為體，以文為用，此即體經用文。於此更必須宗經。劉勰文心雕龍稱：

「文能宗經，體有六義：一則情深而不詭，二則風清而不雜，三則事信而不誕，四則義直而不回，五則體約而不蕪，六則文麗而不淫。」（卷一）

在拙著文心雕龍講義中，曾對劉勰文學批評理論，加以疏說與申論，對宗經之義，亦已論及。大凡文章欲具備其古典之風格者，總會是「原出於經」。

至於古今文人，何以會「多陷輕薄」？此照顏之推所言，則是由於「所積文章之體，標擧興會，發引性靈」。此卽以「標擧興會，發引性靈」爲文章之體，而非以經爲體。實則以經爲體，自儘有其興會，儘有其性靈。惟此興會與性靈，乃全出於生命之常與性情之正。而非僅僅「標擧興會」，與夫僅僅「發引性靈」者之所能得。彼「標擧興會，發引性靈」而爲文章者，實是以文爲體，而又以文爲用。從此體文用文，自必以文章爲首出，以文章爲至上，而「使人矜伐」。結果所至，自只是「自吟自賞，不覺更有傍人」，而使一己之生命、性情，以至全副精神，整個心靈，都陷於文章之下，不復能以文章，眞正表現其生命之常，表現其性情之正，並表現其心靈之純與夫精神之大。因此之故，其所標擧之「興會」，卽飄浮無根，必流於「輕」；其所發引之「性靈」，卽游移無據，必至於「薄」。而一陷於輕薄，則卽生命失常，性情乖戾，心靈窒塞，精神偏枯，終必禍患百出。此乃文章悲劇之所由生，亦爲文人悲劇之所由至。

所謂「今世文士，此患彌切」，實因今世文人，更是爲文章而文章，而不能體經用文，故必至「一事愜當，一句清巧」，便卽「神厲九霄，志凌千載」，但按其實，則生命陷於空虛，心靈陷於空虛，精神陷於空虛，以言性情，更性情全失。此輕薄文人之態，常令人口不忍言。

惟輕薄文人，亦儘有其文才，並儘有其天才。但因才華不能歸於性情，以獲其正常之發展，遂終使文才落空，天才夭折。此則又由文人之悲劇，而形成一人世之悲劇，故更令人浩歎。於此，「深宜防慮，以保元吉」，雖是爲文人計，爲個人計，但亦正是爲國家社會計，爲歷史文化計。

又文章篇云：

「凡爲文章，猶人乘騏驥，雖有逸氣，當以銜勒制之，勿使流亂軌躅，放意塡坑岸也。文章當以理致爲心胸，氣調爲筋骨，事義爲皮膚，華麗爲冠冕。今世相承，趨末棄本，率多浮豔。辭與理競，辭勝而理伏；事與才爭，事繁而才損。放逸者流宕而忘歸，穿鑿者補綴而不足。時俗如此，安能獨違？但務去泰去甚耳。必有盛才重譽，改革體裁者，實吾所希。古人之文，宏才逸氣，體度風格，去今實遠。但緝綴疏朴，未爲密緻耳。今世音律諧靡，章句偶對，諱避精詳，賢於往昔者多矣。宜以古之製裁爲本，今之辭調爲末，並須兩存，不可偏棄也。」（四部叢刊本卷上）

此所謂以「銜勒制之」，對文學而言，亦就是要具備一些古典（Classic）的意味。此古典的意味，可由「宗經」以有其古典的修養或訓練而獲得之。但「宗經」之於文學，終非一種「銜勒」。要知文學上的至高無上的靈感，每由經典所引發。此在外方，基督教的聖經，即曾引發了無數高貴的文學上的靈感。而六經之於我國文學，則更如是。本此而言，那還會是一種銜勒嗎？那實在是一種文學上的靈感的源泉，或文思的寶庫。那只有對文學作其至高無上的引導，使文學更具備其向上一機，而絕對不致於反使文學有其受制之處。否則，文章只憑逸氣，而毫無古典之意味，以及經典之誘導，結果所至，即似因無銜勒，而「流亂軌躅，放意塡坑岸」了。

所謂以「理致爲心胸，氣調爲筋骨」，則正是在文學創作上主理和主氣的見解。似此主理主氣，自必歸於古典，歸於經典。亦即是讓文學因有其古典的意味和經典的引導而具備其眞實的內容。

所謂「事義爲皮膚，華麗爲冠冕」，則爲文學創作上之形式，亦即是寫實和修辭上的事。眞正的文章或文學，總須以內容爲本，以形式爲末，亦即是以理致與氣調爲本，以事義與華麗爲末。其「辭勝而理伏」與夫「事繁而才損」，便是所謂「浮豔」。浮豔只是注重所謂「形式」，此則可使人「流宕而忘歸」，又可使人「補綴而不足」，其所引起的後果，一方面會是文學的空虛，一方面更會是時代的空虛。

於此，欲挽救文學，進而挽救時代，就必須有其文體之改革，亦即所謂「改革體裁」。惟此所謂「改革」，仍只是重新力求其文學上之內容，與文學之形式，兩相均衡，或兩兩相稱，以有其更爲健康之進展。就其進展而言，這是革新。

而以言內容與形式在文學上之所以會失其均衡，或不能相稱，則又因「趨末棄本」常常作成了時代的癥結。故由此而「去泰去甚」，進而反本，便必然會有其古典之趨向，並有對經典之嚮往。就此嚮往而言，這是復古。

因此之故，舉凡文體之改革，或「改革體裁」，總會是涵蘊着兩種意義，那一方面是革新，同時在另一方面看來，又是復古。這便形成了「以古之製裁爲本，今之辭調爲末，並須兩存，不可偏棄」了。

又文章篇引沈隱侯云：

「文章當從三易：易見事，一也；易識字，二也；易讀誦，三也。」

似此所謂三易，正所以力求文體之平易。在文學上，文體有其步步之解放，便即應有其步步之開脫；文體有其步步之開脫，便即應有其步步之平易。此亦爲由「辭達而已矣」一直下來的事體。關於「改革體裁」，或文體之改革，此乃文學上一種應有之趨向。舉凡眞正能「以古之製裁爲本，今之辭調爲末」者，固皆應瞭然於此一應有之趨向。

第十三講　盡養才之道、增作者之氣

唐柳冕爲韓柳以前之古文理論專家。據全唐文卷五二七所載，其傳下之文章總數，只有十四篇，而以論文名篇者，卽佔六篇之多。其答楊中丞書云：

「來書論文，盡養才之道，增作者之氣，推而行之，可以復聖人之教，見天地之心，甚善。嗟乎，天地養才而萬物生焉；聖人養才而文章生焉；風俗養才而志氣生焉。故才多而養之，可以鼓天下之氣。天下之氣生，則君子之風盛。古者陳詩以觀民風。君子之風，仁義是也；小人之風，邪佞是也。風生於文，文生於質，天地之性也。止於經，聖人之道也；感於心，哀樂之音也。故觀乎志而知國風。逮德下衰，風雅不作，形似豔體之文興，而雅頌比興之義廢。豔麗而工，君子恥之，此文之病也。嗟乎！天下之才少久矣，文章之氣衰甚矣，風俗之不養才病矣，才少而氣衰使然也。故當世君子，學其道，習其弊，不知其病也。所以其才日盡，其氣益衰。其教不興，故其人日野，如病者之氣，從壯得衰，從衰得老，從老得死，沈綿而去，終身不悟，非良醫孰能知之？夫君子學文，所以行道。足下兄弟，今之才子，官雖不薄，道則未行，亦有才者之病。君子患不知之，既知之，則病不能無病。故無病則氣生，氣生則才勇，才勇則文壯，文壯然後可以鼓天下之動，此養才之道也。在足下他日行之。如老夫之文，不近於道；老夫之氣，已至於衰；老夫之心，不復能勇；三者無矣，又安得見古人之文，論君子之道，近先王之教？斯不能必矣。」

在此一書信中，所謂養才，會是對文學上的天才的養育，會是對文學上的天才的愛護，還會是對文學上的天才的發掘，從而予以指引，加以薰陶，免其陷於輕薄，陷於瘋狂，而終歸於天才的夭折。

天之生才不易，而在一個國家民族中，能有其文學上的天才之產生，則尤不易。通常而言，一個文學上的天才，總會具備其獨特的生命，獨特的性情，獨特的心靈，和獨特的精神；而爲國家民族計，又爲歷史文化計，則總應對彼輩予以獨特的養育，獨特的愛護，並予以獨特的發掘，而無使埋沒於無形，埋沒於當時，埋沒於終古。聖人之教，每着眼於此，所以總會是教澤無窮。天地之心，亦見之於此，所以眞會是天高地厚。

就文學言，那總離不開生命，離不開性情，離不開心靈，離不開精神。而一個文學上的天才，則以其獨特的生命與性情，進入文學；更以其獨特的心靈與精神，從事文學。但此獨特的生命，獨特的性情，獨特的心靈，和獨特的精神，又總是不穩的。因其不穩，所以搖擺；因其搖擺，所以飄浮；因其飄浮，所以輕薄。說「自古文人多陷於輕薄」，那是儘會有其生命上的根據，有其性情上的根據，有其心靈上的根據，有其精神上的根據的。必於此而「盡養才之道」，以使其不穩者，歸於穩定；以使其搖擺者，歸於均衡；以使其飄浮者，歸於沉重；以使其輕薄者，歸於敦厚；這才可以眞正使一個文學上的天才，具備其健康的生命，健康的性情，健康的心靈和健康的精神，以確乎可以「增作者之氣」。而一當此作者之氣大增，以充塞於人間，瀰漫於時代之際，則又更「可以復聖人之教，見天地之心」。於是聖人之教與文人之才，便永遠是相得益彰；而天地之心與文人之德，亦永遠是相互輝映。

由「天地養才而萬物生焉」，以深究其理，則自應有其生命之學。由「聖人養才而文章生焉」，以深悉其情，則自應有其性情之教。由「風俗養才而志氣生焉」，以深體其意，則自應有其心靈和精神之道。

舉凡此種生命之學，性情之教與夫心靈和精神之道，皆所以力求生命之強，力求性情之厚，力求心靈和精神之廣大。由此以使天才免於夭折，免於輕薄，免於瘋狂，則「才多而養之」，便自然可以由「增作者之氣」，進而「可以鼓天下之氣」，以有其健康之人間，健康之時代。故曰：

「天下之氣生，則君子之風盛。」

舉凡有其生命與性情之本質，有其心靈與精神之實質者，總會有其生命與性情之文學，總會有其心靈與精神之文章。舉凡有其生命與性情之文學，有其心靈和精神之文章者，亦總會有其生命與性情之風趣，總會有其心靈與精神之風力。似此由質而文，乃是自然而然的事體。同時，由文而掀起其風，以風行天下，亦是一自然而然的事體。故曰：

「風生於文，文生於質，天地之性也。」

惟欲風向之正，則斷不能不有其生命之學，斷不能不有其性情之教，與夫心靈和精神之道；而凡此生命之學，性情之教，與夫心靈和精神之道，固皆「止於經」。柳冕在其謝杜相公論房杜二相書中有語云：

「經術尊則教化美，教化美則文章盛，文章盛則王道興。」

此所謂經術，會就是一些常道。此所謂常道，會就是一些軌範。此所謂軌範，會就是一些限定。以限定着獨特的生命，免於泛濫，而歸於平易；以限定着獨特的性情，免於乖張，而歸於平正；以限定着獨特的心靈，免於邪曲，而歸於平直；以限定着獨特的精神，免於暴戾，而歸於平平。並由是而有其不斷之簡單化，以歸於「純亦不已」和「于穆不已」。到這裏，便自然會「化行天下」，此所以是「經術尊而教化美」。到這裏，便自然會「天下文明」，此所以是「教化美而文章盛」。到這裏，便自然會「爲仁由己」，此所以是「文章盛而王道興」。

由「止於經」，而「感於心」，便即感通着人我，感通着人間，並即感通着天地，感通着一切。於是志從那裏來，便即風那裏來；志向那裏去，便即風從那裏去。洞觀一人之志，即深知一國之風。

故曰「觀乎志而知國風」。

在文學上，豔麗而工，原亦爲自然之進展，而不必爲文之病。惟因此而使「雅頌比興之義廢」，則生命終漸歸於泛濫，性情終漸歸於乖張，心靈終漸歸於邪曲，精神終漸歸於暴戾，便不能不「君子恥之」，而思有以救其病，俾免在文學上，「其才日盡，其氣日衰」，以至於「從衰得老，從老得死，沈綿而去，終身不悟」。於此以言「君子學文，所以行道」，則正是一番至意，一番深情。柳冕與滑洲盧大夫論文書中有言曰：

「夫文生於情，情生於哀樂，哀樂生於治亂。故君子感哀樂而爲文章，以知治亂之本。」由於生命的委屈和糟蹋，由於性情的偏邪和失喪，由於心靈的窒息和牿亡，由於精神的墮落和物化，便不能不有家國天下之喪亂。又由於生命的暢遂和振奮，由於性情的流露和貞正，由於心靈的醒覺和復活，由於精神的昂揚和超越，而使家國天下，頓歸於興盛之域。於此「以知治亂之本」，總在此生命之學，總在此性情之教，總在此心靈與精神之道，是否可以宏揚。

於此「哀樂生於治亂」，則治亂爲家國天下之治亂，卽哀樂爲非軀殼起念之哀樂。由是又以哀樂之正，而有其性情之正，生命之正，心靈之正，精神之正，故卽情生而文生。彼「君子感哀樂而爲文章」，則文章便旨與時代息息相關，與家國天下，更息息相關。此實文學上的時代性與民族性之由來。而柳冕之所謂情，則正是一種時代的感情，和一種對國家民族，以至歷史文化的感情。此正與所謂道，是合而爲一的。故柳冕答荆南裴尚書論文書復云：

「丈人志于道，故來書盡于道，合乎情，盡于禮，至矣。」

本此以提倡之古文，實卽爲古典（Classic）之文。故凡此富於古典意味和古典色彩之文，總是健康之文，總是無病之文。由是而「氣生」，而「才勇」，而「文壯」，則「可以鼓天下之動」，以使天才得其所養，故曰：

「此養才之道也。」

而於此所謂「養才」，則正是在文學上，以道養氣使壯，養心使勇，亦即是以生命之學，性情之教，與夫心靈和精神之道，養天才之氣，養天才之心，使其不至於衰頹，不致於夭折。此所以在文學上「盡養才之道，增作者之氣」，實乃一大事體。且從而淨作者之心，自亦爲一大事體。

第十四講　古文與古道

唐劉知幾史通雜說中云：

「宇文初習華風，事由蘇綽。至于軍國詞令，皆準尙書。太祖勅朝廷他文，悉準于此。蓋史臣所記，皆稟其規；柳虯之徒，從風而靡。」

而柳虯在西魏之末，更作文質論，謂：

「時有古今，非文有古今。」

然因對當時之駢麗文而言，像蘇綽之準尙書以爲詞令，便不能不於有形無形之間，終於出現了古文之旗幟。

一般人一提到古文，就會想到韓愈和柳宗元。但古文的興起，究非始於韓柳。此在陳振孫直齋書錄解題卷十六中，則以爲應始于陳子昂。在胡應麟少室山房筆叢九流緒論卷中，則以爲應始于李華和蕭穎士。在趙翼二十二史箚記卷九中，則以爲應始于姚察。又在同書卷二十中，則以爲應始于獨孤及。惟若照上述劉知幾史通雜說之言，則以爲應始于南北朝期間之蘇綽與柳虯等，亦未嘗不可。此正所以說明一種重要之文學改革運動，總是淵源甚遠，決非一下子突然掀起，亦決非一二人之力，所能做到。而所謂「古文」，亦復如此。

對六朝駢麗文而言，古文運動確是一種重要之文學改革運動。只是對古文本身而言，則一方面是文體的復古，一方面更是文體的創新。而在文體的創新上，則又一方面是文體的解放，以歸於文學形式上的平易；一方面更是文體的開脫，以歸於文學內容上的平實。在文學的進展中，會總有其形式與內容上的不斷調整。而在此不斷之調整過程中，所謂復古，實無所謂復古；所謂創新，亦無所謂創新。那只會是在內容與形式之調整上的一些依據和一些發展而已。於此，有關文學上形式與內容之諧和與統一的原則，實是任何文學改革運動，所應遵循的法則。

韓愈答李翊書稱：

「六月廿六日，愈白，李生足下：生之書辭甚高，而其問，何下而恭也？能如是，誰不欲告生以其道？道德之歸也有日矣，況其外之文乎？抑愈所謂望孔子之門牆，而不入於其宮者，焉足以知是且非耶？雖然，又不可不爲生言之。生所謂立言者是也。生所爲者與所期者，甚似而幾矣。抑不知生之志，蘄勝於人而取於人耶？將蘄至於古之立言者耶？蘄勝於人而取於人，則固勝於人而可取於人矣。將蘄至於古之立言者，則無望其速成，無誘於勢利，養其根本竢其實，加其膏而希其光。根之茂者其實遂，膏之沃者其光曄，仁義之人，其言藹如也。抑又有難者，愈之所爲，不自知其猶未至也。雖然，學之廿餘年矣。始者非三代兩漢之書不敢觀，非聖人之志不敢存，處若忘，行若遺，儼乎其若思，茫乎其若迷。當其取於心而注於手也，惟陳言之務去，戛戛乎其難哉！其觀於人，不知其非笑之爲非笑也。如是者亦有年，猶不改。然後識古書之正僞，與雖正而不至焉者，昭昭然白黑分矣，而務去之，乃徐有得也。當其取於心而注於手也，汨汨然來矣。其觀於人也，笑之則以爲喜，譽之則以憂，以其猶有人之說者存也。如是者亦有年，然後浩乎其沛然矣。吾又懼其雜也，迎而拒之，平心而察之；其皆醇也，然復肆焉。雖然，不可以不養也。行之乎仁義之途，游之乎詩書之源，無迷其途，無絕其源，終吾身而已矣。氣，水也；言，浮物也。水大而物之浮者，大小畢浮。氣之與言，猶是也。氣盛則言之短長與聲之高下者皆宜。雖如是，其敢自謂幾於成乎？雖幾於成，其用於人也奚取焉？雖然，待用於人者，其肖於器邪？用與舍屬諸人，君子則不然。處心有道，行己有方，用則施諸人，舍則傳諸其徒，垂諸文而爲後世法，如是者，其亦足樂乎？其無足樂也，有志乎古者希矣。志乎古，必遺乎今。吾誠樂而悲之。亟稱其人，所以勸之。非敢褒其可褒而貶其可貶也。問於愈者多矣，念生之言，不志乎利，聊相爲言之。愈白」

在此一書信中，韓愈竟把他一個人的學道過程和學文過程，合而爲一，並欲打成一片。那一方面是想讓文由道出，另一方面又想以文貫道。其通常所言之「文以載道」，實只是「以文貫道」。此在韓愈的李漢序中就說：

「文者，貫道之器。」

同時，此所謂學道過程，若就韓愈所言而論，仍不過是現時所謂之哲學修養過程，或人生修養過程。他把個人的文學創作方法，建基於哲學修養上，並建基於人生修養上，這對文學內容的充實而言，自然是確當的。只不過他的以文貫道，終是有如朱子之言，是「把本爲末，以末爲本」。又如伊川所言，實在是因學文而學道，所以是倒學了。此在我所著中國文學論略一書中之中國散文之進展篇內，亦曾論及，且認其對後世之影響之大，最後形成了文章之枯；既失去了六朝文章之美，也未能有兩漢文章之力。

韓愈答陳生書有語云：

「愈之志在古道，又甚好其言辭。」

此固似乎將古道與其言辭，一齊學；惟終因甚好其言辭，而不免因學文而學道。於是韓愈之所成就的，就只能是古文。此與其所謂之「立言」，「將蘄至於古之立言者」，便不能不有其距離。蓋古之所謂立言者，都只是「養其根本竢其實，加其膏而希其光」，而所謂「養其根本」和「加其膏」，又都只是直從生命上說，直從性情上說，直從心靈上說，直從精神上說。由是而有德自然有言，方是「仁義之人，其言藹如也」。若只是「非三代兩漢之書不敢觀」，以至只是「惟陳言之務去」，便自只有其生命上的局促，只有其性情上的局促，只有其心靈上的局促，只有其精神上的局促。曾文正公稱「韓柳有作，盡以揚馬之雄奇萬變，內之於薄物小篇之中」。但既只是薄物小篇，便自會只是文章裏的小品。此在初爲此小品者，固儘可給人以暢快之感和輕捷之感，亦即一般論文者所謂「一氣呵成」之感。然學之者，學之不厭，學之不已，則此「氣」便不能不流而爲虛矯之氣，以至只是那一點調調兒，故必不免於枯。此與古之立言者，自大異其趨。

趨向既異，則所謂「識古書之正僞」，所謂「笑之則以爲喜」，所謂「懼其雜也」等，便都只能形成其爲一文士的典型。此在柳冕謝杜相公論房杜二相書中，則直言：

「尊經術，卑文士。」

然一般之文士，非僅不能於此有其自我之醒覺，有其自我之謙卑，反而自以爲不可一世，並自以所謂文章上的小品，沾沾自喜，以至「終吾身而已矣」。似此「終吾身」，對個人而言，還只不過是空嘔了一些心血；但對整個國家民族而言，却不知糟蹋了多少聰明才智。

韓愈所謂「氣盛則言之短長與聲之高下者皆宜」，對以前典論論文中所言之「文以氣爲主」來說，則是偏於文學創作上之修養與方法，並在骨子裏是主理。他在進學解中曾明言道：

「沈浸醲郁，含英咀華，作爲文章，其書滿家。上窺姚姒，渾渾無涯；周誥殷盤，結屈聱牙；春秋謹嚴，左氏浮誇，易奇而法，詩正而葩；下逮莊騷，太史所錄；子雲相如，同工異曲。先生之爲文，可謂宏其中而肆其外矣。」

此所謂「宏其中而肆其外」，亦正是韓愈所爲之文，能有其氣之所在。惟就其所着眼之「結屈聱牙」等等而論，則仍只是「肆其外」。他以此而願「舍則傳其徒，垂諸文而爲後世法」，他亦以此「樂而悲之」。此則可以見其人與文之偉大處，但亦可以窺知其人與文之不足處。蓋其所以示天下後世者，仍只是所謂「薄物小篇」而已。

第十五講　高壯廣厚與麗則清越

柳宗元之楊評事文集後序有語云：

「作於聖，故曰經；述於才，故曰文。文有二道：辭令褒貶，本乎著述者也。導揚諷諭，本乎比興者也。著述者流，蓋出於書之謨訓，易之象繫，春秋之筆削。其要在於高壯廣厚，詞正而理備，謂宜藏於簡冊也。比興者流，蓋出於虞夏之詠歌，殷周之風雅，其要在於麗則清越，言暢而意美，謂宜流於謠誦也。」

在這裏，「作於聖，故曰經」，經是生命的經典，性情的經典，心靈的經典，精神的經典。「述於才，故曰文」，文亦是生命的文辭，性情的文辭，心靈和精神的文辭。經典是聖人的創作，而文學則是天才的表現。所謂「文有二道」，一爲「辭令褒貶，本乎著述」，在文學上，那實在是雜文學；二爲「導揚諷諭，本乎比興」，在文學上，那才會是純文學。以言純文學，自須「麗則清越，言暢而意美」。惟若雜文學而能「高壯廣厚，詞正而理備」，則更會是大文章。

柳序繼云：

「茲二者考其旨義，乖離不合。故秉筆之士，恆偏勝獨得，而罕有兼者焉。厥有能而專美，命之曰藝成。雖古文雅之盛世，不能並肩而生。唐興以來，稱是選而不作者，梓潼陳拾遺（陳子昂），其後燕文貞（張說），以著述之餘，攻比興而莫能極；張曲江（張九齡）以比興之隙，窮著述而不克備。其餘各探一隅，相與背馳於道者，其去彌遠。文之難兼，斯益甚矣。」

此所謂「茲二者考其旨義，乖離不合」，實由文之「高壯廣厚，詞正而理備」者，總是以理勝，而必主理；文之「麗則清越，言暢而意美」者，總是以情勝，而必緣情。彼主理或緣情而爲文者，常是「乖離不合」。惟此所謂「乖離不合」，亦終非相互矛盾。故可以「偏勝獨得」，亦可以「有兼者焉」。於此懸一文之最高標準，使是二者「並肩而生」，入情而又入理，亦卽是旣「麗則淸越」，又能「高壯廣厚」。由前而言，那是優美（Grace）；由後而言，那是壯美（Sublime）。惟文之優美，又兼壯美，確不易爲力，因此「各探一隅」，而向一方面發展，以使其文，或表現其優美，或表現其壯美，固皆爲天才之表現，正不必兼而有之。惟韓柳以來的古文家，總以能兼而有之爲其理想，並以能入情入理爲其理論，而更主張文之「高壯廣厚，詞正而理備」。實則韓柳以來之古文，正有如曾文正公所言，並不宜於說理。因此之故，古文運動之本身，便無形中陷入於一種矛盾之境地，此卽在理論上和在理想上，要求理勝，要求載道，要求氣盛言宜；但在實質上和在發展上，又祇能是一些情趣，一些觀感，一些薄物小篇。而古文之所以能由普通散文，進入純文學之領域，亦正在其能適切表現一些生活情趣，一些人生觀感，而形成一些詭譎的薄物小篇，亦卽是一種絕妙的文學小品。其中最佳者，亦祇是那「麗則淸越，言暢而意美」之文。而似此之文，因其亦是「本乎比興」者，故又會是一種「無韻之詩」。

以韓柳本人而論，韓愈的題李生璧，淸朝人就是說一首「無韻之詩」。他如送李愿歸盤谷序，送楊少尹序等，亦復如是。姚鼐於古文辭類纂序目稱韓愈此等贈序之文，爲「得古人之意，其文爲冠絕前後作者」。而其所以能冠絕前後作者，則非由於「高壯廣厚，詞正而理備」；而爲一般人所認爲「高壯廣厚，詞正而理備」之原道等文，則反令人在文章的觀點上，覺其大而沉悶；在學術的觀點上，又覺其小而浮泛。柳宗元的封建論，與此相似。但其「麗則淸越，言暢而意美」之山水記一類之文，即又爲絕妙之作。

因此之故，既然「文有二道」，有如柳宗元之所稱，則文之屬於「辭令褒貶，本乎著述者」，即應歸之於著述之文，並應使之發展，成爲純學術之文，或爲哲學，或爲科學，皆無不可。由是而成學術巨著，即眞正有其「高壯廣厚，詞正而理備」。此爲一路。至於文之屬於「導揚諷諭，本乎比興者」，即應歸之於比興之文，並應使之發展，成爲純文學之文，或爲散文詩，或爲詩的散文，俱無不可。由是而成文學絕作，即眞正有其「麗則清越，言暢而意美」。此又爲一路。似此二道，本是「相與背馳」的，而且隨人類文化之發展，總會是「其去彌遠」的。正不知從事古文運動者，何以總覺得「偏勝獨得，而罕有兼焉者」爲可惜？

若照「古文無施不可，惟不宜說理」（曾國藩語）之說，古文運動一開始就應走向「麗則清越，言暢而意美」之第二條路。但從事古文運動者，爲攻擊六朝文的「遺理存異，尋虛逐微」（唐李諤語），爲反對六朝人的「緣情體物，雕蟲小技」（王勃語），和爲了「凡所擬議，必希古文」（蕭穎士語），以至「非三代兩漢之書不敢讀」（韓愈語）的原故，又總是嚮往着「高壯廣厚，詞正而理備」的第一條路。而韓愈之所以被認爲是古文的宗主，同時古文確實完成於韓柳，亦因其是嚮往着這第一條路，並善於宣揚。以後宋之歐、蘇、曾、王；明之劉、宋、茅、唐；和清朝的桐城派，亦都是如此。其中蘇東坡更力讚韓愈爲：

「文起八代之衰，道濟天下之溺。」

而其所謂之「衰」，則正是由於未能「高壯廣厚，詞正而理備」。其所謂「溺」，亦由是而來。祇不過像歐、曾諸人，照曾國藩聖哲畫像記中所稱：

「歐氏（歐陽修）、曾（鞏）氏，皆法韓公，而體質於匡（衡）、劉（向）爲近。」匡劉之文，曾氏稱其「得於陰與柔之美」，亦卽優美。因之歐曾之文，亦特顯其「麗則淸感，言暢而意美」。此則由「皆法韓公」，反而皆走上第二條路了。

及今觀之，唐宋以來，爲了對古文之提倡，和對古文之推廣，凡從事古文者，都是要嚮往着，並宣揚着那文章上的第一條路。而且也正因爲如此，始能將「遺理存異，尋虛逐微」之六朝文，和那「緣情體物，雕蟲小技」的六朝人，有其一種革命的意義，和獲其一種改革的成效。祇不過，古文本身之眞正的歸趨，以及他本身在整個中國文學上所以能站得住，並放其異彩，則仍是由於他終於落到那文章上的第二條路。

第十六講　古文之道

柳宗元答韋中立論師道書，在姚鼐古文辭類纂一書中，未見選入。實則此一書信，說及古文之道，最爲詳切，應爲學古文者所必讀。姚選之文，姚氏自以爲最合古文標準，但不選此一書信。若從學習古文的觀點上說，眞不免爲一大遺憾，並亦可見姚氏選文，不免有其偏見，且對柳宗元更有其偏見。在韓柳二人之間，姚氏推崇韓愈到極點，而以柳宗元之所爲，不免爲「文章之一病」（語見古文辭類纂序目末段）。其實「韓柳有作，盡以揚馬之雄奇萬變，內之薄物小篇之中」（曾國藩語），兩者之高下，正不必言之若是。此觀柳氏答韋中立論師道書，亦儘可看出若干消息。韋中立乃潭州刺史彪之孫，史無其人之傳。他於元和十四年中第。因他求師好學之志，故柳宗元答以數千言，盡以平生爲文之眞訣告訴他，這眞是一封不易得見的書信。此信前一段自述不敢爲師之意，後段則暢論其個人學古文的經歷，和對古文所採取的寫作態度。其言曰：

「（上略）吾子前所欲見吾文，既悉以陳之，非以耀明於子，聊欲以觀子氣色，誠好惡何如也？今書來言者皆大過，吾子誠非佞譽誣諛之徒，直見愛甚，故然耳。始吾幼且少，爲文章以辭爲上。及長，乃知文者以明道，是故不苟爲炳炳烺烺，務采色，夸聲音，而以爲能也。凡吾所陳，皆自謂近道，而不知道之果近乎？遠乎？吾子好道，而可吾文，或者其於道不遠矣。故吾每爲文章，未嘗敢以輕心掉之，懼其剽而不留也；未嘗敢以怠心易之，懼其弛而不嚴也；未嘗敢以昏氣出之，懼其昧沒而雜也；未嘗敢以矜氣作之，懼其偃蹇而驕也。抑之欲其奧，揚之欲其明，疏之欲其通，廉之欲其節，激而發之欲其清，固而存之欲其重，此吾所以羽翼乎道也。本之書以求其質，本之詩以求其恆，本之禮以求其宜，本之春秋以求其斷，本之易以求其動，此吾所以取道之原也。參之穀梁氏以厲其氣，參之孟荀以暢其支，參之莊老以肆其端，參之國語以博其趣，參之離騷以致其幽，參之太史公以著其潔，此吾所以旁推交通，而以爲之文也。凡若此者，果是耶？非耶？有取乎？抑其無取乎？吾子幸觀焉，擇焉，有疑以告焉。苟亟來以廣是道，子不有得焉，則我得矣，又何以師云爾哉？取其實而去其名，無招越蜀吠怪，而爲外廷所笑，則幸矣。宗元白。」

據上所述，則柳宗元幼少時，仍是「爲文章以辭爲上」。此所謂「以辭爲上」，自祇是務爲綺麗，以自炫其才華。其所說及的「及長，乃知文者以明道」，則正是深有感於人生，並深深地有感於人世，由是而欲其一己，於今生今世，歸於平易，歸於平實，便自「不苟爲炳炳烺烺，務采色，夸聲音，而以爲能」。而似此不「以爲能」，則正是讓才華歸於那性情之內。此則儘可以讓一個人更見其生命，更見其心靈，更見其精神，亦儘可以讓整個國家民族，更見其生命，更見其心靈，更見其精神。在這裏，我們若是眞能稍稍考察一下由魏晉南北朝，而轉出隋唐，又轉出了大宋大明的一大歷史事實，亦正可以見出此才華終歸於那眞性情之內的一大事因緣。而古文之出現與古文之盛行，會儘有其歷史背景，會儘有其文化背景，亦儘可於此獲得一大消息。這即是整個中華民族，由六朝之浮華，與由浮華而遭受之慘痛中，終歸於平易與平實的一大消息。這眞不是一件偶然的事體。

劉禹錫稱：「文章與時高下，八音與政相通」，在這裏，文學的健康和時代的健康，自然會有極其密切的關聯。而所謂文學的健康，則又植基於健康的寫作態度。其「未嘗敢以輕心掉之」，乃所以表明寫作態度的沉重。其「未嘗敢以怠心易之」，乃所以表明寫作態度的嚴肅。其「未嘗敢以昏氣出之」，乃所以表明寫作態度的純眞。其「未嘗敢以矜氣作之」，乃所以表明寫作態度的謙抑。由是而「抑之欲其奧」，便卽有其文學上的深度。由是而「揚之欲其明」，便卽有其文學上的廣度。由是而「廉之欲其節」，便卽有其文學上的氣度。由是而「激而發之欲其淸」，便卽有其文學上的風度。由是而「固而存之欲其重」，便卽有其文學上的格度。一種偉大的文格的形成，每每如此；而一個偉大的人格的形成，亦復如此。此所以是「羽翼乎道」。由一種寫作態度的健康，可以到達一種眞正的文格的健康。由一種眞正的文格的健康，可以到達一種眞正的人格的健康。而由一種眞正的人格的健康，便自可以到達一種眞正的時代的健康。故文章之所以與時高下，和八音之所以與政相通，會都是由於一種好的態度之有無，以作其決定之因素。

以言古文的寫作態度，則柳氏所述者，實不能不是一種作家應有的態度。惟寫作者之能否一一做到，亦終於不免成了問題。而其所以不免成爲問題者，仍在其於眞正歸於平易和歸於平實處，猶不免有其距離。此事關係以後之古文之進展，頗爲重大。卽以姚鼐所言「聲色格律神理氣味」之古文八法而論，若未能眞歸於平易與平實，便自不歸於誕，則必歸於枯。

以言歸於平易和歸於平實之寫作態度，則又不能不關聯到一種眞正的古典的訓練和古典的修養。其「本之書以求其質」，這「質」會正是生命的實質；而韓愈在進學解中，則祇是接觸着那「周誥殷盤，結屈聱牙」，那就祇是一種形式上的接觸或一種文字上的接觸了。其「本之詩以求恆」，這「恆」會正是性情的永恆，或性情的貞定，或性情的常軌。這較之韓愈進學解中所言之「詩正而葩」，也進了一層。其「本之禮以求其宜」，這「宜」是生命之宜，亦正是性情之宜。其「本之春秋以求其斷」，這「斷」會正是一大精神上的截斷衆流，直是堂堂巍巍，爲天地立極；這較之韓愈進學解所言之「春秋謹嚴」，亦是高了一層。其「本之易以求其動」，這「動」會正是一大心靈上的變動不居，而又簡單化到極點，由是而以「易簡之善配至德」，這較之韓愈進學解中所說「易奇而法」之言，自又會是更深一層的瞭解。一個人必須有其古典的訓練和古典的修養，達到了這種地步，方眞能在寫作態度上，以至在一切態度上有其平易，有其平實。此乃「所以取道之原」。

在平易和平實中，「參之穀梁」，「參之孟荀」，以至「參之莊老」等等，「以爲之文」，則斯文自可以不歸於誕，亦自可以不歸於枯。姚氏對此「答韋中立論師道書」，未予選用，或即因其對此未能深解。

柳宗元與友人論文書有語云：

「古今號文章爲難，足下知其所以難乎？非爲比興之不足，恢拓之不遠，鑽礪之不工，頗纇之不除也；得之爲難，知之愈難耳。」

由此以論古文之道，自更會是「得之爲難，知之愈難」，固無怪乎姚氏之若此。然亦正因如是，所以更須歸於平易，歸於平實。

第十七講　以文字爲意

裴度寄李翺書云：

「昌黎韓愈，僕識之舊矣，中心愛之，不覺惊賞。然其人信美材也。近或聞諸儕類云，恃其絕足，往往奔放，不以文立制，而以文爲戲，可矣乎？可矣乎？今之作者不及則已，及之者當大爲防焉耳。」

李翺爲韓愈之侄婿，其文皆出於韓愈，這和皇甫湜是一樣的。史稱「翺得愈之醇，而湜得其奇崛」，又稱「翺立言具有根柢，溫厚和平，俯仰中度，故歐陽修、蘇洵輩皆稱之」。韓愈將古文之遒勁一面，亦即柳宗元所謂「高壯廣厚」之一面，被後人認爲已發展到最高點。惟柳氏在「高壯廣厚」之下，所立即接着說的「詞正而理備」，在韓氏則竟不免於一轉而主「怪怪奇奇」。於是「恃其絕足，往往奔放」，而不能歸於平易。又「不以文立制，而以文爲戲」，而不能歸於平實。此所以裴度寄書李翺，要「大爲防焉耳」。惟其風一長，終於防不勝防。至其弟子，遂多主「重文」之說，或主「怪奇」之義。前者以李翺爲特出，後者以皇甫湜爲尤甚。李翺答朱載言（一說王載言，又作梁載言）書有語云：

「天下之語文章，有六說焉：其尚異者則曰：文章辭句奇險而已。其好理者則曰：文章敍意苟通而已。其溺於時者則曰：文章必當對。其病於時者則曰：文章不當對。其愛難者則曰：宜深不宜易。其愛易者則曰：文章宜通不宜難。此皆情有所偏，滯而不流，未識文章之所主也。義不深，不至於理，言不信，不在於教勸，而詞句怪麗者有之矣，劇秦美新，王褒僮約是也。其理往往有是者，而詞章不能工者有之矣，劉氏（劉劭）人物表（志），王氏（王通）中說，俗傳太公家教是也。古之人能極於工而已，不知其詞之對與否，易與難也。詩曰：憂心悄悄，慍於羣小。此非對也。又曰：遘閔既多，受侮不少。此非不對也。書曰：朕堲讒說殄行，震驚朕師。詩曰：莞彼桑柔，其下侯旬，將采其劉，瘼此下人。此非易也。書曰：允恭克讓，光被四表，格於上下。詩曰：十畝之間兮，桑者閑閑兮，行與子旋兮。此非難也。學者不知其方，而稱說云云，如前所陳者，非吾之敢聞也。六經之後，百家之言興。老聃、列禦寇、莊周、鶡冠、田穰苴、孫武、屈原、宋玉、孟軻、吳起、商鞅、墨翟、鬼谷子、荀況、韓非、李斯、賈誼、枚乘、司馬遷、相如、劉向、揚雄，皆足以自成一家之文，學者之所師歸也。故義雖深，理雖當，詞不工者，不成文，宜不能傳也。文、理、義三者兼並，乃能獨立於一時，而不泯滅於後代，能必傳也。仲尼曰：言之不文，行之不遠。子貢曰：文猶質也，質猶文也，虎豹之鞟，猶犬羊之鞟，此之謂也。陸機曰：怵他人之我先。韓退之曰：唯陳言之務去。假令述笑哂之狀，曰莞爾，則論語言之矣；曰啞啞，則易言之矣；曰粲然，則穀梁子言之矣；曰攸爾，則班固言之矣；曰輾然，則左思言之矣；吾復言之，與前文何以異也？此造言之大歸也。」

若全本此以言，則「尚異者」，「好理者」，「愛難者」，「愛易者」，俱有所不可。而對與不對，亦在兩可之間。則所謂古文運動在理論上的兩大立場，即文以載道和反對駢麗的立場，又豈非大大地動搖了嗎？其實，好理者說「文章敍意苟通而已」，正合文以載道之旨；而愛易者說「文章宜通不宜難」，則更非「情有所偏，滯而不流」。至李翺所云：「義雖深，理雖當，詞不工者，不成文，宜不能傳也」，則按之人類文化之歷史事實，實全非如此。蓋義深者為義深之文，會自有千秋；而理當者爲理當之文，更足傳後世。即以劉邵人物志而言，亦不失爲一千古奇書，又何至因詞不工而不成文？今主必詞工，始成文而能傳，便分明是輕道而重文。此與古文理論家柳冕之「崇經術，卑文士」，實異其趣向。又李翺對其師韓愈所云：「唯陳言之務去」，竟至連論語所言之「莞爾」，亦覺其爲陳言，而務去之，並說是：「吾復言之，與前文何以異」？似此以務去陳言，爲「造言之大歸」，結果所至，自必至於「尚異」，自必至於「文章辭句奇險」，亦必至於「尚難」，而「宜深不宜易」。這和歸於平易，歸於平實之道，正是背馳。因其背馳之故，雖李翺於答朱載言書又云：

「吾所以不協於時而學古文者，悅古人之行也。悅古人之行者，愛古人之道。故學其言，不可以不行其行；行其行，不可以不重其道；重其道，不可以不循其禮……」

但似此「重其道」，「循其禮」，是一回事；其工其詞，成其文，又是一回事。那並未打歸一路。這正如裴度致李翺書中之所言：

「觀弟近日制作，大旨常以時世之文，多偶對儷句，屬綴風雲，羈乘聲韻，爲文之病甚矣，故以雄詞遠志，一以矯之，則是以文字爲意也」。

而似此「以文字爲意」，便必然會由此而下，以落到連李翺自己都認爲是「情有所偏，滯而不流」的「尚異」。於此，裴度致李翺書中又云：

「……昔人有見小人之違道者，恥與之同形貌，共衣服，遂思倒置眉目，反易冠帶以異也。不知其倒之反之之非也。雖非同於小人，亦異於君子矣。故文之異，在氣格之高下，思致之淺深，不在其磔裂章句，隳廢聲韻也。人之異，在風神之清濁，心志之通塞，不在於倒置眉目，反易冠帶也。」

而從此之「尚異」，便又必然會由此而下，以落到「奇言怪語」。於此，裴度寄李翺書，於謂周孔孟荀，騷人，相如，子雲，賈誼，司馬遷，董仲舒，劉向之文，「皆不詭其詞而詞自麗，不異其理而理自新」之餘，更云：

「若夫典謨，訓誥，文言，繫辭，國風，雅頌，經聖人之筆削者，則又至易，至直也。雖大彌天地，細入無間，而奇言怪語，未之或有。意隨文而可見，事隨意而可行。此所謂文可文，非常文也。」

但從此落到「奇言怪語」，則正爲李翺答朱載言書中所謂「文章辭句奇險而已」。李翺爲韓愈之姪婿，文皆出於韓愈，故此「奇言怪語」，正會是韓愈爲文之「怪怪奇奇」，所引發出來的。全唐文紀事卷七十六，引學古緒言載有人寫韓送王含序云：

「世之稱韓文以怪怪奇奇，吾尤重其大雅卓然，然不牽於流俗。………而憒憒者乃曰：古文之法亡於韓；不知所謂亡者何等也？此誠兒童之見，所謂蚍蜉撼大樹者也。」

要之韓文之「大雅卓然，獨不牽於流俗」，固爲人所盡見，惟其「不以文立制，而以文爲戲」，便即不能不有其絕大之流弊，而被人稱之爲「怪怪奇奇」。且一有此「怪怪奇奇」，則古文之應歸於平易，歸於平實之法，亦即裴度所謂「至易至直」之道，即不能不由彼而亡。古文至韓愈而到達一高峯，說古文之法，盡亡於韓，固爲「兒童之見」。然由韓愈及其弟子而後，又有「偶對儷句」之復盛，則即不能不承認亡其平易與平實之惡劣後果。此亦爲「以文字爲意」之惡劣後果。

第十八講　怪與奇

韓愈門下弟子，年歲較輕的是皇甫湜，史稱其人卞急使氣，裴度特愛之，其言語敘次，往往着力鋪排，其怪與奇，較之李翺，更進一步。且明目張胆，作怪奇的主張和文論。其答李生第一書有語稱：

「來書所謂今之工文，或先於奇怪者。顧其文工與否耳。夫意新則異於常，異於常則怪矣。詞高則出於衆，出於衆則奇矣。虎豹之文，不得不炳於犬羊；鸞鳳之音，不得不鏘於烏鵲；金玉之光，不得不炫於瓦石；非有意於先之也，乃自然也。必崔嵬然後爲岳，必滔天然後爲海；明堂之棟，必撓雲霓；驪龍之珠，必固深泉。足下以少年氣盛，固當以出拔爲意。學文之初，且未自盡其才，何遽稱力不能哉？圖王不成，其弊猶可以霸，其僅自見也，將不勝弊矣。孔子譏其身不能者，幸勉而思進也。」

在這裏，皇甫湜謂「非有意於先之也，乃自然也」。實是欲於自然之上，建立其「奇怪」之文。這更會是由「有意於文字」，而「尚異」，以至「怪怪奇奇」。六朝文之一味「偶對儷句」，會有傷於自然。但古文之一味「怪怪奇奇」，更會有傷於自然。若欲簡易自然，便祗有歸於平易，歸於平實。若「必崔嵬然後爲岳」，則正如陽明所云：「泰山雖高，又何如平地之大？」因此之故，文之「滔天然後爲海」，以至「必撓雲霓」，和「必固深泉」，究猶不難做到；但欲眞如大地之平平，以眞歸於平易，眞歸於平實，則反爲十分艱難。皇甫湜教人，當以「出拔爲意」，此實較僅僅「以文字爲意」，更「將不勝弊矣」。全唐文紀事卷五十八載湛靜澄云：

「或謂皇甫湜，韓門弟子，而其學流於艱澀怪僻，所謂目瞪舌澀，不能分其句讀者也。」似此「流於艱澀怪僻」，自非古文運動者當初所倡導之簡易的古文之本旨。而爲韓愈原意的欲求文之遒勁之本旨，當亦不致如是。因此之故，韓愈之古文，雖已登峯造極，但一到皇甫湜以下，則既「不能分其句讀」，自必須遭受其一大挫折，而無可避免。

皇甫湜答李生第二書，更爲所倡導之怪奇主張，加以辯護，他說：

「夫謂之奇，則非正矣。然亦無傷於正也。謂之奇，即非常矣。非常者即不如常也；謂不如常，即出常也。無傷於正而出於常，雖尙之亦可也。……」

在這裏，旣云非正，又云無傷於正；旣云不如常，又云出常；此則分明是一種不正常之論，其所謂怪奇，實即由於不正常而至。因此之故，古文之發展，一到了皇甫湜，亦就陷於一種不正常之境了。

皇甫湜答李生第二書復稱：

「生以正抑其奇。……生言非常之物，如何得常，故當爾也。所以千年聖，而畏比肩也。生言天象形象，非常者皆爲妖妄。如天出景星，地出醴泉，蓋非常，謂之妖可乎？假如妖星熒惑，天所常顯；牛溲馬勃，地所常有；足尙乎？……」

凡非常之物，總是正常之物；非常之人，亦總是正常之人。聖賢豪傑，是非常之人，但畢竟是正常之人。景星醴泉，是非常之物，但畢竟是正常之物。若「妖星熒惑，天所常顯」，此乃反常，而非非常，更非正常。若「牛溲馬勃，地所常有」，此亦反常，而非非常，更非正常。在文學上，天才之人，固爲非常之人，但亦畢竟應成爲正常之人。此在外方，如意大利人所作之天才論，固有天才即瘋狂之說，但在我們，則總不應作如是觀。而在主張文以載道之古文運動者，則更不應作如是觀。今皇甫湜之主「怪奇」，實近似外方之主「瘋狂」。若天才果爲瘋狂，則又何貴乎天才？若古文果爲怪奇，則又何貴乎古文？由此而引起文章之衰，又何足怪？

皇甫湜以後，更有孫樵，其給王霖秀才書稱：

「鸞鳳之音必傾聽，雷霆之聲必駭心，龍章虎皮，是何等物？日月五星，是何等象？儲思必深，摛詞必高，道人之所不道，到人之所不到。趨怪走奇，中病歸正。以之明道，則顯而微，以之揚名，則久而傳。前輩作者正如是；譬玉川子（盧仝）月蝕詩，楊司城（敬之）華山賦，韓吏部（愈）進學解，馮常侍清河壁記，莫不拔地倚天，句句欲活，讀之如赤手捕長蛇，不施控，騎生馬，急不得暇，莫可捉搦；又似遠人入大興城（唐日京城），茫然自失。詎比十家縣，足未及東郭，目已極西郭耶？」

似此所論，若用外方文學藝術上所用之詞語以言之，實帶有浪漫諦克（Romantic）的色彩。惟外方所謂之「浪漫諦克」，主要的旨趣，是熱情奔放。此則是自內而發，針對形式化而發，故能成西方文學藝術之一主流。惟孫樵所言之「鸞鳳之音」，所言之「雷霆之聲」，所言之「龍章虎皮」，所言之「日月星辰」，都祗是從外形說。其「趨怪走奇」，反而祗是形式化。至所謂「儲思必深」，則旨在「道人之所不道」；所謂「摛詞必高」，則志在「到人之所不到」，實不足以言眞正之內容。故結果之所至，最多祗能「以之揚名」，實在不能「以之明道」。其所讚美之文，亦祗能令「遠人入大興城，茫然自失」。若其怪奇之主張，則斷不能令人歸正，令人自得。

孫樵與王霖秀才書末段復云：

「樵嘗得爲文眞訣於來無擇，來無擇得之於皇甫持正（湜），皇甫持正得之於韓吏部退之。然樵未始與人言及文章，且懼得罪於時。今足下有意於此，而自疑尙多，其可無言乎？」

似此所謂「爲文眞訣」，實不過是由韓退之，而皇甫湜，而來無擇，一直下來的一種怪奇的爲文傳統。而似此傳統，又實不過是一些在文章寫作方法上的形式的傳統。若言文章寫作上的內容，則不可能有所謂「眞訣」。祇有別開內容，專談形式，方有所謂「眞訣」。至於以怪奇爲眞訣，則更是所謂見怪不怪，訣不成訣。此在韓文，可因此而令人有奇崛遒勁之感，但由此而下，則必因主怪奇，而流於誕；又必因重形式，而流於枯。而由蘇東坡至公安派以後，文多流於誕；又由桐城派以後，文多流於枯；則正足以說明韓氏雖「文起八代之衰」，但又遺下了一些衰的種子，以使後世之文，因彼而衰。兩漢文章有其力，六朝文章有其美，大唐文章有其氣，惟自此以後，由宋至明，由明至淸，不論是力，或是美，或是氣，總覺有其步步的下降，步步的衰頹。推原其故，實不能不令人浩歎。

上述孫樵之所謂「爲文眞訣」，在其與友人論文書中，亦復提到，並有語云：

「古今所謂文者，辭必高然后爲奇，意必深然后爲工。煥然如日月之經天也，炳然如虎豹之異犬羊也。」

又在給賈希書中，亦云「立言必奇，摭意必深」。而在與高錫望書中更云：

「今世俚言文章，謂得史法，因牽韓吏部曰如此如此。樵不知韓吏部以此欺后學耶？韓吏部亦未知史法耶？」（見全唐文）

似此所謂俚言，自祇是針對怪奇文飾而言。惟爲文若能一反此種怪奇文飾，而重歸於平易，重歸於平實，以合乎古文運動初期所持之古文義法，不因韓吏部不曰「如此如此」，而不如此，則得史法，乃大佳事。

而所謂「辭必高然后爲奇，意必深然后爲工」之「奇」與「工」，究不過是奇詭與工巽。實則辭高正不必奇詭，平易卽可；意深亦不必工巽，平實卽可。要知平易之詞，平實之意，正所謂「易簡而天下之理得矣」。裴度學於劉太眞（見劉府君神道碑銘並序），劉太眞學於蕭穎士（見新唐書卷二〇三文藝本傳），蕭穎士對古文之理想，曾有語云：

「聖人存簡易之旨，盡芟夷之義。」

如眞「存簡易之旨，盡芟夷之義」，則古文運動一開始，就應歸於平易和歸於平實，自屬顯然。

第十九講　文之淵懿

宋歐陽修和曾鞏，「皆法韓公，而體質於匡劉爲近」（曾國藩語）。但古文運動在宋之復盛，實多得力於歐曾。曾文正公在其聖哲畫像記中，對於古文，獨尊韓柳歐曾。並認爲：

「文章之變，莫可窮詰，要之不出此二途，雖百世可知也。」

於此所謂「二途」，則韓柳是一途，歐曾又是一途。又曾文正公云：

「西漢文章，如子雲相如之雄偉，此天地遒勁之氣，得於陽與剛之美者也，此天地之義氣也。劉向、匡衡之淵懿，此天地溫厚之氣，得於陰與柔之美者也，此天地之仁氣也。」

此則第一途是遒勁，是陽剛，是義氣；第二途是淵懿，是陰柔，是仁氣。韓柳屬於前者，歐曾屬於後者。惟韓柳二人之間，柳復有其淵懿。劉昫云：

「貞元太和之間，以文學聳動搢紳之士者，宗元（柳）、禹錫（劉）而已。其巧麗淵懿，屬辭比事，誠一代之宏才。」

至於韓愈及其大弟子李翺，據劉昫所論，則爲：

「韓李二文公，於陵遲之末，遑遑仁義，有志維持世範，欲以人文化成，而道未果也。至若抑楊墨，排釋老，雖於道未宏，亦端士之用心也。」（以上之語，俱見舊唐書卷一六〇，韓愈諸人傳論中）

似此以柳宗元與劉禹錫並列爲一代宏才，而特重其文學；但對韓李，反祇許其「端士之用心」，實乃柳之終有別於韓。韓愈反對六朝文，亦反對六朝詩；但劉禹錫在董氏武陵集序中有語云：

「詩者，其文章之蘊耶？義得而言喪，故微而難能。境生於象外，故精而寡和。千里之繆，不容秋毫，非有的然之姿，可使戶曉；必俟知者，然后鼓行於時。自建安距永明以還，詞人比肩，唱和相發。有以朔風零雨，高視天下；蟬噪鳥鳴，蔚在史策。國朝因之，燦然復興。」

又在唐故尚書禮部員外郎柳君文集序中稱：

「八音與政相通，而文章與時高下。三代之文，至戰國而病，涉秦漢復起；漢之文至列國而病，唐興復起。」

此乃劉禹錫之因六朝詩，但反六朝文，而又與韓不同之處。他若杜甫稱「庾信文章老更成」，亦為因六朝詩之意。而唐文之盛，終不似唐詩之盛，當亦與此有關。同時，唐文之宏才，亦多是淵懿。

又劉昫稱元白之文云：

「國初開文館，高宗禮茂才；虞許擅價於前，蘇李馳聲於后，或位昇台鼎，學際天人，潤色之文，咸布編集。然而向古者傷於太僻，徇華者或至不經；齷齪者局於宮商，放縱者流於鄭衛。若品調律度，揚権古今，賢不肖皆賞其文，未如元白之盛也。」（舊唐書卷一六六，元稹白居易傳論）

而似此元白之文之盛，亦正可歸於上述之第二途。那亦是淵懿，亦是陰柔，亦是仁氣。在那裏，會儘是文質並重，在那裏，亦會儘是平易平實。此所以能「品調律度，揚権古今，賢不肖皆賞其文」，不至太僻，不至不經；亦不至齷齪，不至放縱。

韓文有其遒勁，此韓文之所以能雄視百代。然遒勁之後，繼以怪奇。怪奇之後，又繼以五代文之香豔和豔麗，遂又有文之衰。

及至北宋，石徂徠有怪說，中國論，於斥佛老之外，又力斥揚億駢麗之時文，謂：「去此三者，然後可以有爲」。歐陽修與曾鞏之皆法韓公，當亦爲站在此一時代的立場，而不能不有其對韓公之嚮往。否則，又何至以「體質於匡劉爲近」，而皆法韓公？

歐陽修答吳充秀才書稱：

「夫學者未始不爲道，而至者鮮焉。非道之於人遠也，學者有所溺焉爾。蓋文之爲言，難工而可喜，易悅而自足。世之學者，往往溺之。一有工焉，則曰：「吾學足矣」。甚者至棄百事，不關於心，曰：「吾文士也，職於文而已」。此其所以至之鮮也。昔孔子老而歸魯，六經之作，數年之頃爾。然讀易者如無春秋，讀書者如無詩，何其用功少而能極其至也？聖人之文，雖不可及，然大抵道勝者，文不難而自至也。故孟子遑遑不暇著書，荀卿蓋亦晚而有作。若子雲（揚雄）、仲淹（王通），方勉焉以模言語，此道未足而強言者也。後人惑之，徒見前世之文傳，以爲學者文而已。故用力愈勤而愈不至。此足下所謂終日不出於軒序，不能縱橫高下皆如意者，道未足也。若道之充焉，雖行乎天地，入乎淵泉，無不之也。」

似此所謂「大抵道勝者，文不難而自至」，所謂「以爲學者文而已，故用力愈勤而愈不至」，和所謂「道之充焉，雖行乎天地，入乎淵泉，無不之也」，正是以道生文，或文由道生。此與韓公之見，初無不同。惟韓公以其奇崛，終祇能使其文爲「貫道之器」，而歐陽則「體質於匡劉爲近」，故又由韓公之第一途，一轉而爲第二途，遂有其淵懿。

曾鞏在其南齊書目錄序中稱：

「嘗試論之：古之所謂良史者，其明必足以周萬事之理，其道必足以適天下之用，其智必足以通難知之意，其文必足以發難顯之情，然後其任可得而稱也。」

而似此「文足以發難顯之情」，則正是文之淵懿。劉熙載說曾鞏之文爲：

「曾文窮盡事理，其氣味爾雅深厚，令人想見碩人之寬。王介甫云：『夫安驅徐行，轥中庸之廷，而造乎其室，舍二賢而誰哉？』二賢謂正之、子固也。然則子固之文，即肖子固之爲人矣。」

而似此之人，以法韓公之文，自必有所不宜。然彼與歐陽修，竟皆法韓公，故祇能說是有其時代之意義。而在文之本身，則終不能不由第一途轉至第二途。且由此以言古文所應循之坦途，究亦爲淵懿之仁道。此乃麗則清越之道。此亦因古文不宜說理之故。

第二十講　欲其自得

王荊公上人書稱：

「嘗謂文者，禮教治政云爾。其書諸策而傳之人，大體歸然而已。而曰：言之不文，行之不遠云者，徒謂辭之不可已也，非聖人作文之本意也。自孔子之死久，韓子作，望聖人於百千年中，卓然也。獨子厚名與韓並。子厚非韓比也，然其文卒配韓以傳，亦豪傑可畏者也。韓子嘗語人以文矣，曰『云云』。子厚亦曰『云云』。疑二子者，徒語人以其辭耳。作文之本意，不如是其已也。孟子曰：君子欲其自得之也。自得之，則居之安；居之安，則資之深；資之深，則取諸左右逢其原。孟子之云爾，非直施於文而已，然亦可託以爲作文之本意。且所謂文者，務爲有補於世而已矣。所謂辭者，猶器之有刻鏤繪畫也。誠使巧且華，不必適用。誠使適用，亦不必巧且華。要之以適用爲本，以刻鏤繪畫爲之容而已。不適用，非所以爲器也。不爲之容，其亦若是乎？否也。然容亦未可已也。勿先之，其可也。某學文久，數挾此說以自治。始欲書之策而傳之人，其試於事者，則有待矣。其爲是非耶？未能自定也。執事，正人也。不阿其所好者。書雜文十篇，獻左右，願賜之教，使之是非有定焉。」

於此所謂「禮教治政」之文，乃所謂「著作」之文。此則必須「歸然」，必須求是，必須「有補於世」，更必須「適用」，必須「欲其自得」，必須道與文爲一，而文以載道。此在柳子厚之楊評事文集後序中，則正是「辭令褒貶，本乎著述者也」。此乃是屬於「高壯廣厚，詞正而理備」之一面。而在此一面，若「欲其自得」，亦必須歸於平易，歸於平實，方可「居之安」，方可「資之深」，方可「

左右逢其原」。

所謂「韓子嘗語人以文矣，曰云云。子厚亦曰云云。疑二子者，徒語人以其辭耳」，此則因韓柳每「以文字爲意」，而韓則「惟陳言之務去」，並特重奇崛。於是欲以奇崛之辭，載平易與平實之道，遂終不免「戛戛乎其難哉」。故結果所至，最多亦祇能由載道之文，一轉而爲貫道之辭。此自非「聖人作文之本意」。

惟「所謂辭者，猶器之有刻鏤繪畫也」。似此刻鏤繪畫，正是所謂藝術，而爲人生之所必需。要知器應「以刻鏤繪畫爲之容」，人生亦應「以刻鏤繪畫爲之容」。此所以「容亦未可已也」。祇不過在人類的世界上，總須先有人生，方有藝術；亦須先有人生，方有文學。而欲文學藝術「勿先之，其可也」，則必須以生命爲本，以性情爲本，以心靈爲本，以精神爲本，並從而歸於平易，歸於平實，以有其眞實之人生。

荆公之文，人稱其「瘦硬通神，可醫冗弱之病」，此則儘有其平實，惟終乏其平易，亦即多少乏其「麗則清越」之一面。然「使之是非有定」，亦屬至難。

蘇軾答謝民師書有語云：

「夫言止於達意，疑若不文，是大不然。求物之妙，如繫風捕影，能使是物了然於心者，蓋千萬人而不一遇也。而況能使了然於口與手乎？是之謂詞達。詞至於能達，則文不可勝用矣」。於此，詞而能達之本，亦終在欲其自得於心。惟有眞能自得於心者，方能有其平易之達，和平實之達，以爲其文之妙。

惟「求物之妙」者，每多是求物之奇。而求文之妙者，亦復如是。於此，張耒答李推官書有語云：

「抑耒之所聞，所謂能文者，豈謂其能奇哉？能文者，固不專以奇爲主也。」

張耒出蘇軾之門。軾稱其文「汪洋沖澹，有一唱三歎之音」。其詩學白居易，亦有其平易，故能不「以奇爲主」。在答李推官書中，張耒繼稱：

「自唐以來，至今文人好奇者不一。甚者，或爲缺句斷章，使脈理不屬。又取古書訓詁，希於見聞者，衣被而說合之。或得其字，不得其句；或得其句，不知其章。反覆咀嚼，卒亦無有。此最文之陋也。足下之文，雖不若此，然其意靡靡，似主於奇矣。」

韓文奇崛，據其自言，猶是「浩乎其沛然矣」。然由此以來，自唐至宋，因「主於奇」，竟至「其意靡靡」。這自會是此「奇」之毒，大爲發作。而其「反覆咀嚼，卒亦無有」，則更是不「欲其自得」。祇因不「欲其自得」，而反求有得於人，希人稱異，故「或得其字，不得其句；或得其句，不知其章」，遂使文不成文；又「或爲缺句斷章，使脈理不屬」，更使話不成話。此實以「不成文」爲奇。此乃以「不成話」爲奇。到此境地，如再不反歸於平易，反歸於平實，則即爲文之破產。

人問「作文害道否？」程伊川答曰：「害也。」又繼言：

「凡爲文不專意則不工，若專意，則志局於此，又安能與天地同其大也？書曰：翫物喪志。爲文亦翫物也。」

此乃是眞正「欲其自得」而不爲文。此是全歸於道，此是最上層。其次則爲「欲其自得」之後，發而爲文。此是又歸於道，又歸於文。若不「欲其自得」，而祇欲其奇，以致不能平易，歸於平實，則即非僅害道，亦且害文了。

第二十一講　不求其成文而文生

明人宋濂的文說贈王生黼一文中有語云：

「明道之謂文，立教之謂文，可以輔俗化民之謂文。斯文也，果誰之文也？聖賢之文也。非聖賢之文也，聖賢之道，充乎中，著乎外，形乎言，不求成文而文生焉者也。不求成文而文生焉者，文之至也。故文猶水與木然。導川者不憂流之不延，而恐其源之不深。植木者不憂枝之不蕃，而慮其本之不培。培其本，深其源，其延且蕃也孰禦？聖賢未嘗學爲文也，沛然而發之，卒然而書之，而天下之學爲文者，莫能過焉。以爲本昌，爲源博也。彼人曰：我學爲文也。吾必知其不能也。夫文烏可以學爲哉？彼之以句讀順適爲工，訓詁艱深爲奇，窮其力而爲之，至於死而後已者，使其能至焉，亦技而已矣。況未必至也？」

似此「不求其成文而文生」，正所以說明文由生命而來，文由性情而來，文由心靈而來，文由精神而來。若無其偉大之生命，偉大之性情，偉大之心靈和偉大之精神，則必難有其偉大之文。而聖賢之文，則正因有其偉大之生命，可以輔俗；有其偉大之性情，可以化民；有其偉大之心靈，可以明道；有其偉大之精神，可以立教；故有其文之至。似此至文，會正是生命之文，會正是性情之文，會正是心靈之文，會正是精神之文。這當然不會僅僅「以句讀順適爲工，訓詁艱深爲奇」。凡學爲文者，都祇能學爲文之技。故「窮其力而爲之，至於死而後已者」，若僅僅着眼於文之技，而昧然於文學之藝術性，則「使其能至焉，亦技而已矣」。於此若欲文之不祇爲一技術，而眞能爲一藝術，並爲一生命之藝術，性情之藝術，心靈之藝術，和精神的藝術，自必須由技進乎道。由是而讓「明道之謂文，立教之謂文，輔俗化民之謂文」，則即有其人文之化成，和文之大用。

惟就文學亦爲藝術，而須有其藝術上之技巧以言之，則亦有其致力之道。明蘇伯衡空同子瞽說稱：

「尉遲楚好爲文，謂空同子曰：『敢問文有體乎？』曰：『何體之有？易有似詩者，詩有似書者，書有似禮者，何體之有？』『有法乎？』曰：『初何法？典謨訓誥，國風雅頌，初何法？』『難乎易乎？』曰：『吾將言其難也，則古詩三百篇，多出於小夫婦人；吾將言其易也，則成一家言者，一代不數人。』『宜繁宜簡？』曰：『不在繁，不在簡，狀情寫物在辭達；辭達則一二言而非不足，辭未達則千百言而非有餘。』『宜如何？』曰：『如江河！』『何也？』曰：『有本也。』『如鍵之於管，如樞之於戶，如將之於三軍，如腰領之於衣裳。』『何也？』曰：『統攝也。』『如置陣，如構居第，如建國都。』『何也？』曰：『謹布置也。』『如草木焉，根而幹，幹而枝，枝而葉而葩。』曰：『何也？』曰：『條理精暢而有附麗也。』『如手足之十二脈焉，各有起，有出，有循，有注，有會。』『何也？』曰：『支分脈別，而營衛流通也。』『如天地焉，包涵六合，而不見端倪。』『何也？』曰：『氣象沉鬱也。』『如漲海焉，波濤湧而無龍張。』『何也？』曰：『浩汗詭怪也。』『如日月焉，朝夕見而令人喜。』『何也？』曰：『光景常新也。』『如煙霧舒而雲霞布。』『何也？』曰：『動盪而變化也。』『如風霆流而雨雹集。』『何也？』曰：『神聚而冥會也。』『如重林，如邃谷。』『何也？』曰：『深遠也。』『如秋空，如寒冰。』『何也？』曰：『潔淨也。』『如太羹，如玄酒。』『何也？』曰：『雋永也。』『如瀨之旋，如馬之奔。』『何也？』曰：『回複馳騁也。』『如羊腸，如鳥道。』『何也？』曰：『縈迂曲折也。』『如孫吳之兵。』『何也？』曰：『奇正相生也。』『如常山之蛇。』『何也？』曰：『首尾相應也。』『如父師之臨子弟，如孝子仁人之處親側，如元夫碩士，端冕而立乎宗廟朝廷。』『何也？』曰：『端嚴也，溫雅也，正大也。』『如楚莊王之怒，如杞梁妻之泣，如昆陽城之戰，如公孫大娘之舞劍。』『何也？』曰：『激切也，雄壯也，頓挫也。』『如菽粟，如布帛，如精金，如美玉，如出水芙蓉。』『何也？』曰：『有補於世也，不假磨礱雕琢也。』『將烏乎以及此也？』曰：『易詩書二禮春秋所載，左邱明，高赤所傳，孟荀莊老之徒所著，朝焉、夕焉、諷焉、詠焉、習焉，斯得之矣。雖然，非力之可為也。聖賢道德之光華，積於中而發於外，其言不期文而文。譬猶天地之化，雨露之潤，物之魂魄，以生華蔓羽毛，極人力所不能為，孰非自然哉？故學於聖人之道，則聖人之言，莫之致而致之矣。學於聖人之言，非惟不得其道，並其所謂言，亦且不能至矣。』尉遲楚出，以告公乘邱曰：『楚之於文也，其猶在山徑之間歟？微空同之導吾出也，吾不知大道之恢恢。於是盡心焉，將於文憪焉無難能者矣。』

凡此所謂「體法」難易「繁簡」，在文學藝術上，自然都祇是相對的；惟能有體有法，而又能化難為易，化繁為簡，以有其平易與平實，總為上乘。又所謂「有本」，「統攝」，「謹布置」，和所謂「條理精暢」，「支分脈別」，「氣象沈鬱」，「浩汗詭怪」，「光景常新」，「動蕩而變化」，「神聚而冥會」等等，則全為針對文章之結構和修辭上而言，總之，須合乎美的形式原理。他如文之須求「深遠」，「潔淨」，「雋永」，「回複馳騁」，「縈迂曲折」，「奇正相生」，「首尾相應」，與夫應有其「端嚴，溫雅，正大」，並應有其「激切，雄壯，頓挫」，和「有補於世」，以至終於還是要「不期文而文」，則仍是要求着由技以進乎道。然欲眞由技以進乎道，則任何有關文章上之壯美和優美的名目，最後還是要歸於平易與平實。

由此以言文之法，則自古至今，實至難定。唐順之在其所作董中峯侍郎文集序中，有語稱：「漢以前之文，未嘗無法，而未嘗有法，法寓於無法之中，故其爲法也，密而不可窺。唐與近代之文，不能無法，而能毫釐不失乎法，以有法爲法，故其爲法也，嚴而不可犯。密則疑於無法，嚴則疑於有法而可窺。然而文之必有法，出乎自然而不可易者，則不容異也。且夫不能有法，而何以議於無法？」

此則必須由技以進乎道，方能由有法，以議於無法。而眞能由有法以議於無法，則即一不求其成文而文生」。

第二十二講　文以少而盛

顧炎武日知錄稱：

「文以少而盛，以多而衰。以二漢言之，東都之文，多於西京，而文衰矣。以三代言之，春秋以降之文，多於六經，而文衰矣。記曰：天下無道，則言有枝葉。」（原注：如惠施五車，其書竟無一篇傳者。）

此乃以質而簡，以簡而少，以少而盛。此盛乃盛在言有本根。反之，則即以華而繁，以繁而多，以多而衰。此衰乃衰在言有枝葉。到此，亦惟有再歸於平易，再歸於平實，以重有其生命之簡，性情之簡，心靈之簡，精神之簡，方可再有其質，再有其本，和再有其文之以少而盛。

日知錄又稱：

「唐宋以下，何文人之多也？固有不識經術，不通古今，而自命爲文人者矣。韓文公符（韓愈之子）讀書城南詩曰：『文章豈不貴？經訓乃菑畬；潢潦無根源，朝滿夕已除。人不通古今，馬牛而襟裾；行身陷不義，況望多名譽？』而宋劉摯之訓子孫，每曰：『士當以器識爲先，一號爲文人，無足觀矣。』然則以文人名世，焉足重哉？此揚子雲所謂『撫我華而不食我實者也。』黃魯直言：『數十年來，先生君子，但用文章提獎後生，故華而不實。』本朝嘉靖以來，亦有此風。而陸文裕所記劉文靖告吉士之言，空同（李夢陽號空同子）大以爲不平矣。」

在這裏，直正的文人，和一般之所謂文士，確實是大有分別。眞正的文人，會儘有其眞正的歷史文化的一大使命，因此之故，便必然不會「不識經術」，便必然不會「不通古今」。而一般所謂文章之士，則不足以語此。此所以站在歷史文化的立場上，便不能不「宗經術，卑文士」。惟所謂「卑文士」，亦並非一定要賤文章。要知文章之賤，乃在文章之多。若文能以少而盛，不至以多而衰，且眞能體經而用史，便自會是：「文章豈不貴？經訓乃菑畬」。大抵文人之所以終成爲「無足觀」之文人或文士，皆由於器識不足。而其器識之所以不足，則不在才華，而在性情。且祗因才華不能歸於性情，故終不能不有其生命之欠缺，不能不有其心靈之欠缺，不能不有其精神之欠缺。遂至只有其小模小樣，而不足以言器識。唐宋以下，文人雖多，但多非「以器識爲先」，而祗以文章爲務，以文章名世，故不足重。若夫「先生君子，但用文章提獎後生」，則所謂「摭我華而不食我實」，便不能不使文章以華而繁，以繁而多，又以多而衰了。

魏禧文瀫敍稱：

「有忠孝道德經濟之文，以爲滴瀫；靜深之文，以爲寒潭；繢藻之文，以爲麗水。」

而文之以少而盛，亦正如水之以滴瀫而盛，以寒潭而盛，以麗水而盛。這正是不以熱鬧而盛。唐宋以下，文章因韓文公及蘇東坡等之奇崛與奔放，實已有其愈來愈甚之熱鬧，而與「麗則淸越」之趣，愈離愈遠。其間雖有如歸有光者之能不熱鬧，但又似少有人眞能了解。至此，顧炎武之所謂文以多而衰，便又一轉而爲以熱鬧而衰了。侯方域與任王谷書中有語云：

「大約秦以前之文主骨，漢以後之文主氣。」

惟其主骨，所以學三代之文者，更應歸於平實。要知平實始能有其神合，而奇崛則反爲形似。惟其主氣，所以學兩漢之文者，更應歸於平易。要知平易始能有其流行，而熱鬧則反可阻滯。舉凡此氣之阻滯和骨之形似，乃正所以使文由盛而衰和由衰而枯之線索。

邵長蘅常言：

「文章須十數年攻苦，自立根柢。不則，沾沾橅秦漢，橅八家，要皆華葉耳。」

要知文之歸於平易，歸於平實，實是一大工夫。此必須眞能「自立根柢」者，始足以言此。在此等處，祗有攻苦，絕不可熱鬧。若一熱鬧，便是「要皆華葉耳。」

又邵長蘅與魏叔子書稱：

「至於文之法，有不變者，有至變者。文體有二，曰敍事，曰議論，是謂定體。辭斷意續，筋絡相束，奔放者忌肆，雕刻者忌促，深頤者忌詭，敷衍者忌俗，是謂定格。言道者必宗經，言治者必宗史，導情欲婉而暢，述事欲法而明，是謂定理。此法之不變者也。若夫川橫馳鶩，變化百出，各視工力之所及，巧拙不相師，後先不相襲，此法之至變者也。吾得其所爲不變者，不左史，不班范，不韓柳歐蘇，而不可竅其瓶也。吾得其所爲至變者，即左史，即班范，即韓柳歐蘇，而不可訾其襲也。二者所以究文之法也。」

於此就其不變者而言，則文有定體，有定格，有定理，此乃平易之至。就其至變者而言，則「各視工力之所及」，此亦平實之至。果學左史，學班范，學韓柳歐蘇，而不能歸於平易，則祗有徒「竅其瓶」，而必不能「得其所爲不變者」。果慕左史，慕班范，慕韓柳歐蘇，而不能歸於平實，則祗有「訾其襲」，而必不能「得其所謂至變者」。如此，所謂「學」，所謂「慕」，會都祗是所謂湊熱鬧，而有湊熱鬧之結果，則必有其生命之枯，有其性情之枯，有其心靈之枯，有其精神之枯。這使不能不有其文之枯。

汪琬答陳靄公書有語云：

「古人之於文也，揚之欲其高，斂之欲其深，推而遠之欲其雄且駿。其高也，如垂天之雲。其深也，如行地之泉。其雄且駿也，如波濤之洶湧，如萬騎千乘之奔馳。而及其變化離合，一歸於自然也，又如神龍之蜿蜒，而不露其首尾。蓋凡開闔呼應操縱頓挫之法，無不備焉。」

於此，爲免有其文之枯，便不能不「揚之欲其高」，但由此而「斂之欲其深」，又「推而遠之欲其雄且駿」，到最後還是要：「及其變化離合，一歸於自然」，而且還是要：「蓋凡開闔呼應操縱頓挫之法，無不備焉」，這仍是歸於平易與平實之途，仍是歸於非熱鬧之途，仍是歸於文以少而盛之途。此在日知錄又有語云：

「夫巧言不但言語，凡今人所作詩賦碑狀，足以悅人之文，皆巧言之類也。不能不足以爲通人，夫惟能之而不爲，乃天下之大勇也。」

於此欲文之由多而少，則在天下之大勇，「能之而不爲」。而「足以悅人之文」，則更應不爲。果欲爲之，則必須平易平實，而不可巧奇。日和錄繼稱：

「故夫子以剛毅木訥爲近仁，學者所用力之途，在此不在彼矣。」

這會是在文章之平易與平實，亦正會是在生命與性情之平易與平實，和在心靈與精神之平易與平實。由此而有其文之少，便眞可「文以少而盛。」

第二十三講　文之所貴

桐城派之初祖方望溪（苞）答申謙居書稱：

「僕聞之諸父兄，藝術莫難於古文。自周以來，各自名家者，僅十數人，則其艱可知矣。苟無其材，雖務學，不可强而能也。苟無其學，雖有材，不能驟而達也。有其材，有其學，而非其人，猶不能以有立焉。蓋古文之傳，與詩賦異道。魏晉以後，姦僉汚邪之人，而詩賦爲衆所稱者有矣。以彼瞑瞞於聲色之中，而曲得其情狀，亦所謂誠而形者也；故言之工，而爲流俗所不棄。若古文則本經術，而依於事物之理，非中有所得，不可以爲僞。故自劉歆承父之學，議禮稽經而外，未聞姦僉汚邪之人，而古文爲世所傳述者。」

似此所謂「藝術莫難於古文」，實因古文乃一生命之藝術，乃一性情之藝術，乃一心靈之藝術，乃一精神之藝術。於此，若無其生命之正，即難有其眞見生命之藝術；若無其性情之貞，即難有其洞見性情之藝術；若無其心靈之純，即難有其廣見心靈之藝術；若無其精神之一，即難有其大見精神之藝術。於此，「苟無其材，雖務學，不可强而能」。於此，「苟無其學，雖有材，不能驟而達」。這正如莊子所言：「卜梁倚有聖人之才，而無聖人之道；我有聖人之道，而無聖人之才」，固皆不足以成聖果。但「有其材，有其學，而非其人，猶不能以有立焉」，則古文聖果之難成，尤可想見。此乃因生命之學，性情之教，與夫心靈和精神之道，最爲難言，故古文之聖果，亦最爲難得。此非可以由外而來，此乃由於「中有所得」。惟其「中有所得」，所以能出之平易。惟其「中有所得」，所以能一味平實。此乃「本經術而依於事物之理」，所必至之途；而古文之可貴，亦正在此。

惟桐城派則正因古文之可貴，而終祗着眼於文。桐城派巨子劉大櫆論文偶記中有語稱：「文貴奇，所謂珍愛者，必非常物。然有奇在字句者，有奇在意思者，有奇在筆者，有奇在邱壑者，有奇在氣者，有奇在神者。字句之奇，不足爲奇，氣奇則眞奇矣。讀古人文，於起滅轉接之間，覺有不可測識處，便是奇氣。文貴高，窮理則識高，立志則骨高，好古則調高。文貴大，道理博大，氣脈洪大，邱壑遠大。邱壑中必峯巒高大，波瀾闊大，乃可謂之大。文貴遠，遠必含蓄，或句上有句，或句下有句，或句中有句，或句外有句；說出者少，不說出者多，乃可謂遠。文貴簡，凡文筆老則簡，意眞則簡，辭切則簡，理當則簡，味淡則簡，氣蘊則簡，品貴則簡，神遠而含藏不盡則簡，故簡爲文章盡境。文貴疏，凡文力大則疏；宋畫密，元畫疏；顏柳字密，鍾王字疏；孟堅文密，子長文疏；凡文氣疏則縱，密則拘；神疏則逸，密則勞；疏則生，密則死。文貴變，易曰：虎變文炳，豹變文蔚；又曰：物相雜，故曰文，故文者，變之謂也。一集之中，篇篇變；一篇之中，段段變，一段之中，句句變；神變，氣變，音變，節變，句變，字變，唯昌黎能之。文貴瘦，須從瘦出，而不宜以瘦名；蓋文至瘦，則筆能屈曲盡意，而言無不達；然以瘦名，則文必狹隘；公、穀，韓非、王半山之文，極高峻難識，學之有得，便當舍去。文貴華，華正與樸相表裏，以其華美，故可貴重；所惡於華者，恐其近俗耳；所取於樸者，謂其不著粉飾耳。不著粉飾，而精彩濃麗，自左傳，莊子，史記而外，其妙不傳。文貴參差，天之生物，無一無偶，而無一齊者，故雖排比之文，亦以隨勢屈曲貫注爲佳。文貴去陳言，昌黎論文，以去陳言爲第一要義。樊宗師誌銘云：惟古於詞必己出，降而不能乃剽賊；後皆指前公相襲，自漢迄今用一律。今人行文，反以用古人成語，自謂有出處，自矜爲典雅，不知其爲襲也，剽賊也。文字是日新之物，若陳陳相因，安得不爲腐臭？原本古文意義，到行文時，却須重加鑄造；一樣言語，不可便直用古人，此謂去陳言；未嘗不換字，却不是換字法。行文最貴品藻，無品藻不成文字。如曰渾、曰浩、曰雄、曰奇、曰頓挫、曰跌宕之類，不可勝數，然有神上事，有氣上事，有體上事，有色上事，有聲上事，有味上事，有識上事，有情上事，有才上事，有格上事，有境上事，須辨之甚明。文章品藻最貴者，曰雄、曰逸；歐陽子逸而未雄；昌黎雄處多，逸處少；太史公雄過昌黎，而逸處更多於雄處，所以爲至。」

以上所言，文貴奇，貴高，貴大，貴遠，貴簡，貴疏，貴變，貴瘦，貴華，貴參差，貴去陳言，貴品藻之十二貴中，其最可貴者，究祇是簡與疏。即劉氏本人亦承認「簡爲文章盡境」，而「疏」則爲文章縱拘、勞逸和生死之關鍵的所在。同時，亦正如劉氏所云：「筆老則簡」，故惟簡能「瘦」；「意眞則簡」，故惟簡能「高」；「理當則簡」，故惟簡能「大」；「品貴則簡」，故惟簡能「華」；「神遠而含藏不盡則簡」，故惟簡能「遠」。而文之「參差」與「品藻」則多由「疏」而來。若夫貴奇與去陳言，則儘有其弊，有如前述。以言品藻，最貴雄逸。實則雄爲莊美，逸爲優美。在美學上，優美每更貴於壯美。說太史公之文，「逸處更多於雄處，所以爲至」，此乃由於更凸顯其優美。文總須以優美爲主。

從美學上說，文貴優美。從寫作上說，文貴簡與疏。從根本上說，文貴「有其材，有其學」，更不可「非其人」，而貴有其人。亦即有其生命，有其性情，有其心靈，有其精神之人。

第二十四講　文之傑士

桐城派因姚鼐得名，姚之古文，名重天下。其後曾國藩更於其所作聖哲畫像記中，自稱：

「國藩之粗解文章，由姚先生啓之也。」

姚鼐復江西魯絜非書云：

「往與程魯門（晉芳），周書昌（永年）論古今才士，惟爲古文者最少，苟爲之，必傑士也。」似此所云文之傑士，自是高出於所謂文之才士。要知古今才士，儘可爲文，然其爲文，祇憑其天才，祇富其才華，實不必能眞歸於生命，眞歸於性情，並眞歸於心靈與精神之道。因此之故，最多亦祇能成一所謂文人，或所謂文士。而在文人或文士之間，縱有其精彩，縱有其妙筆，亦難有其平易，亦難有其平實。

但爲古文者，則不能不有其生命之學，不能不有其性情之敎，以使其天才富於生命，並使其才華歸於性情。由是文爲一藝術之文，而人亦復成一藝術品，卽所謂「其人如玉」。因此之故，古文一方面是文學小品，但另一方面又是生活大文。在那裏有生活的眞理，可以使人生活於生活之中；在那裏，有人生的眞趣，可以使人工作於工作之內。那可以讓人如黑格耳所言：「在其自己」；那可以如莊生所言：「得其環中」。於是文思安安，當下自足；從容中道，自有地天。在這裏，與其說古文是一種文章，實無寧說古文是一種修養；與其說古文是一種修養，實無寧說古文是一種感受。舉凡一個人對宇宙人生的感受，儘管千變萬化，以至「萬紫千紅」，都可以寥寥數語，以散文出之，固不僅是如曾文正公所言：「盡取揚馬之雄奇萬變，而內之於薄物小篇之中」。此所以是：

「苟能爲之，必傑士也。」

在人類歷史文化的演進中，詩歌是最爲原始的，而又是最後的，最爲終極的。但人類由詩的世界中，終須進展至散文的世界內。此在我國，便是由詩而騷，由騷而賦，由賦而駢麗之文，再至古文。祗不過古文雖是出之以散文，但仍儘有其詩的眞理，詩的眞趣，和詩的眞精神，眞心靈，眞性情，眞生命，此所以又是最高的，而眞能「爲古文者最少。」

姚鼐復魯絜非書繼稱：

「鼐聞天地之道，陰陽剛柔而已。文者，天地之精英，而陰陽剛柔之發也。惟聖人之言，統二氣之會而弗偏。然而易，詩，書，論語所載，亦間有可以剛柔分矣。值其時其人告語之體，各有宜也。自諸子而降，其爲文無弗有偏者。其得於陽剛之美者，則其文如霆、如電、如長風之出谷，如崇山峻崖，如決大川，如奔騏驥；其光也，如杲日、如火、如金鏐鐵；其於人也，如憑高視遠，如君而朝萬象，如鼓萬勇士而戰之。其得於陰與柔之美者，則其文如升初日、如清風、如雲、如霞、如煙、如幽林曲澗、如淪、如漾、如珠玉之輝、如鴻鵠之鳴而入寥廓；其於人也，漻乎其如歎，邈乎其如有思，暖乎其如喜，愀乎其如悲。觀其文，諷其音，則爲文之性情形狀，舉以殊焉。且夫陰陽剛柔，其本二端，造物者糅而氣有多寡進絀，則品次億萬，以至於不可窮，萬物生焉，故曰：一陰一陽之謂道。夫文之多變，亦若是已。糅而偏勝可也。偏勝之極，一有一絕無，與夫剛不足爲剛，柔不足爲柔者，皆不可以言文。今夫野人孺子聞樂，以爲聲歌絃管之會爾；苟善樂者聞之，則五音十二律，必有一當，接於耳而分矣。夫論文者，豈異於是乎？宋朝歐陽，曾公之文，其才皆偏於柔之美者也。歐公能取異己者之長而時濟之，曾公能避所短而不犯。觀先生之文，殆近於二公焉。抑人之學文，其功力所能至者，陳理義必明當，布置取舍繁簡廉肉不失法，吐辭雅馴不蕪而已。古今至此者，蓋不數數得，然尚非文之至。文之至者，通於神明，人力不及施也。先生以爲然乎？」

於此，美之被分爲二類，實乃古今中外之所同。所謂「文者，天地之精英，而陰陽剛柔之發也」，實乃表示文爲天地之美的表現，而此美的表現，則可以爲壯美，又可以爲優美。所謂「聖人之言，統二氣之會而弗偏」，則因聖人之言，即聖人之道。而說「泰初有道」，亦即泰初有言。在那裏，道與言爲一，美與眞與善又與神爲一，於是一切是平平，並「統二氣之會而弗偏」，這儘有其美之超越，而實不能以美言。我人祗能說聖人之言爲至言，我人不能說聖人之言爲美言。言之有其美，正是因爲剛柔有偏。而文之有其美，亦正是因爲剛柔有分。惟剛柔有偏和剛柔有分，亦可以爲有力或無力之偏，和有力或無力之分，而不必有其力的美，或無力的美，更不必有其壯美或優美。文而至於能表現其壯美，「如霆、如電、如長風之出谷，如崇山峻崖，如決大川，如奔騏驥」等等，固由於文之剛和文之有力，但畢竟不能僅以剛言或以有力言之。文而至於能表現其優美，「如升初日、如清風、如雲、如霞、如煙、如幽林曲澗、如淪、如漾、如珠玉之輝、如鴻鵠之鳴而入寥廓」等等，固由於文之柔和文之似乎無力，但畢竟不能僅僅以柔言，或以似乎無力言之。

大抵文章之美，都是由其獨特之風姿，風度和風格而來。有有力之風姿、風度和風格之文，有似乎無力之風姿、風度和風格之文。而有力之風姿、風度和風格，則終有遜於似乎無力之風姿、風度和風格。若眞無力，便不能有其風姿、風度和風格之表現。古往今來，固無全柔和全無力之文而能言美者。以言「宋朝歐陽曾公之文，其才皆偏於柔之美」，實則亦祗是偏於似乎無力之美。若眞無力，又如何能成古文大家？實則歐曾之文，乃優美之文。其風降至明人歸有光，亦儘有其優美，並使古文眞到達其一種佳妙之境域，那眞是「滲乎其如歎，邈乎其如有思，暖乎其如喜，愀乎其如悲」。這不能不是一個絕好的古文途徑。惟桐城派諸巨子，則似乎總以爲「歐公能取異己者之長而時濟之，曾公能避所短而不犯」，以稱許之。

關於「人之學文」一事，姚氏以爲其功力在「陳理義必明當，布置取舍繁簡廉肉不失法，吐辭雅馴不蕪」，若按其實，仍須以平易與平實爲準。至所謂「文之至者，通於神明，人力不及施也」，則正是在使其能洞見生命與性情，明見心靈與精神，不能全憑力量。

曾文正公在其家訓中稱：

「凡大家名家之作，必有一種面貌，一種神態。」

而所謂文之傑士，則正在表現此種面貌，此種神態。惟在此種面貌和此種神態中，終以平易與平實爲尚。

第二十五講　文之升降

青溪居士程廷祚，原名默，字啓生，號綿莊，乾隆時人，不應鄉舉，閉戶窮經，著作甚富，其答家魚門論古文書中有語稱：

「韓退之崛起數千載之後，屬文章靡敝，馮凌轥轢，首唱古文，而能範圍後來之作者，誠可謂文人之雄也已。然其自負大過，後之尊崇亦太過。此不可以不論。開皇之世，李諤上書論文體，深斥齊梁之敝，謂宜屛黜輕浮，遏止華僞。唐之中葉，柳冕與杜黃裳書，言文雅不振，當尊經術，卑文士，以正人心，而美風俗。以時考之，乃狂瀾之欲頹，百川將入於滄溟矣。退之安得自矜一人之力？其所來之時然也。且退之以道自命，則當直接古聖賢之傳，三代可四，而六經可七矣。乃志在於沈浸醲郁，含英咀華，作爲文章，戛戛乎去陳言而造新語，以自標置，其所操抑末矣。以此與八代爭短長，縱使己所言皆在於仁義道德，彼所言皆在於月露風雲，而究無以相服。莊生云：『其於亡羊均矣』。又安得起其衰？易曰：『君子黃中通理，正位居體，美在其中，而暢於四支，發於事業』，言道充而文見也。非强道以生文也。以丘明之才，而使經降爲傳，而使天下唯知記誦詞章，豈不重可歎息哉？豈其故果在世運哉？宋之師法退之，而能名其家者，不過數人，未有及退之者也。繼之元明以來，又未有及數家者也。由退之而前，吾見退之之任之。由退之而後，將不任乎？何文之愈降而愈衰也？葉水心之言曰：『本朝歐王曾蘇，雖文詞爲盛，然往往不過記序銘論，浮說閒語，而著實處，反不逮唐人遠甚。學者不可但隨聲唱和，虛文無實，終於澌喪而已。』斯言也，其得曰：『無所見乎？』孔子曰：『修辭立其誠』，又曰：『辭達而已矣」。以誠爲本，以達爲用，蓋聖人之論文，盡於是矣。因文以見道，非誠也。有意而爲之，非達也。不反其本，而惟文之求，於是體製繁興，篇章盈溢，徒敝覽者之精神，而無補於實用，亦奚以爲？此由後學見退之輕蔑往古，自爲尊大，咸欲效尤，致使然耳。」

似此所言韓愈「誠可謂文人之雄也已」，那是就其確已完成一種散文文學之功而言。亦卽就古文雖非由彼所創，但確已由彼以成，由彼以立，由彼以盛而言。阮元四六叢話後序稱韓等沿子史之正流，實對古文缺乏之認識。惟古文之一度中衰，直至宋時經歐曾起來以後，方能重振，方能復興，亦確是事實。且由三蘇至公安諸子，又有其文之誕，而桐城之後，更有其文之枯，若究其始因，仍儘可以從韓公說起。我在中國文話一書中第二講內，論及國家的悲劇與國文的悲劇，曾對此有所述說。至所謂韓公「自負太過」，此猶屬於韓公個人修養之事。但所謂「後之尊崇亦太過」，則確爲足以令人深思，並足以令人浩歎之處。猶憶抗戰期間在來鳳驛時，「曾與熊老先生談及中華民族之衰，彼卽慨歎韓蘇之文，僅有其氣，竟使後世傾倒若此，實亦爲民族衰象之一端。按此，可從兩方面說：一爲韓公雖「自負太過」，然所以終「能範圍後來之作者」，並使「後之尊崇亦太過」者，正足以見出後來之作者，識見有所不足，而力量亦有所不够。二爲韓公雖「自負太過」，但「後學見退之輕蔑往古，自爲尊大，咸欲效尤」，而又識見不足，力量不够，故反而在骨子裏充滿着自卑感，對一切抬不起頭。由是而影響文風，影響政風，便使整個國家民族，亦受其影響。至於韓公「志在於沈浸醲郁，含英咀華，作爲文章」，則正是對文章「有意而爲之」，明示後世以有意爲文之方向而「非達」。其所謂「文者貫道之器」，反爲「因文以見道」，而失其載道之誠。若夫韓公之「戛戛乎去陳言而造新語，以自標置」，則更令人所能見者，不是「因文以見道」，而祇是因文以見新語。結果所至，自必「使天下唯知記誦詞章」。由是而民族有其步步之衰退，由是而文章亦復有其步步之衰退。故曰：「何文之愈降而愈衰也」？於此，韓公一方面「文起八代之衰」，一方面又使文因彼而衰，要皆為「不反其本，而惟文之求」之故而已。

在復家魚門論古文書中，程氏繼云：

「承孜孜以後人不及退之為問。足下蓋大有疑於文之升降，而欲求其故，救其衰也。愚何人斯？文之雄如退之，輒敢萌蚍蜉撼大樹之見，而加以雌黃！愚固有說以處此。夫文之衰，至今極矣。有志者起而振之。若曰：『舍唐宋人，則無問津』，愚雖陋劣，未敢以為然也。古之有至德卓行者，多不以文自見。不得已而欲自見於文，其取精用宏，固自有術。而要之以進德修業為本原，以崇實黜浮為標準，以有關係發明為體要。理充者，華采不為累；氣盛者，偶麗不為病；陳言不足去，新語不足撰；非格式所能拘，非世運所能限；在山滿山，在谷滿谷，則庶乎由秦而前，聖人之文矣。若退之之張皇號叫，永叔之纏綿悲慨，皆內不足，而求工好於文，豈古人所有哉？此言非足下無與發，如曰：『不然』，伏願有以教我！」

似此「後人不及退之」，實因後人之祇知師法退之，而且是「尊崇亦太過」。姚鼐於古文辭類纂序目中稱：「所以為文者八：聲色格律，文之粗也；神理氣味，文之精也。」而以韓退之為能神合。惟劉大櫆於論文偶記中，終言「昌黎雄處多，逸處少」。且以「太史公雄過於昌黎，而逸處更多於雄處，所以為至」。要知取法乎上，僅得其中。今竟似祇取法乎中，自無以「救其衰」。誠能以「進德修業為本原」，則進德至極，必有其言之平易近人；修業到家，必有其言之平實可用。由是而以「崇實黜華為標準」，則必有其言之「簡」；由是而以「有關係發明為體要」，則必有其言之「疏」。於是華采亦可，偶儷亦可，陳言亦可，新語亦可，從而文言亦可，白話亦可，不拘一格，不限一體，一切相因而至。秦漢之文，可因六經。六朝之文，亦因秦漢。然則唐宋之文，又何以不可因六朝？杜甫稱：「庾信文章老更成」。足知在詩文上，不必革故，亦儘可鼎新。當世運鼎新之際，當文運鼎新之日，「若退之之張皐號叫」，而求「奇崛」，以至「怪怪奇奇」，則雖有其功，並可雄視百代，但終不能不有其流弊，而種下一種惡劣之因子。至今日較退之尤爲「張皇號叫」者，則其過尤甚。

又在復家魚門書中首段有語云：

「文章一道，自古難言，誠有如足下所論者。抑愚竊有見夫天地雕刻衆形，而咸出於無心；文之至者，體道而出，根心而生，不煩繩削而自合。六經孔孟之書尚矣。自聖經不復作，而左丘明以華整之才，易古人之高渾簡質，文人之文，於是焉始。岐趨別出，其變無窮。亦有世運之升降焉。非盡人之所爲也。漢代人品淆雜，文反近古。如賈生，董子，晁錯，司馬遷，相如，匡衡，劉向之徒，意不在文，而文隨之。東京稍若不逮，而著作不謬於經術。下及魏晉，漸尚詞華，雄偉不足，然其傑出如王曹潘陸，猶不失厚重之意，亦非後世所易及也。末流至於南朝之季，有不足道者矣。」

於此，由世運之升降，可以到文之升降。而由文之升降，亦可到世運之升降。這是天之所爲，又是「人之所爲」。這是「人之所爲」，又是天之所爲。在這裏，是最難說的。在這裏，亦祇能「出於無心」。由是以言「文之至者，體道而出，根心而生」，便不能不使文學歸於生命之學，歸於性情之教，並歸於心靈與精神之道。蓋必如此，方能「意不在文，而文隨之」；並可眞能「不失厚重之意」，而不至陷於「張皇號叫」，甚至於「有不足道者矣」。又文若眞「出於無心」，自亦必出之以平易與平實。而時至今日，平易之文，則正可與日常生活，打成一片；平實之文，亦正可與現代科學，相互配合。此在文言如此，此在白話亦然。此乃在文之升降中，所應有之一大進展。

第二十六講　文德敬恕

清章實齋文史通義詩教篇稱：

「學者惟拘聲韻為之詩，而不知言情達志，敷陳諷諭，抑揚涵泳之文，皆本於詩教。是以後世文集繁，而紛紜承用之文，相與承其體，而莫由知其統要也。」

似此所謂詩教，實乃性情之教。由性情之教，而有其性情之安排；便自有生命之學，以求其生命之安頓。更由是而有其心靈和精神之道，以獲其心靈上的「黃中通理」，和精神上的向上一機。於焉「周情孔思」，而真正之文，於是乎出。祇因「後世文集繁」，故多失其意旨。

章氏於詩教篇又稱：

「論文拘形貌之弊，至後世文集而極矣。蓋編次者之無識，亦緣不知古人之流別，作者之意旨，不得不拘貌而論文也。集文始於建安，而實盛於齊梁之際。古學之不可復，蓋至齊梁而後蕩然矣。」

此則正如亭林所言「文以多而衰」，而「後世文集繁」，自更不能不有其衰相。且因「拘貌而論文」，致「古學之不可復」，於是文道既無，文德亦失。章氏於此，更另提「文德敬恕」之言，此則更可發人深省。

在文德不敬不恕之際，就個人言，若欲為文，則更應自思有以自置，而不可有絲毫之「張皇號叫」。於此，朱仕琇在答李皤玉書中有語云：

「讀書一節，近市囂鄙，在先高其志，務潔其心，不以外之聞見，動吾耳目。然後有以自置。自置者，世慮屛而心漸同乎古人也。漸同古人，則必漸異今人，人必漸怪之。懼其怪而徙志易心，則至古人也無日矣。混混焉與世相濁而已。如是而其文何自而高？使其心有以自置，則吾心，古心也。以觀古人之言，猶吾言也。然後辨其是非，察其盈虧焉，究其誠僞焉，判其高下焉，如黑白之皎於前矣。於是順其節次焉，道其訓詁焉，沈潛其義蘊焉，調合其心氣焉。於是則而法之，役而就之，久則自然合之，又久則變化生之。於是而其文之高也，如累土之成台，如鴻漸之在天，有莫知其所以然者。所謂自置者，志也。古人入學先辨志。予曰：吾十有五而志於學。孟子亦言尙志。故志者，學之幹，言之本也。所謂讀書作文之法，如此而已。」

似此所言，正是一個人在文學上所應有之一古典的訓練和古典的修養。蓋必須「先高其志」，始足以言平易，否則便祇是平凡；必須「務潔其心」，始足以言平實，否則便祇是庸俗。而所謂文之高，則正是文之不平凡與不庸俗。若有志之士，則儘有其文德之敬恕。又惲敬在其大雲山房文稿初集自序中有語云：

「……十七學漢唐宋元明諸大家文，先府君始告以讀書之序，窮理之要，攝心專氣之驗，非是不足以爲文，於是反而治小學，治經史百家。」

似此所言，亦正是着眼於文德。其「攝心專氣之驗」，則正可驗此「敬恕」之意。若無此敬恕之意，則非僅「不足以爲文」，而爲之亦大非佳事。又曾文正公湖南文徵序稱：

「若其不俟摹擬，人心各具有自然之文，約有二端，曰理，曰情。二者人人之所固有。就吾所知之理，而筆諸書，而傳諸世，稱吾愛惡悲愉之情，而綴辭以達之，若剖肺肝而陳簡策，斯皆自然之文。性情敦厚者，類能爲之……」

似此所言之「性情敦厚」，自必有其文德敬恕。而一有其文德敬恕，則必有其「周情孔思」。上述程延祚言「永叔之纏綿悲慨」，亦爲「內不足」，但如自「周情孔思」而來，便卽未爲不足。於此，是否「皆自然之文」，惟有視其平易與平實之程度。果能再由平實平易，而纏綿悲慨；復由纏綿悲慨，而「周情孔思」，更由「周情孔思」，而「文德敬恕」；終由文德敬恕，而性情敦厚；此則不僅爲文運與世運之開新與轉進，亦且足以爲文運與世運之極則與完成。

易經小畜卦象曰：

「風行天上，小畜君子以懿文德。」

又易經賁卦稱：

「剛上而文柔，故小。」

此外易經渙卦，謂風行水上爲渙。此亦儘可爲文之象。大抵文之爲文，由風行人間，而風行水上；亦終必由風行水上，而風行天上。祇不過「剛上而文柔，故小」。此所以「小畜君子以懿文德」，是不得不然。我在拙著中國文學論略一書內散文之進展篇中曾說：

「於此，文德是如風行天上，那是一個人馳其極度的想像之業。這一方面會如中國以前八音一樣，響徹雲霄，儘有其清明性和理想性；這另一方面又會如中國以前的七政一樣，光被四表，儘有其清明性和理想性。所謂「言而無文，行而不遠」，其所以有文始能行並能遠，實因文德之風行天上，遠及四方。」

祇不過，目前的四方，像左拉之說：「作家祇從其所好，無所謂善惡」，以及像魯迅之爲文，祇管尖酸刻薄；與夫五四以來，所謂新文學之巨子，和社會上一般之所謂「文化人」，祇知「張皇」，祇識「號叫」，和祇管謾罵，祇管傷人；而謀國者亦復由此而祇顧宣傳和祇顧標語等等，則非僅無其文德之風行天上，風行水上，和風行人間，亦且連最低限度之文德敬恕，都無蹤無影。這便更不能不「剛上而文柔，故小」，而且更不能不由小而陷於無，以致形成一無文和無明之世，並祇好無言了。

中國詩學

中國詩學

程兆熊

目錄

中國詩學

程兆熊

第一講　詩言志

在我國古代言詩，大都是說：

「詩言志」。

此在尙書是如此說，在樂記也是如此說，在荀子儒效篇也一樣是如此說，而在關雎詩序裏，在玉函山房叢書緯書類春秋題辭裏，在呂氏春秋愼大覽裏，在意林裏，在史記裏，在賈氏新書裏，也大體都是如此說（註一）。同樣，說文與釋名裏所說：

「詩，之也」。

這也是「志之所之」的意思（註二）。

在外方，詩之一字，不論是英文的 Poem，或法文的 Poeme，都是源出於拉丁文的 Poema。這 Poema 是創造的意思。而詩人一詞，不論是英文的Poet，或法文的Poete，也都是源出於拉丁文的 Poeta 那是創造者的意思。

然則，所謂志，所謂創造，又是什麼意思呢？這志，就我國歷代的解釋，都是：

「志者，心之所之」。

而詩字古文作訨，從言從㞢。㞢亦聲，亦謂言其心之所之。此正所謂：「在心爲志」。

關於創造的意思，則在外方，如非上帝的創造，會就是心的創造。而創造者，則不是屬於上帝，就是屬於心，或是讓心接觸着上帝，以使道成肉身，或肉身成道，而屬於道。

在這裏，如眞能瞭解創造和創造者的意思。就儘可以眞正瞭解着「心之所之」的意思。同樣，如眞能瞭解着「心之所之」的意思，也就儘可以眞正瞭解着創造和創造者的意思。由此發而爲志，就分明會如禮記所言：

「氣志如神」。

本此以言詩，則詩之言志，就分明會是整個生命的直接顯揚，又分明會是全副性情的直接流露，更分明會是絕大心靈的直接呈現，又分明會是至高精神的直接承擔。因此之故，不論古今，不論中外，詩皆極其難言。這會儘有其莊嚴，這會儘有其靜穆，在詩的領域之中。這亦會儘有其神奇，這亦會儘有淡雅，在詩的世界之內。

邵康節首尾吟中稱：

「始信詩能通造化」。

似此能通造化，自然會是由於志，由於心之所之，和由於合乎創造，並契合乎創造者。

而徐楨卿更在其談藝錄上說：

「詩者，所以宣元鬱之思，光神妙之化者也」。

又說：

「詩者，乃精神之浮英，造化之祕奧也」。

要知：惟有在一大生命之直接顯揚的過程中，才有玄鬱之思；惟有在一大性情之直接流露的過程中，才有神妙之化；惟有在一大心靈之直接呈現的過程中，才有浮英；惟有在一大精神之直接承擔的過程中，才有祕奧。由此以通於造化之原，正所以見出在詩的領域中，有其無比的莊嚴，有其絕對的靜穆。由此以展現造化之幾，正所以見出在詩的世界內，有其無上的神奇，有其絕妙的淡雅。

附註：

註一：關睢詩序云：「詩者、志之所之也，在心為志，發言為詩，情動於中，而形於言」。春秋題辭云：「在事為詩，思慮為志，詩之為言志也」。呂氏春秋云：「湯謂伊尹曰盡如詩。註云：詩，志也」。意林載慎子云：「詩往志也」。史記云：「詩言意。意，志也」。賈氏新書道德篇云：「詩者，此之志也」。

註二：說文載「詩，之也」。釋名載「詩，之也，志之所之也」。

第二講　興、觀、群、怨

孔子在論語上稱：

「詩可以興，可以觀，可以羣，可以怨」。

此在朱子論語集註中，則註稱：

「興－感發志意；觀－考見得失；羣－和而不流；怨——怨而不怒」。

於此，要問的是：何以在詩裏，可以感發志意？何以在詩裏，可以考見得失？何以在詩裏，可以和而不流？何以在詩裏，可以怨而不怒？

要知：感發志意是由於詩的生命，考見得失是由於詩的心靈，和而不流是由於詩的精神，怨而不怒是由於詩的性情。那是一大詩的生命，在那裏感發志意，在那裏興！那是一大詩的心靈，在那裏考見得失，在那裏觀！那是一大詩的精神，在那裏和而不流，在那裏羣！那是一大詩的性情，在那裏怨而不怒，在那裏怨！

我在我所著論語講義裏說：

「詩可以興，是由其可以讓人在天地間，洞見一氣之流行，而有其至理。詩可以觀，是由其又可以讓人在天地間，洞見一氣之流行，而有其至誠。詩可以羣，是由其更可以讓人在天地間，洞見一氣之流行，而有其至樂。詩可以怨，是由其同時更可以讓人在天地間，洞見一氣之流行，而有其至哀。在那裏，理與誠爲一。在那裏，哀與樂相生」。

於此，一氣之流行，正是造化之不息。而一氣之流行之至理，則正是造化不息之至理，也正是一大詩的生命之至理。同樣，一氣流行之至誠，正是造化不息之至誠，也正是一大詩的心靈之至誠。從而一氣之流行之至樂，正是造化不息之至樂，也正是一大詩的精神之至樂。終於一氣之流行之至哀，又正是造化不息之至哀，也正是一大詩的性情之至哀。但理與誠爲一，故誠亦是神。但哀與樂相生，故哀亦是和。

而當一切志意感發之際，則更見一大詩的生命之至理，以有其整個生命之直接顯揚；當一切得失考見之際，則更見一大詩的心靈之至誠，以有其整個心靈之直接呈現；當一切和而不流之際，則更見一大詩的精神之至樂，以有其全副精神之直接承擔。當一切怨而不怒之際，則更見一大詩的性情之至哀，以有其全副性情之直接流露。就此而言，說詩可以興，可以觀，可以羣，可以怨，那眞是澈上澈下語。

詩含神霧說：

「詩者，天地之心，君德之祖，百福之宗，萬物之戶也。刻之玉版，藏之金府，集微揆著。上統元黃，下序四始，羅列五際」。

又春秋說題辭云：

「詩者，天文之精，星辰之度，人心之操也」。

於此，如能眞正瞭然於詩可以興觀羣怨之義，則於上所謂「天地之心，君德之祖，百福之集，萬物之戶」，卽俱在此興觀羣怨之中。由此而以詩契合於「天文之精」，冥合於「星辰之度」，並從而作爲「人心之操」，亦正是應有之事。

第三講　思　無　邪

孔子在論語中稱：

「詩三百，一言以蔽之曰：思無邪。」

於此，朱子註稱：

「詩三百十一篇。言三百者，舉大數也。蔽，猶蓋也。思無邪，魯頌駉篇之辭。凡詩之言善者，可以感發人之善心；惡者，可以懲創人之逸志；其用歸於使人得性情之正而已。……」

要知：詩之用，「歸於使人得性情之正」；亦正會是：歸於使人得生命之光；又正會是：歸於使人得心靈之潔；還正會是：歸於使人得精神之純。由此而思無邪，則正是一個人的生命的直達，心靈的直顯，精神的直透，和性情的直流。

只有在生命的直達裏，才有生命的乾乾淨淨，那正如花瓣裏的清露。而一個人對着那花瓣裏的清露，也自然會思無邪。由此而澤潤着一個世界的思無邪，那也會是一直下來的事體。如此一直下來，便自樂而不淫。

只有在心靈的直顯裏，才有心靈的朗朗爽爽，那正如暗夜裏的燈光。而一個人對着那暗夜裏的燈光，也自然會思無邪。由此而照耀着一個人間的思無邪，那也會是一直下來的事體。如此一直下來，便自哀而不傷。

只有在精神的直透裏，才有精神的穆穆綿綿，那正如桃葉裏的蟬聲。而一個人對着那桃葉裏的蟬聲，也自然會思無邪。由此而通透着一個宇宙的思無邪，那也是一直下來的事體。如此一直下來，便自和而不流。

只有在性情的直流裏，才有性情的耿耿介介，那正如暴風雨裏的綠柏青松。而一個人對着那暴風雨的青松綠柏，也自然會思無邪。由此而感通着一個乾坤的思無邪，那也是一直下來的事體。如此一直下來，便自怨而不怒。

而在外方，則有如基督教義之所稱：

「對壓傷了的蘆葦，不要折斷；對點殘了的蠟燭，不要吹滅。」

似此所稱，自然也會是：思無邪。只不過：這究竟不是一直下來的事體。

要知：在那裏，對壓傷了的蘆葦，你要思之慘然；對點殘了的蠟燭，你要思之黯然。而在黯然慘然之中，你就很難說是哀而不傷，與夫怨而不怒了。

又在維摩詰經中有語稱：

「彼本無創，勿傷之也」。

似此所稱，自然也會是：思無邪。只不過這也究竟不是一直下來的事體。

要知：在那裏，對生長的不斷生長，你會思之暢然。對興起的不斷興起，你會思之欣然。而在欣然暢然之中，你就很難說是樂而不淫，與夫和而不流了。

只有眞正瞭解着一直下來的思無邪，你才可眞正瞭解着詩的心。只有眞正瞭解着詩的心，你才可眞正瞭解着詩的教。而詩教的四大原則，則正是樂而不淫，哀而不傷，和而不流，怨而不怒。只要符合了，便自然會温柔敦厚。

而由此温柔敦厚裏，亦儘可獲得詩的心；在此詩的心裏，亦儘可讓「思無邪」成一自然而然的事體，亦卽直下之事。

第四講　素以爲絢

論語載：

「子夏問曰：巧笑倩兮，美目盼兮，素以爲絢兮。何謂也？子曰：繪事後素。曰：禮後乎？子曰：起予者商也，始可與言詩已矣。」

在此等處，你儘可以看出詩的本質。只有很清楚看出了詩的本質，方會是「始可與言詩已矣」。「巧笑倩兮」，那在生命上會是純素，又會是白紙一張；在性情上會是純眞，又會是青絲一縷。「美目盼兮」，那在心靈上會是純明，又會是清光一派；在精神上會是純一，又會是晴空萬里。凡此生命的純素，性情的純眞，心靈的純明，精神的純一，會就是生命的本質，性情的本質，心靈的本質，精神的本質。而凡此生命的本質，性情的本質，心靈的本質，精神的本質，又都會是詩的本質。因此之故，在白紙一張之上，會有着詩；在青絲一縷之下，會有着詩；在清光一派之中，會有着詩；在晴空萬里之內，會有着詩。

質素是本有的，絢是後來的，繪事是後來的，禮也是後來的。於此如有所知，便於此卽有所悟。於此如有所悟，便於此卽有所起。而所謂「起予者，商也，」則更是一起一切起。那一方面會是風起雲湧，那一方面更會是雷雨之動滿盈。就如此興起了一個詩的世界。

只有在一個詩的世界裏，方能眞正見出生命的本質，見出性情的本質，見出心靈的本質，見出精神的本質。亦只有在生命的本質裏，在性情的本質裏，在心靈的本質裏，在精神的本質裏，方能眞正存在着一個詩的世界。

生命的本質，是生命的本根；性情的本質，是性情的本眞；心靈的本質，是心靈的本相；精神的本質，是精神的本原。而凡此質素，都會是本有的。因此之故，詩也會是本有的。

詩的生命是本有的；詩的性情是本有的；詩的心靈是本有的；詩的精神是本有的；由此而言，詩的世界，也是本有的。

如其「巧笑倩兮，美目盼兮，」是眞的在詩的領域之中，那「素以爲絢兮，」便必然會在詩的世界之內。如其「素以爲絢兮，」是眞的在詩的世界之內，那一切的「人文化成」，便也必然會在詩的天地之間。

由此以言詩的境界，那實是一種純素，純眞，純明，純一之境，那亦是一種簡單化到極點之境。由此以言詩的語言，那實是一種純素，純眞，純明，純一之言，那亦是一種簡單化到極點之言。而詩與禮之分，亦由此而至；詩與文之分，同樣是由此而至。

第五講　興於詩

論語載：

「子曰：興於詩，立於禮，成於樂。」

於此朱子註「興於詩」之語稱：

「詩本性情，有邪有正，其爲言既易知，而吟咏之間，抑揚反覆，其感人又易入。故學者之初，所以興起其好善惡惡之心，而不能自已者，必於此得之。」

只因詩的語言，是性情引發着性情的語言，所以是：「其爲言既易知」。只因詩的語言，是生命感奮着生命的語言，所以是：「其感人又易入」。由此心靈接觸着心靈，精神接觸着精神，而在詩的言語裏，更有心靈的相互滲透，更有精神的相互交通，便自可「興起好善惡惡之心，而不能自已」。

又程伊川云：

「興於詩者，吟咏性情，涵暢道德之中，而歆動之，有吾與點也氣象」。

所謂吾與點也氣象，會就是一大興起之象。那可以由一個人的興起，直到一個世界的興起。那興起的會是一番風雲；那興起的也正會是一個天地。那是吟咏於性情的天地中，那是涵暢於道德的世界內。因此之故，一興一切興，一起一切起。

而程明道則更云：

「學者不可不看詩，看詩使人長一格價」。

要知：這使人長一格價，會是長的如何一格價？看詩會使人如看月，在那裏，儘會是：

「分明一樣窗前月，纔有梅花便不同」。

而且在那裏，還儘會是：

「分明昨夜窗前月，曉來不是日頭紅」。

看詩還會使人如在竿頭上，在那裏，儘會是：

「竿頭絲線憑君弄，不犯清波意自殊」。

而且在那裏，還儘會是：

「丈夫自有冲天志，不向如來行處行」。

似此看詩如看月，並如在竿頭上的使人長一格價，那分明是由詩那裏，讓一個人的生命，一長而為一詩的生命；又讓一個人的性情，一長而為一詩的性情；更讓一個人的心靈，一長而為一詩的心靈；而且還讓一個人的精神，一長而為一詩的精神。

在詩的精神裏，有美，有眞，更有善。在詩的心靈裏，有美，有善，更有眞。在詩的生命裏，有眞，有善，更有美。而在詩的性情裏，有眞，有美，有善，更有神。因此之故，纔說吟咏性情，便就是涵暢道德之中；而纔說涵暢道德之中，亦就是吟咏性情。在那裏，道德與性情為一。而眞美善與神，亦復合而為一。那是一個全。在詩裏，你儘會有生命之全，你儘會有精神之全，你儘會有心靈之全，你儘會有性情之全。說在詩裏興起來，那正是在一大全裏興起來。詩如何能不使人長一格價？

必須先長一格價，以興於詩，方可以言立於禮。

必須繼長一格價，以立於禮，方可以言成於樂。

第六講　之、持、負、承。

因爲人的生命，人的性情，人的心靈，人的精神，都可以從詩裏興起來；所以人的生命，人的性情，人的心靈，人的精神，也都可以一齊到詩那裏去。

像這樣「一齊到詩那裏去」，會就是一齊到那「可以興，可以觀，可以羣，可以怨」的地方去，會就是一齊到那「思無邪」的地方去，會就是一齊到那「素以爲絢」的地方去。這也會就是一個人的「志」，而且還更會是一個人的眞正的唯一的志。這是一個人的純亦不了的志，這是一個人的于穆不已的志，這是一個人簡單化到極點的志。由此以言志，那正是所謂：

「志者，心之所之也」。

由此以言詩，那正是所謂：

「詩者，之也」。

在這裏，所謂：「心之所之」，所謂「之」，實在就是一個「嚮往」。那是熱情的嚮往，那又是眞理的嚮往。那是美妙的嚮往，那又是神聖的嚮往。英詩人華滋華斯說：

「詩是熱情感發於人心的眞理」。

似此所說的詩的定義，在外方雖是已到達了最高的境界，但就我們來說，所謂「詩者之也」，那實在還不僅僅是如此的一點「感發」；那實在是由熱情到眞理，又由美妙到神聖的一種「冷然善也」的行脚，或全部行程。而且正因爲如此，詩又轉而走向眞正的生命那裏去，走向眞正的性情那裏去，走向眞正的心靈那裏去，走向眞正的精神那裏去。在眞正的詩和眞正的生命之間，會有一往一來，會有一來一往。在眞正的詩和眞正的性情之間，會有一往一來，會有一來一往。同樣，在眞正的詩和眞正的心靈與眞正的精神之間，也會有一往一來，也會有一來一往。而似此一大來往，或一大來復，也正是所謂：

「詩者，之也」

只不過，在我國，在我們這裏，還不僅僅是「詩者之也」，或僅僅是如此的一大來往、一大來復。在詩緯含神霧裏還有言道：

「詩者，持也」。

以後孔穎達的毛詩正義，就引此說，認爲是：

「在於敦厚之教，自持其心，諷刺之道，可以扶持邦家者也」。

而劉勰文心雕龍明詩篇，更說道：

「詩者，持也。持人性情。三百之蔽，義歸無邪；持之爲訓，有符焉爾」。

在這裏，所謂「詩者持也」，會是由「自持其心」，「到扶持邦家」；自更會是由「持人性情」，到持人精神，持人生命。由此以成心靈之句，邦家之業；更由此以成性情之吟，精神之篇，生命之詠。這便使生命在詩那裏有了依傍，性情在詩那裏有了依傍；這亦使心靈在詩那裏有了依附，精神在詩那裏有了依附。而邦家亦復在詩那裏有了依靠。

只不過，在我們這裏，還不僅僅是「詩者持也」，或僅僅是如此的依傍，依附，和依靠。在禮記內則篇還說：

「詩，負之」。

此在鄭康成之註，則爲：

「詩之言，承也」。

又魏了翁的黃詩外集序，也引來說：

「情動於中，而言承之，故曰詩」。

似此所謂負、所謂承、或所謂擔負、所謂承當；那正會是負起一切，承接一切，或擔負一切，承當一切。而這一切：是生命的一切，也是性情的一切；是心靈的一切，也是精神的一切。但在外方，像英人華滋華斯所說，那只會：

「是知識的一切，是知識的靈魂與神氣」。

而來漢脱，則更說：

「詩是熱情對于眞美力的表白，它把它的概念具體化，以想像爲用；且把言語調協，使符合於多樣統一的音樂原理」。

如果詩僅僅是「知識的一切」，或僅僅是「熱情對於眞美力的表白」，那詩所負的，所承的，或所負擔的，所承當的，也就並不很多了。實則「詩之言，承也」，或「情動於中，而言承之」，在那裏，還會有着一大安頓。那會絕不只是安頓着一番言語，使其將概念具體化，以想像爲用，而又符音節。

那實在會有着：

1. 生命的一大詩的安頓，和詩的一大生命的安頓；
2. 性情的一大詩的安頓，和詩的一大性情的安頓；
3. 心靈的一大詩的安頓，和詩的一大心靈的安頓；

4. 精神的一大詩的安頓，和詩的一大精神的安頓。

在那裏，一安頓，便一切安頓；這正如一興起，就一切興起。那是：

由「之」，到「持」，到「負」，到「承」。

那亦是：

由詩與生命，性情，精神及心靈間的一大來往或來復，到一大依傍，依附或依靠；再到一大擔負或承當。

蓋必如此，方是詩義之全。

第七講　詩的語言

在我國，因爲「詩言志」，因爲「詩，之也」，所以詩的語言，就必然會是最深入的，又是最凌空的語言，而且更會是有其向上一機之言。

在我國，因爲「詩者，持也」，因爲詩是「持人性情」，所以詩的語言，還必然會是最持重的，又是最切近的一種語言，而且更會是有其契合無間之言。

在我國，因爲「詩，負之」，因爲「詩之言，承也」，所以詩的語言，也必然會是最可以見出肝膽，見出血淚，見出心胸，同時又必然會是最調和，最統一，最簡易，最純眞的一種語言。而且在那裏，更會是必然有其直上直下，覿體承當之言。

宋人嚴羽在其滄浪詩話詩辯中稱：

「詩者，吟咏性情也，盛唐諸人惟在興趣，羚羊掛角，無跡可求，故其妙處，透徹玲瓏，不可湊泊，如空中之音，相中之色，水中之月，鏡中之象，言有盡而意無窮。近代諸公，乃作奇特會解，遂以文字爲詩，以才學爲詩，以議論爲詩。夫豈不工，終非古人之詩也，蓋於一唱三歎之音，有所歉焉」。

在我國，唐代是一個詩的時代，在那裏，有眞的詩，自然有眞的詩的語言。在那裏，有眞的詩的語言，自然有眞的詩。只因其是如「空中之音」，所以那會是：最深入的，又會是最凌空的！只因其是如「相中之色」，所以那會是：最持重的，又會是最切近的。只因其是如「水中之月，鏡中之象」，所以那會是：最調和的，最統一的，又會是最簡易的，最純眞的。在那裏，「吟咏性情」，所以見出肝膽；在那裏，歌頌生命，所以見出血淚。在那裏，透露着全副的精神，和整個心靈，所以見出心胸，和心胸的永恆與無限。由此而「羚羊掛角，無跡可求」，便必然會有其向上一機。由此而「透徹玲瓏，不可湊泊」，便必然會有其契合無間。由此而不以文字爲詩，不以才學爲詩，不以議論爲詩，便必然會有其直上直下，覿體承當。到這裏，一提到詩的語言，又如何能不「一唱三歎」。

在外方，如來漢特之所云，詩的語言，竟只是「且把言語調協，使符合於『多樣統一』的音樂原理」，這從我們看來，又如何可以足夠？

於此，嚴羽在其滄浪詩話詩辯中復稱：

「詩之極致有一，曰入神。詩而入神，至矣，盡矣，蔑以加矣」。

由此而論，則詩的佳句，自會是神來之筆；詩的語言，自然亦會是神來之言。而所謂神來之筆，實亦不過是天籟；所謂神來之言，實亦不過是心語。但在這裏，仍只有眞能「情動於中，以言承之」者，始足以語此；仍只有眞能「持其性情」者，始足以語此；仍只有眞能言其志者，始足以語此。

第八講　詩　人

歐陽修在六一詩話裏，稱：

「聖俞子美，齊名於一時，而二家詩體特異。子美筆力豪儁，以超邁橫絕爲奇；聖俞覃思精微，以深遠閑淡爲意；各極其長。雖善論者，不能優劣也。余嘗於水谷夜行詩，略道其一二云：子美氣尤雄，萬竅號一噫；有時肆顚狂，醉墨灑滂霈。譬如千里馬，已發不可殺；盈前盡珠璣，一一難揀汰。梅翁事清切，石齒漱寒瀨；作詩三十年，視我猶後輩。文辭愈精新，心意雖老大；有如妖韶女，老自有餘態。近詩尤古硬，咀嚼苦難嘬；又如食橄欖，眞味久愈在。蘇豪以氣轢，舉世徒驚駭；梅窮獨我知，古貨今難賣。語雖非工，謂粗得其髣髴，然不能優劣之也」。

於此，我們若僅僅是表面論詩，當「不能優劣之」，且亦不必優劣之。然若就詩人本質以論，則詩人梅聖俞分明是在蘇子美之上；而蘇子美則無寧說是近似詩人。

二十餘年前，我有一友人張悖言先生，與熊馬諸老先生俱善，曾爲我論唐詩人李白杜甫，並曾爲「詩人與詞人」一文，說惟有杜甫是詩人，而李白則爲詞人。其文甚簡，且不久之後，他便逝世了。今猶憶其言，實時常覺得他別具隻眼，言人之所不言，道人之所不道。而歐陽修之所以不能優劣梅蘇，當亦爲在此等處，未能看進去，而加以透視之。

就李白杜甫二人而言，李白是才華自顯，而杜甫則是性情見稱。爲詩固須有詩才，然詩的本質，終別有所在。若欠缺其詩的性情，詩的生命，詩的心靈，詩的精神，而只肆其筆力；或屈曲其詩的性情，詩的生命，詩的心靈，詩的精神，而只呈其詩才；則大都是不歸於文人之羣，卽歸於詞人之列。

嚴羽於其詩辯中稱：

「孟襄陽學力下韓退之遠甚，而其詩獨出退之之上者，一味妙悟而已——惟悟乃爲當行，乃爲本色。」

於此所謂悟，所謂妙悟，實惟深於性情者能之，實惟富於生命者能之，實惟有其靈感之心靈者能之，實惟具備其超越之精神者能之。這不僅與學力無關，這亦與才力無關。韓退之有其學力，並儘有其筆力，然其學力與筆力，終只能助其爲文人，而以詩爲餘事。歐陽修在其所著六一詩話中云：

「退之筆力，無施不可，而嘗以詩爲文章末事，故其詩曰：多情懷酒伴，餘事作詩人也」。

文人固可以爲詩，但畢竟是文人之詩。如退之之詩，雖一如歐陽修在其所著六一詩話中之所言：

「然其資談笑，助諧謔，敘人情，狀物態，一寓於詩，而曲盡其妙，此在雄文大手，固不足論，而予獨愛其工於用韻也」。

但此所謂「曲盡其妙」，畢竟是以文爲詩。其所謂「工於用韻」，只是由於學力。而所謂「資談笑，助諧謔，敘人情，狀物態，一寓於詩」，則更只是一種筆力。此與詩無關，亦與詩才無關。所以只能是「雄文大手」。

本此以論李白杜甫，則李白就正如莊子大宗師篇中之所云：

『夫卜梁倚有聖人之才，而無聖人之道』。

要知：李白的詩才，原可以使李白成爲詩聖，但他畢竟不足以語此，而終只能成一所謂詩仙，那就是由於他無「聖人之道」。而就詩以論，此聖人之道，亦無非是詩的性情，詩的生命，詩的心靈，詩的精神，而能具備得十全十足，不折不扣。當有一點折扣，而求以其才華去補充之際，便卽降而爲「

仙」。而其詩，就只能是詞人之詩。此固亦可「曲盡其妙」，但畢竟是詞人之妙，飄飄欲仙而已。

又本此以論歐陽修所提及的蘇子美與梅聖俞，則蘇子美的「筆力豪儁，以超邁橫絕爲奇」，固儘可以「醉墨灑滂霈」，以有行文之妙；固亦儘可以「盈前盡珠璣」，以有詞句之美；但亦畢竟是只能使「舉世徒驚駭」，而無寧說是僅有其近似詩人之格。此蓋因人之學力，可以助人爲文人；人之筆力，可以助人爲詞人；但終不必即可助人爲一眞正而偉大之詩人。反之，像梅聖俞之「覃思精微，以深遠閑淡爲意」，卻儘可助人有其詩意。而其「石齒漱寒瀨」，與夫「咀嚼苦難嘬」，以致終於能夠「眞味久愈在」，更儘可助人長其詩格。此固可以是「古貨今難賣」，但亦畢竟因其如此，而反可以擠入於詩人之列。

更本此以論其他，則在我國，大唐以前，實多詩作，亦多詩人。而杜甫眞不愧爲詩中之聖。詩人由兩漢魏晉南北朝以來，經隋至唐，實已完成其一大詩的國度。同時，漢唐之盛世，與此亦未始無關。然自大唐以後，詞既繼詩以出，曲更繼詞以出。時至今日，更有所謂「新詩」，而其是否能繼曲以出，有其新姿，則至難說。於此，李白實爲以詞人之姿態，作爲開端之一人，以開其風氣。其後詞人輩出，世亦日衰。彼蘇東坡，袁中郎，王漁洋，袁隨園等，固皆只能歸於詞人之列，與夫文人之流。由此以言詩的國度之復興，則誠有賴於眞正的新的詩人之輩出。

第九講　詩的三義

梁鍾嶸詩品序稱：

「故詩有三義：一曰興，二曰比，三曰賦。文已盡而意有餘，興也；因物喻志，比也；直書其事，寓言寫物，賦也。弘斯三義，酌而用之，幹之以風力，潤之以丹彩，使味之者無極，聞之者動心，是詩之至也。若專用比興，則患在意深，意深則詞躓。若但用賦體，則患在意浮，意浮則文散，嬉成流移，文無止泊，有蕪漫之累矣」。

惟此所謂詩之至，會有詩人的詩之至，亦會有詞人的詩之至，還會有文人的詩之至。在文人的詩之至中，賦每重於比興。在詞人的詩之至中，比每重於興賦；而在詩人的詩之至中，則興實應重於賦比。且亦由此以構成眞正中國詩人之詩的特色，而確實有異乎外方詩人之詩，尤其是有異乎歐美詩人之詩。

在我們，詩「可以興」，那是眞正詩人之詩的「可以興」。

在我們，「興於詩」，那是興於眞正的詩人之詩。

蓋必如此，方眞會是一興起，就一切興起。那可以由一個詩的興起，到一個人的興起；那又可以由一個人的興起，到一個國度的興起；那還可以由一個國度的興起，到一個世界的興起。而在那個興起的世界內，更會如齊已在風騷旨格中所稱之「興」，那就是：

「水諳彭澤濶，山憶武陵深」。

而文人之詩，與夫詞人之詩，則誠不足以語於此中之「興」。王昭禹在周禮訂義中關於周官大師敎六詩之旨稱：

「以其感發而比之，謂之興。」

又鄭康成謂「興」爲：

「取善事以勸諭之」。

此實未如何盡「興」之義。詩大序稱：

「……故正得失，動天地，感鬼神，莫近於詩。先王以是經夫婦，成孝敬，厚人倫，美敎化，移風俗」。

其所以能如此，固皆由於詩中之「興」。在那裏，會興起着整個心靈，所以就儘可以「正得失，動天地」。在那裏，又會興起着整個生命，所以就儘可以「感鬼神，經夫婦」。在那裏，更會興起着全副性情，所以就儘可以「成孝敬，厚人倫」。在那裏，還會興起着全副精神，所以就儘可以「美敎化，移風俗」。

劉勰在文心雕龍比興篇中稱：

「興者，起也」。

又說道：

「起情故興體以立」。

似此所說之情，那會是人我之情，亦正會是天地之情。在那裏，會儘有其天淸地寧。在那裏，亦會儘有其心安理得。由此而至之詩篇，既已建基於興體；由此而至之詩人，便自不流於瘋狂。柏拉圖在其對話錄的Phaedrus 一篇中說狂人有四種，詩人乃其一。又莎士比亞在其「仲夏夜之夢」劇中一詩內，亦將瘋人與詩人及情人同列。凡此固皆因不識詩在興體中，與夫詩人在「興」義中的清明性和理想性之所致。

劉勰復稱：

「夫興之托喻，婉而成章，稱名也小，取類也大。關雎有別，故后妃方德；尸鳩貞一，故夫人貞義。義取其貞，無從於鷙禽；德貴其別，不嫌於鷙鳥。明而未融，故發注而後見也」。

只因「興」之「稱名也小，取類也大」，故其義亦極大，由此而有其無窮之想像，亦由此而有其無窮之感悟。有的會是「發注而後見」，但通常又儘會一望而卽知。只不過在時勢的推移下，人類總常常會如劉勰之所云：

「日用乎比，月忘乎興，習小而棄大」。

由此而有「炎漢雖盛，而辭人夸毘」（亦劉勰文心雕龍語）；亦由此而有以後愈來愈多的詞人之詩，更由此而有以後愈來愈盛的文人之詩。那很難會「文已盡而意有餘」。故雖「幹之以風力」，但終不能「使味之者無極」；又雖「潤之以丹彩」，但終不能使「聞之者動心」。實則，詩之大患，不在「意深」，而在「意浮」。彼文人之詩，與夫詞人之詩，雖有其至，亦終會是不免於：

「嬉成流移，文無止泊，有蕪漫之累矣」。

第十講　想像，感悟與靈感

在我國眞正詩人之詩中，興之爲義極大。此乃一方面可由「興」那裏，興起無窮的想像，一方面又可由「興」那裏，興起無窮的感悟。本此而言，想像與感悟，就不能不成爲中國詩之兩大要素。此與外方之所謂靈感（Inspiration）固有其可以配合之點，但終不致如齊己風騷旨格中之所稱：

「風和日暖方開眼，雨潤煙濃不擧頭」。

因此外方之詩，卽使全憑其所謂靈感，亦似只能落到「賦」上面。就中如意大利之但丁神曲，因特富其想像，或可作爲一個例外。彼在外方被稱爲最偉大的兩位詩人，一位是但丁，另一位是歌德；如就我們的尺度而論，則但丁雖可與杜甫類似，能屬一眞正的詩人，但歌德則卽不免如李白一樣，終須歸於詞人之列。英國之拜倫，亦復如是，而其詩，亦只能歸於詞人之詩，僅特富其靈感而已。然其浪漫諦克（Romantic）之情調的特色，竟終被作爲西方之詩的主流。且彼西方之詩的精彩，亦只能由此以顯之。此使外方之論詩者，更特重其所謂「靈感」。

說到詩的想像，在外方固亦極馳其想像於詩的領域之中，惟彼所馳之想像，總似乎不是如明人所說之「情識而肆」，便是如明人所說之「虛玄而蕩」。且每認此，卽爲靈感，或由靈感而至。實則，此乃其才華之所顯，而非其性情之所參。

但在我們這裏，如照美國心理家學萊雅（Wilprid Lay）分析湯尼蓀氏與白朗寧氏之詩的分法，以分析杜甫或白居易之詩，則在杜甫秦州雜詩二十首中，其屬於視覺想像者凡六十三，屬於聽覺想像者凡二十一，屬於觸覺想像者凡三，屬於氣候想像者凡二。又在白居易琵琶行中，計其聽覺想像凡五十一，視覺想像凡十五，味覺想像凡五，觸覺想像凡三。氣候想像亦爲三。若用此同樣方法，以分析屈原之離騷，則其想像力之豐富瑰偉，實有如梁任公之所云：「在世界上文學作品中，除了但丁神曲而外，恐怕還沒有幾家夠得上比較哩」！

只不過在中國眞正詩人之詩中，除其想像力之豐富瑰偉以外，更儘有其在想像中之「其理昭然」和「其事的然」，而絕非「情識而肆」與夫「虛玄而蕩」。葉燮原詩稱：

「今試舉杜甫集中一二名句，爲子析而剖之，以見其概可乎？如「元元皇帝廟」作「碧瓦初寒外」句，逐字論之：言乎外，與內爲界也；初寒何物？可以內外界乎？將碧瓦之外無初寒乎？寒者，天地之氣也；是氣也，宇宙之內，無處不充塞，而碧瓦獨居其外，寒氣獨盤踞於碧瓦之內乎？寒而曰初，將嚴寒或不如是者乎？初寒無象無形，碧瓦有物有質，合虛實而分內外，吾不知其寫碧瓦乎？寫初寒乎？寫遠乎？使必以理而實諸事以解之，雖稷下談天之辨，恐至此亦窮矣。然設身以處當時之境會，覺此五字之情景，恍如天造地設，呈於象，感於目，會於心；意中之言，而口不能言；口能言之，而意又不可解：劃然示我以默會相象之表，竟若有內有外，有寒有初寒，特借碧瓦一實相發之：有中間，有邊際，虛實相成，有無相立，取之當前而自得，其理昭然，其事的然也……」

似此「呈於象，感於目，會於心」，會正是說明着：詩由「興」那裏來，所以詩才可以興；只因詩可以興，所以人才興於詩，所以一切才興於詩。而似此所謂想像，則分明會是靈感裏的想像，更會是感悟裏的想像。

其「意中之言，而口不能言」，那是由於在靈[illegible]之上；其「口能言之，而意又不可解」，那是由於在感悟之中。而其「虛實相成，有無相立」，則全是由於在一無窮想像中的昭然與的然之內。

再說到詩的感悟，則在我國詩中，自無非是性情上的感悟，自無非是生命上的感悟，自無非是心靈上的感悟，自無非是精神上的感悟。此等感悟，在我國以前，多歸之於所謂襟抱，及所謂學識。沈德潛說詩晬語稱：

「有第一等襟抱，第一等學識，斯有第一等眞詩：如太空之中，不着一點；如星宿之海，萬源湧至；如膏土既厚，春雷一動，萬物發生…」

似此所謂襟抱，當然離不開一個人的性情上的感悟；似此所謂學識，亦當然離不開一個人的心靈上的感悟。

亦有歸之於所謂「行略」者，此在徐增而菴詩話中，即有語稱：

「詩乃人之行略，人高則詩亦高，人俗則詩亦俗；一字不可掩飾，見詩如見其人」。

似此所謂「行略」，自亦由於一個人在生命上，眞正有所感悟而來。

尤有歸之於所謂「意」者，此在吳可藏海詩話中，即有語如次：

「凡裝點者，好在外，初讀之，似好。再三讀之，則無味。要當以意爲主……」

似此所謂以意爲主，實無寧說是以感悟爲主。必須眞有其精神上的感悟，方眞能有其詩篇中的眞意。似此眞意，那眞會是「欲辯已忘言」。而近人言詩，因受外方的影響，則每歸之於所謂「思想」，且每將「思想」二字，概括我國以前所稱之意，所稱之思，或所稱之氣象與才質等等，此殊不當。

由今言之，詩在今日，會眞如劉勰文心雕龍明詩篇中之所云：

「詩刺道喪，故興義銷亡」。

而欲詩之興義復振，則仍須有賴於一個詩人之無窮的想像的興起，和無窮的感悟之興起。並從而配合外方詩中之所謂靈感。

第十一講　鍾嶸評詩用語

鍾嶸詩品乃我國第一部詩評專書，其評詩用語有如：

一、辭旨清捷，怨深文綺——評班婕妤團扇詩；
二、骨氣奇高，詞彩華茂——評曹植詩；
三、眞骨凌霜，高風跨俗——評劉楨詩；
四、言在耳目之內，情寄八荒之表——評阮籍詠懷詩；
五、才高辭贍，擧體華美——評陸機詩；
六、詞彩葱蒨，音韻鏗鏘，使人味之，亹亹不倦——評張協詩；
七、文典以怨，頗爲精切，得諷諭之致——評左思詩；
八、麗典新聲，絡繹奔會——評謝靈運詩；
九、文體省靜，殆無長語；篤意眞古，辭興婉愜——評陶潛詩；
十、體裁綺密，情喻淵深——評顏延之詩；
十一、范詩清便宛轉，如流風迴雪；丘詩點綴暎媚，似落花依草——評范雲與丘遲詩；
十二、猗猗清潤——評江祐詩。

凡此種種評詩之用語，照鍾嶸個人所定之上中下三品而論，由一至八項之類者，乃屬於上品。此卽由班姬至謝靈運等人之詩，被置諸上品。由九至十一項之類者，乃屬於中品。此卽陶潛顏延之范雲丘遲等人之詩，皆被列於中品。若十二項之評江祐詩，則卽歸於第三品之內。

於此，鍾嶸所用之詩的評語，固皆爲就詩的風格（Styles）以立言。其所謂「辭旨清捷，怨深文綺」，所謂「詞彩葱蒨，音韻鏗鏘……」，所謂「清便宛轉……點綴暎媚……」，以及所謂「猗猗清潤」等，在詩的風格中，都是屬於清麗一格。只不過在清麗之中，有的怨深，有的宛轉，有的鏗鏘，有的暎媚。因彼此在人生上之感受，各各不同，所以在清麗上的表現，亦不一樣，惟總不失爲清麗之一格。在此清麗之一格中，所表現之美，雖有程度之不同，但總不失爲優美之一種。至鍾嶸所謂「骨氣奇高，詞彩華茂」，所謂「眞骨凌霜，高風跨俗」，所謂「才高辭贍，舉體華美」，以及所謂「言在耳目之內，情寄八方之表」等等，在詩的風格中，都是屬於高曠之一格。只不過在高曠之中，有的華茂，有的辭贍，有的「眞骨凌霜」，有的「情寄八荒之表」。此亦因彼此在人生上之感受，各各不同，所以在高曠上之表現，亦不一樣，惟總不失其爲高曠之一格。在此高曠之一格中，所表現之美，雖亦略有其壯美之成分，但仍畢竟爲優美之一種。此所以唐李白會有「自從建安來，綺麗不足珍」之語。若夫所謂「文典以怨，頗爲精切」，所謂「麗典新聲，絡繹奔會」，與所謂「體裁綺密，情喻淵深」等，在詩的風格中，實屬於精潔之一格。此精潔之一格，雖頗類似清麗之風格，惟更饒其古典之風味。而其所表現之詩的優美，自李白視之，自仍會是「綺麗不足珍」。

只不過詩的優美，亦儘會在所謂「綺麗」二字之上。若以綺麗二字，概括清麗高曠之風，與夫精潔之格，此則甚爲不當。從美學上說，壯美與優美，同屬於美的領域，儘會是睽而志通。而李白所嚮往之詩的壯美，固不必能在詩的優美以上。杜甫稱「庾信文章老更成」，楊愼丹鉛總錄論云：

「庾信之詩爲梁之冠冕，啟唐之先鞭。唐史評其詩曰「綺豔」，杜子美（甫）稱之曰「清新」，又曰「老成」，綺艷清新，人皆知之，而其老成，獨子美能發其妙。……」

而所謂詩的優美，實由綺艷，清新，而至老成，方可以幾於其圓成之境。而似此詩的優美，到達其圓成之境，正是所謂「詩的美」之極致。

在詩的美之極致中，以言詩的形式那就必然會：

「文體省靜，殆無長語」。

又在詩的美之極致中，以言詩的內容，那亦就必然會是：

「篤意眞古，辭興婉愜。」

似此「省靜」，自然會在所謂「清新」之上。似此「婉愜」，更自然會在所謂「綺艷」之上。似此「眞古」，亦自然會在所謂「老成」之上。在那裏，會儘有其淸麗；在那裏，會儘有其高曠；在那裏，更會儘有其精潔。那一方面，會是詩的美之極致；那一方面，亦會是詩的美之完成。

本此以言鍾嶸對陶潛詩之批評用語，實至堪玩味。其所謂「文體省靜，殆無長語……」，會分明指出了一種眞正詩人之詩的圓成境界。那實在會是詩的極品，正不知何故反列於中品？

又如評江祐詩爲「猗猗淸潤」，實則江祐之詩，果眞能淸而且潤，又屬猗猗，便卽應在詩的淸麗風格中，佔其崇高之地位，而特顯其詩的優美之境界。若不足以言此境界，卽亦不足引「淸潤猗猗」四字以評之。

因此之故，對於詩的風格，加以品評時，其品評用語是一會事，而强分等第，實在又是一回事。且詩之風格，各各不同；其不同之處，自不必卽爲其優劣之處。譬如「綺麗」，謂之「不足珍」，固無不可。惟詩中旣有此一格，亦且不應少此一格，則謂之足珍，又有何不可？

第十二講　劉勰贊詩

劉彥和在其所著文心雕龍明詩篇中贊詩云：

「民生而志，歌詠所含；興發皇世，風流二南。神理共契，政序相參；英華彌縟，萬代永耽」。

在這裏，「民生而志，歌詠所含」，就分明指出了每一個人的生命，每一個人的性情，每一個人的心靈，每一個人的精神，都爲詩之所從出，亦爲詩之所從入。由此而「興發皇世，風流二南」，便如孔子之所言：

「人而不爲周南召南，其猶正墻面而立乎」？

要知：任何人一到「正墻面而立」，那便會無從出，亦儘會無從入。那便會無法通行，亦儘會一切阻隔。那不會有風之流，那不會有神之化。否則，便卽由「興」而詩，由詩而興；詩既可以興，卽一切興於詩。於是從詩那裏出，便卽爲神；那是出神。於是從詩那裏入，便卽爲理；那是入理。似此出神入理，便卽爲「神理共契」。由此而「政序相參」，便是所謂風流神化。而似此由詩到神，正是詩之所以不朽，亦卽詩之所以「英華彌縟，萬代永耽」！

少陵詩云：

「或看翡翠蘭苕上，未掣鯨魚碧海中」。

要知：詩是蘭苕翡翠，詩亦是碧海鯨魚。必合此翡翠蘭苕與鯨魚碧海，方眞會是「英華彌縟，萬代永耽」，以歸於詩的不朽。孔子曰：

「不學詩，無以言」。

然「民生而志」，亦必然會民生而言。同樣，民生而言，亦必然會民生而吟。所以劉勰在文心雕龍明詩篇中，又接着說道：

「人稟七情，應物斯感，感物吟志，莫非自然」。

此所謂「莫非自然」，會就是人的生命，本來如此；人的性情，本來如此；人的心靈，本來如此；人的精神，本來如此。在這裏，一切會如風之流，一切會如神之化。到這裏，不學詩，自然無以言。而一能有言，卽終歸不朽。此詩之所以是：「英華彌褥，萬代永耽」！

由此而論，則泰初有道，便卽泰初有言；泰初有言，便卽泰初有詩。此所以詩道至大。

正因爲詩道至大，所以詩亦最難。彥和云：

「詩有恆裁，思無定位」。（見明詩篇）

此「思無定位」之思，是說詩思。在這裏，在生命之底，在性情之際，都觸及詩思；但此詩思，終無定位。詩最難爲，此爲一因。又彥和云：

「隨性適分，鮮能圓通」。（亦明詩篇中語）

此「鮮能圓通」之體，是說詩體。在這裏，在心靈之內，在精神之上，皆有關詩體；但此詩體，終鮮圓通。詩最難爲，此又爲一因。

實則，詩思無窮，詩體亦復無窮。在無窮之詩思與詩體中，若能有其定位，又有其圓通，便卽爲詩道之成。亦必如此，方能眞正是：

「英華彌褥，萬代永耽」。

第十三講　池塘生春草

謝靈運詩在鍾嶸詩品一書中，被置於上品，高出於淵明。鍾嶸云：

「宋臨川太守謝靈運詩，其源出於陳思，雜有景純之體，故尙巧似，而逸蕩過之，頗以繁蕪爲累。嶸謂若人興，多才高博，寓目輒書；內無乏思，外無遺物；其繁富宜哉。然名章迥句，處處間起；麗典新聲，絡繹奔會：譬猶青松之拔灌木，白玉之暎塵沙，未足貶其高潔也。」

在此所謂「名章迥句，處處間起」，其最爲人所稱道者爲：

一、淸暉能娛人，遊子澹忘歸；

二、池塘生春草，園柳變鳴禽。

他如「明月照積雪」，亦爲人所亟稱；惟其中尤爲人所稱道者，則爲「池塘生春草」之句。

據謝氏家錄云：

「康樂每對惠連，輒得佳語。後在永嘉西堂，思詩竟日不就，寤寐間，忽見惠連，即成池塘生春草，故常云：此語有神助，非吾語也」。

謝惠連小於謝康樂（靈運）。據鍾嶸詩品稱：

「小謝才思富捷，恨其蘭玉夙凋，故長轡未騁。秋懷搗衣之作，雖復靈運銳思，亦何以加焉？又工爲綺麗歌謠，風人第一」。

由此以言「康樂每對惠連，輒得佳語」，正有如莊子之對惠施，而以惠施爲「郢人之堊漫其鼻端若蠅翼」者，遂使彼得以爲質。此正所謂天才面對天才，靈感引發靈感。彼謝康樂之夢惠運，會由於神思；則「池塘生春草」之語，自亦會由於神助。論者不察，竟有以康樂平日喜愛惠連，故作此言，以作解釋者，此何能解？

嚴羽滄浪詩話有言云：

「晉以還，方有佳句，如淵明採菊東籬下，悠然見南山，謝靈運池塘生春草之類。謝所以不及陶者，康樂之詩精工，淵明之詩，質而自然耳」。

關於淵明之「採菊東籬下，悠然見南山」句，我曾在拙著中國文學論略中國田園詩的精神篇裏，詳予解釋。此誠如儀卿所言，確是質而自然。惟「池塘生春草」語之所以卓絕，究亦在此「質而自然」之處，而非由於「精工」。康樂他詩之精工，與此「池塘生春草」之質而自然，固不必相混。宋僧惠洪冷齋夜話載李元膺，謂人所極稱道之池塘生春草語，經「反覆觀此句，未有過人處」。且謂「古今佳句，在此一聯之上者尚多」。此乃因他未能深究此「質而自然」之義。

又明人胡應麟詩藪稱：

「池塘生春草，不必苦謂佳，亦不必謂不佳。靈運諸佳句，多出深思苦索，如淸暉能娛人之類，雖非鍛鍊而成，要皆眞積所致；此却率然信口，故自謂奇。至明月照積雪，風神頗乏，音調未諧。鍾氏云云，本以破除事障，世便喧傳以爲警絕，吾不敢知」。

此則又以「率然信口，故自謂奇」，爲所謂「質而自然」。實則，兩者之間，距離至大，絕不可混爲一談。若「池塘生春草」語，眞如詩藪所稱，只是「率然信口，故自謂奇」，便卽不能謂佳，而直可謂爲不佳。冷齋夜話從奇妙處去看池塘生春草語，所以終不見是處。而詩藪竟反以康樂爲「率然信口故自謂奇」，此皆有誤。此誠如石林詩話所云：

「世爹不解此語爲工，蓋欲以奇求之耳」。

詩品又載：

「初，錢塘杜明師夜夢東南有人來，入其館。是夕卽靈運生於會稽。旬日而謝玄亡。其家以子孫難得，送靈運於杜治養之。十五方還都，故名客兒」。

於此當知客兒之生命，會正如池塘之生春草，因此之故，就不能不說那「池塘生春草」之句，正會是生命之句。而生命之句，總會是質而自然。

又客兒「每對惠連，輒得佳語」，而在寤寐之間，又忽然見到惠連，那分明會是性情所至。在性情所至之際，忽有「池塘生春草」之語，那分明會是性情之言。似此性情之言，亦會是質而自然。

此外，在「池塘生春草」之中，所見到的難道就僅僅是春草嗎？要是沒有淸楚地任宇宙心靈相印證，便卽無由有此心靈之語。而心靈之語，又自會是質而自然。

同樣，在「池塘生春草」之上，所觸及的難道就僅僅是春草嗎？要是沒有爽朗地與天地精神相往來，便卽不能有此精神之顯。而精神之顯，更自會是質而自然。

因此之故，一說到池塘生春草，在人世間，會是如何的質而自然？便分明指出了池塘生春草，在詩辭中，會是如何的神思神助？那會只是生命之句，只是心靈之語，只是性情之言，只是精神之顯。所以謝靈運才說道：

「非吾語也」。

但在這裏，在這池塘生春草裏，由「興」到詩，又由詩到興，其令人興於詩者，又畢竟是康樂之語。

第十四講　釋皎然的十九字

釋皎然在其詩式中曾稱：

「夫詩人之詩初發，取境偏高，則一首舉體便高；取境偏逸，則一首舉體便逸。才性（一作情性）等字亦然，故各歸功一字偏高偏逸之例，直於詩體篇目風貌，不妨一字之下，風律外彰，體德內蘊，如車之有轂，衆輻出焉。其一十九字，括文章體德風味盡矣」。

於此，釋皎然之所謂「括文章體德風味盡矣」，實就是概括詩的一切風格（Styles）。其所謂之十九字，是：

一、高；　二、逸；　三、貞；　四、忠；　五、節；　六、志；　七、氣；
八、情；　九、思；　十、德；　一一、誠；　一二、閒；　一三、達；　一四、悲；
一五、怨；　一六、意；　一七、力；　一八、靜；　一九、遠。

似此所說之種種詩的風格，照釋皎然自己的解釋，乃是：風韻切暢爲高，體格閒放爲逸，放詞正直爲貞，臨危不變爲忠，持節不改爲節，立性不改爲志，風情耿耿爲氣，緣境不盡爲情，氣多含蓄爲思，詞溫而正爲德，檢束防閑爲誠，性情疎野爲閒，心迹曠涎爲達，傷甚爲悲，詞理凄切爲怨，立言爲意，體裁勁健爲力。而所謂靜，則是：

「非如松風不動，林狖未鳴，乃謂意中之靜」。

又所謂遠，則是：

「非謂淼淼望水，杳杳看山，乃謂意中之遠」。

凡此所言，實皆為尅就人之性情，以言詩之風格。惟人之性情，細分之，可至無限，固未必能括之以十九字；類別之，亦可從簡，固不必須盡用此十九字。茲姑將此十九字，類別為三，此卽：

（一）第一類：一、高；三、貞；四、忠；五、節；六、志；一〇、德；一一、誠。

（二）第二類：七、氣；八、情；一四、怨；一五、悲；一六、意；一七、力。

（三）第三類：二、逸；九、思；一二、閒；一三、達；一八、靜；一九、遠。

在第一類之七字中，我人可以概之以志字，或德字。此乃是屬於人之情志，或是屬於人的德性。在第二類之六字中，我人可以概之以情字，或氣字，此乃是屬於人之情意，或是屬於人的氣概。在第三類之六字中，我人可以概之以思字，或達字。此乃是屬於人之情思，或是屬於人的達識。凡此情志，情意與情思之所顯，固皆為人的性情之光輝。而德性，氣概與達識，亦皆應納之於性情之內。由此發而為詩，則成詩的風格。其取境偏於情志，或德性者，則為言志之詩，或顯其德性之詩。其取境偏於情意，或氣概者，則為抒情之詩，或見其氣概之詩。其取境偏於情思，或達識者，則為玄思之詩，或有其達識之詩。

詩富玄思，並有達識，此在外方，則為具備其阿婆羅（Apollo-太陽神）之精神，有其阿婆羅之風格，或古典之風格。而在我國，則或為田園之句，或為山林之叶，或為達者之詩，以有其逸致，或有其道味，或有其玄風。

詩善抒情，並見其氣概，此在外方，則為具備其狄恩休士（Dianysus酒神）之精神，有其狄恩休士之風格，或浪漫諦克之風格。而在我國，則或為悼亡之句，或為感懷之作，或為騷人之詩，以有其淚，或有其血，或有其血淚之交流與齊下。

詩主言志，並顯其德性，此在外方，實爲阿婆羅精神與狄思休士精神之一更高的綜合與統一，直至今日，似猶無此一種詩的風格之出現。而在我國，則此風格，或在田園，或在山林，或在廊廟，或在窮荒，要皆爲儒者之詩，以有其高明，或有其博厚，或有其悠久無疆。且在那裏，會足以有臨，足以有容，足以有執，足以有敬，足以有別，而別於一切之詩的風格。

第十五講　齊己之二十式

唐僧齊己在其所撰之風騷旨格中，稱詩有二十式，其名稱爲：

「一曰出入，二曰高逸，三曰出塵，四曰迴避，五曰抃行，六曰艱難，七曰達時，八曰度量，九曰失時，十曰靜興，十一曰知時，十二曰暗會，十三曰直擬，十四曰返本，十五曰功勳，十六曰拋擲，十七曰背非，十八曰進退，十九曰禮義，二十曰兀坐。」

似此齊己所稱之詩有二十式，實亦爲詩之二十種風格。其所謂出入之一種詩的風格，據其以詩所描述之語，乃是：

「雨漲花爭出，雲空月半生」。

這無異是說：詩之奔放。又其以詩描述之出塵詩式爲：

「逍遙非俗趣，楊柳謾春風」。

此則無異是說：詩的清麗之風格。其他如以「鳥正啼隋柳，人須入楚山」，爲所謂「迴避」之詩式，但亦似儘可謂之爲迂遠之風格。如以「終夜冥心坐，諸峯叫月猿」，爲所謂「抃行」之詩式，亦不妨謂之爲玄默之風格。如以「覓句如探虎，逢知似得仙」，爲所謂「艱難」之詩式，究亦可謂之爲「沉重」之風格。如以「高松飄雨雪，一室掩香燈」，爲所謂「達時」之詩式，當亦可易之爲通達之風格。如以「應有冥心者，還尋此境來」，爲所謂「度量」之詩式，或亦可詮之爲「渾含」之風格。如以「高秋初雨後，夜半亂山中」，爲所謂「失時」之詩式，終亦可名之爲晦鬱之風格。本此以言齊己所稱之「知時」式，其詩云：

「前村深雪裏，昨夜一枝開」。

此分明是詩的開朗之風格。又「功勳」式之詩云：

「馬曾金鏃中，身有寶刀痕」。

此亦分明是詩的壯烈之風格。又「拋擲」式之詩云：

「琴書留上國，風雨出秦關」。

此又分明是詩的灑落之風格。另「背非」式之詩稱：

「山河終決勝，楚漢且橫行」。

按此「背非」式，又被齊己列之於詩有十體之中，其附之以詩的解釋，亦復全同。故其所謂「體」，實亦相當於所謂「風格」。其背非體，實等於背非式，此亦分明是指詩的雄健之一風格，有如所謂「史詩」體。

關於齊已詩二十式中之最後三式，一爲「日午遊都市，天寒住華山」之進退式；此進退式當亦可謂爲淡雅之風格。二爲「送我杯中酒，與君身上衣」之禮義式；此禮義式實無寧謂爲敦厚之風格。其三爲「自從青草出，便不下堦行」之兀坐式，終亦可名其爲淵深之詩的風格。

如此一來，齊已之詩有二十式，便卽可轉詮之爲如次之詩的二十種風格：

1、奔放； 2、高逸； 3、淸麗； 4、迂遠； 5、玄默；
6、沈重； 7、通達； 8、渾含； 9、晦鬱； 10、靜興；
11、開朗； 12、暗會； 13、直擬； 14、返本； 15、壯烈；
16、洒落； 17、雄健； 18、淡雅； 19、敦厚； 20、淵深。

若齊已所稱之「詩有十體」，除背非體與背非式全同外，其「千般貴在無過達，一片心閒不奈高」之高古體，乃近似「夜過秋竹寺，醉打老僧門」之「高逸」；其「未曾將一字，容易謁諸侯」之清奇體，近似清麗，亦近乎洒落；其他「已知前古事，更結後人看」之遠近體，近似迂遠，亦近乎通達；其「船中江上景，晚泊早行時」之雙分體，近似玄默，又近似「重城不鎖夢，每夜自歸山」之暗會；其「山寺鐘樓月，江城鼓角風」之虛無體，近似渾含，又近似「又因風雨夜，重到古松門」之返本。而齊已所謂「須知項籍劍，不及魯陽戈」之是非體，則近似雄健，亦近似「禹力不到處，河聲流向西」之直擬；所謂「大雪路亦宿，深山水也齋」之清潔體，則近似淡雅，復近似「古屋無人到，殘陽滿地時」之靜興。他如「疊巘供秋望，無雲到夕陽」之覆粧體，會儘是晦鬱；而「卷簾黄葉落，鎖印子規啼」之闔門體，則儘是淵深。總之，齊已之十體，究亦不出乎上述之詩的風格二十種。

在上述二十種詩的風格內，若依照第十四講之分類，實亦不妨分爲如次之三類，此卽：

（一）第一類：2高逸；6沉重；8渾含；13直擬；14返本；18淡雅；19敦厚。凡七種。

（二）第二類：1奔放；3清麗；12暗會；15壯烈；17雄健；9晦鬱。凡六種。

（三）第三類：4迂遠；5玄默；7通達；10靜興；11開朗；16灑落；20淵深。凡七種。

在第一類之七種風格中，以我國之詩而言，固皆可歸之於敦厚二字。所謂高逸，亦是敦厚中之高逸，而非飄逸。所謂淡雅，亦是敦厚中的淡雅，而非輕淡。凡此皆偏於人之情志，若非眞有其性情之貞者，固不足以言此。而言志之詩，則多屬之。於此，既富其阿婆羅精神，又具備其狄思休士之精神。在第二類之六種風格中，以奔放二字概括之，雖似不能盡；但雄健壯烈之中，有其奔放；而清麗，暗會與晦鬱中，亦未始無其奔放之可能。凡此皆偏於人之情意，若非眞有其生命之力者，固不足以言此。而抒情之詩，則多屬之。於此，所特易顯現者，厥爲狄思休士之精神。

若在第三類之七種風格內，以我國之詩而論，似又可概括之以靜與二字。其玄默，淵深，迂遠三者，固由於靜與而得；但其通達，開朗與灑落三者，亦未始非由靜與而來。凡此皆偏於人之情思，若非眞有其心靈之明者，固不足以言此。而玄思之詩，則多屬之。彼阿婆羅精神之顯現，亦多在此。

儒者之詩，才人之詩與夫達者之詩，本其風格之各別，實亦不妨分別爲如上之三類。

第十六講　司空表聖之二十四品

司空表聖（圖）有詩品二十四則，謂得於文字之表。而蘇東坡亦稱彼之言，爲美在鹹酸之外，可以一唱而三歎。其二十四品爲：

1雄渾；2冲淡；3纖穠；4沈着；5高古；6典雅；7洗煉；8勁健；
9綺麗；10自然；11含蓄；12豪放；13精神；14縝密；15疎野；16清奇；
17委曲；18實境；19悲慨；20形容；21超詣；22飄逸；23曠達；24流動。

按司空表聖在五代兵荒馬亂之際，既有其詩文之高雅，復有其承平之遺風，似上所列詩品二十四則，人每以其爲論列詩式，或詩之風格。實則所論，已遠在風格之上，而爲直論詩的風格所以形成之美。其二十四則所顯示者，實爲二十四種詩的美。惟因司空表聖眞能在亂離之中，具備其詩的靈魂，所以司空表聖又似在承平之日，具備其美的靈魂；且亦因其似在承平之日，具備其美的靈魂，所以他方能在亂離之下，具備其詩的靈魂。於此，詩的靈魂和美的靈魂，合而爲一，遂成司空表聖所列二十四則之詩品。

就美之兩大類型而言，亦卽就壯美與優美兩者而言，司空表聖之二十四品，亦儘可兩分之如次：

（一）第一類型－1雄渾，2沉着，3高古，4勁健，5豪放，6精神，7疎野，8實境，9悲慨，10超詣，11曠達，12流動。

（二）第二類型－1冲淡，2纖穠，3典雅，4洗煉，5綺麗，6自然，7含蓄，8縝密，9清奇，10委曲，11形容，12飄逸。

以上第一類型所列雄渾與勁健等等之美，屬於壯美（Subline）；第二類型所列冲淡與綺麗等等之美，屬於優美（Grace）。然在第一類型下十二種之壯美中，如雄渾，沉着，高古，實境，超詣與曠達之美，可歸於一類；他若勁健，豪放，精神，疎野，悲慨與流動之美，又可歸於一類。在第二類型下十二種之優美中，如冲淡，典雅，洗煉，自然，含蓄與飄逸之美，可歸於一類；他如纖穠，綺麗，縝密，清奇，委曲與形容之美，復可歸於一類。如此，壯美分爲兩類，優美又分爲兩類，此卽：

1 第一類之壯美：雄渾，沉着，高古，實境，超詣，曠達等；

2 第二類之壯美：勁健，豪放，精神，疎野，悲慨，流動等；

3 第一類之優美：冲淡，典雅，洗煉，自然，含蓄，飄逸等；

4 第二類之優美：纖穠，綺麗，縝密，清奇，委曲，形容等。

在第一類之壯美中，古典之成分較多，而以雄渾，沉着與高古三者爲尤多。實境，超詣與曠達，可別爲一組。

在第二類之壯美中，浪漫之色彩較重，而以勁健，豪放與悲慨三者爲尤重。精神，疏野與流動，可別爲一組。

在第一類之優美中，古典之意味較甚，而以含蓄，典雅與洗煉三者爲尤甚。自然，冲淡與飄逸，可別爲一組。

在第二類之優美中，浪漫之情調較濃，而以纖穠，綺麗與縝密三者爲尤濃。清奇，委曲與形容，可別爲一組。

由此而論，則在司空表聖二十四詩品中，其屬於壯美者，可分四級；其屬於優美者，當亦可分爲四級，分列之如次：

(一)第一級壯美：詩的雄渾，沈着與高古之美；

(二)第二級壯美：詩的實境，超詣與曠達之美；

(三)第三級壯美：詩的勁健，豪放與悲慨之美；

(四)第四級壯美：詩的精神，疏野與流動之美；

(五)第一級優美：詩的含蓄，典雅與洗煉之美；

(六)第二級優美：詩的自然，冲淡與飄逸之美；

(七)第三級優美：詩的纖穠，綺麗與縝密之美；

(八)第四級優美：詩的清奇，委曲與形容之美。

其中壯美之第三級與第四級，以及優美之第三級與四級，若以我國之古詩的觀點而言，實應互易，此卽第四級應置於第三級之前，而更有其美。

在外方，康德從老鷹捉小麻雀，而母雀與之博鬥中，見內在力量之無限，因卽本此以言壯美。叔本華從狂風暴雨中，雷電交擊下，以言壯美。而言及優美者，惟席勒以飄帶喻之，爲最有意味。至斯賓塞（Spencer）則以筋力之節省爲優美，又嬰揚（Guyan）認秀美乃由於歡愛之表現。而魯斯金（Ruskiu）氏更說：如欲小姐秀美，應先使其快活。此誠與我人於二十四詩品中所見到之上述種種詩的美，有其不少之距離。

尤侗於艮齋續說卷八中稱司空表聖二十四詩品爲：

「深得詩家三昧」。

又許印芳詩法萃編本詩品拔，更稱其爲：

「比物取象，目擊道存」。

似此所謂「詩家三昧」，與夫所謂「目擊道存」，要皆爲盛稱司空表聖所列二十四詩品中，所深深體會出的詩之美。只因詩的美，有種種之不同，所以詩的品，亦有種種之不同。楊廷芝二十四詩品小序云：

「詩不可無品，無品不可以爲詩，此詩品之所由作也。……二十四品備，而後可與天地無終極。品之倫次定，品之節序全，則有品而可以定其格，亦於言而可以知其志。詩之不可以無品也，如是夫」。

實則一詩備二十四品，便卽爲一詩備二十四美，此卽同乎天地之美，故可與天地無終極。到此，詩人亦卽同於聖人，而爲詩聖。然杜甫雖被稱爲詩聖，終亦難全備此二十四美。

第十七講　儒者之詩（上）

儒者之詩敦厚而饒情志，有其性情之貞，並有其阿婆羅精神與狄思休士精神之綜合的統一。此在我國，實可以陶淵明與杜甫代表之。

以言儒者之詩的美，若以司空圖二十四品而言，則除具備其第一級之壯美以外，復具備其第一級之優美者，當推杜甫；除具備其第二級之壯美以外，復具備其第二級之優美者，當推陶潛。此即杜詩有雄渾之美，有沈着之美，有高古之美；復有含蓄之美，典雅之美，與洗煉之美。而陶詩則有實境之美，有超詣之美，有曠達之美；復有自然之美，冲淡之美與飄逸之美。

陶詩質而自然，東坡云：「陶淵明意不在詩，詩以寄其意耳」。又蔡寬夫詩話云：「采菊東籬下，悠然見南山，此其閑遠自得之意，直若超然邈出宇宙外」。此其詩之所以有實境，超詣與曠達之美。

遯齋閑覽載涪翁云：

「顏謝之詩，可謂不遺鑪錘之功矣，然淵明之牆數仞，而不能窺也」。

又西清詩話稱淵明「意趣眞古，爲清淡之宗」。後山詩話稱「淵明之詩，切於事情，但不文耳」。而黃山谷則云：

「寧律而不諧，而不使句弱；用字不工，不使句俗，此庾開府之所長也。至於淵明，則所謂不煩繩削而自合者。雖然，巧於斧斤者，多疑其拙；窘於檢括者，輒病其放。孔子曰：甯武子其智可及也，其愚不可及也。淵明拙與放，豈可爲不知者道哉」？

凡此所述之「不能窺」，「不文」，與夫拙與放，皆所以顯示淵明之詩，儘有其自然之美，冲淡之美以及飄逸之美。

所謂實境之美，依司空圖詩品之所稱，則爲：

「取語甚直，計思匪深；忽逢幽人，如見道心。晴磵之曲，碧松之陰；一客荷樵，一客聽琴。性情所至，妙不自尋；遇之自天，冷然希音」。

在這實境裏，會儘有其力量。那力量是一種性情的眞實力量。因自天來，故爲壯美。

所謂超詣之美，照司空圖詩品所說，那是：

「匪神之靈，匪機之微；如將白雲，淸風與歸。遠引若至，臨之已非；少有道契，終與俗違。亂山高木，碧苔芳暉；誦之思之，其聲愈稀」。

在這超詣裏，亦會儘有其力量，那是一種精神的超越力量。因像是「亂山高木」，又像是「碧苔芳暉」，故爲壯美。

所謂曠達之美，在司空圖詩品裏所描述者，爲：

「生者百歲，相去幾何？歡樂苦短，憂愁實多。何如尊酒，日往煙蘿；花覆茅簷，疏雨相過！倒酒既盡，杖藜行過；孰不有古？南山峨峨」。

在這曠達裏，仍會儘有其一種力量，那是心靈的放下之力量，亦是生命的潛在力量。因像是「疏雨相過」，又會是「杖藜行過」，故亦爲壯美。

韓子蒼稱陶淵明云：

「余反覆之，見山陽舊國之句，蓋用山陽公事，疑是義熙以後，有所感而作也。故有流淚抱巾歎，平王去舊京之語，淵明忠義如此。今人或謂淵明所題甲子，不必皆爲義熙後，此豈足論淵明哉？唯其高舉遠蹈，不受世紛，而至於躬耕乞食，其忠義亦足見矣」。（語見苕溪漁隱叢話前集卷三五柳先生上）

惟因其儘有一股忠義之氣，所以卽使在曠達裏，在超詣裏，亦卽在「高舉遠蹈」裏，皆儘有其一種力量，而形成其不易爲人所見之詩的壯美。

關於陶詩特富其自然之美，冲淡之美與飄逸之美，有如司空圖所稱「俯拾卽是，不取諸鄰……」之「自然」，與所稱「素處以默，妙機其微……」之「冲淡」，以及其所稱「落落欲往，矯矯不羣……」之飄逸，固爲人所盡見之事。惟此所謂自然，冲淡與飄逸之第二級的優美，從另一觀點論之，亦儘可置之於第一級的優美之上。且謂陶詩特點，卽在此等優美中，亦無不可。陳後山謂陶詩「切於事情」。然於此切於事情之中，則更見其自然之美，冲淡之美，與夫飄逸之美，在「優美」之領域內，實已達到一種至高無上之境界。

第十八講　儒者之詩（下）

杜甫之詩，元稹首論之云：

「上薄風雅，下該沈宋，言奪蘇李，氣吞曹劉，掩顧謝之孤高，雜徐庾之流麗」。

此乃論杜詩之兼備各種詩體。惟據其自言：「文章千古事，得失寸心知」，又自言：「法自儒家有，心從弱歲疲」，則其得詩人之心，有儒家之法，而爲儒者之詩，自有其體，自屬顯然。迂叟詩話稱：

「近世詩人，惟杜子美最得詩人之體。如國破山河在，城春草木深；感時花濺淚，恨別鳥驚心：山河在，明無餘物矣；草木深，明無人矣；花鳥平時可娛之物，見之而泣，聞之而恐，則時可知矣。他皆類此，不可徧舉」。

惟得詩人之體，方爲儒者之詩；亦爲儒者之詩，方得詩人之體。此惟深於性情者能之，此惟富於生命者能之，此亦惟有其全副之心靈與全副之精神者能之。此所以杜詩在千古詩人中爲第一。遯齋閑覽載稱：

「或問王荆公云：編四家詩，以杜甫爲第一，李白爲第四，豈白之才格詞致，不逮甫也？公曰：白之歌詩，豪放飄逸，人固莫及，然其格止於此而已，不知變也。至於甫，則悲歡窮泰，發斂抑揚，疾徐縱橫，無施不可，故其詩有平淡簡易者，有綿麗精確者。有嚴重威武，若三軍之帥者。有奮迅馳驟，若覂駕之馬者。有淡泊閑靜若山谷隱士者，有風流醞藉若貴介公子者。蓋其詩緒密而思深，觀者苟不能臻其閫奧，未易識其妙處，夫豈淺近者所能窺哉？此甫所以光掩前人，而後來無繼也。元稹以謂兼人所獨專，斯言信矣」。

似此所謂「光掩前人，而後來無繼」，亦正如宋人秦少游之所稱：

「蘇武李陵之詩，長於高妙；曹植劉公幹之詩，長於豪逸；陶潛阮籍之詩，長於沖澹；謝靈運鮑照之詩，長於峻潔；徐陵庾信之詩，長於藻麗。子美者，窮高妙之格，極豪逸之氣，包沖澹之趣，兼峻潔之姿，備藻麗之態，而諸家之作不及焉」。

而半山老人則讚杜甫云：

「吾觀少陵詩，謂與元氣侔，力能排天斡九地，壯顏毅色不可求……」

凡此所述，皆儘足以說明杜詩之特富其雄渾之美，沉着之美與夫高古之美，又具備其含蓄，典雅與洗煉之詩的優美。

所謂雄渾之美，照司空表聖詩品中所稱，則爲：

「大用外腓，眞體內充，返虛入渾，積健爲雄。具備萬物，橫絕太空；荒荒油雲，寥寥長風；超以象外，得其環中；持之匪强，來之無窮」。

似此眞體內充，會正如康德所云：乃顯示內在力量之無限。而其「返虛入渾，積健爲雄」，則更見其壯美。且在杜甫所云「麻鞋見天子」之詩句中，亦儘富其「持之匪强，來之無窮」之壯概。

所謂沉着之美，照司空詩品之所述，是：

「綠杉野屋，落月氣清；脫巾獨步，時聞鳥聲。鴻雁不來，之子遠行；所思不遠，若爲平生。海風碧雲，夜渚月明；如有佳語，大河前橫」。

似此「海風碧雲，夜渚月明」，其沉着處，正是神化處。杜甫獨酌成詩云：「詩成覺有神」。又奉贈韋左丞文云：「下筆如有神」，此外復有「才力老益神」，以及「詩興不無神」等詩句。凡此皆爲杜甫之詩，經由沉着神化，而獲其最高壯美之說明。叔本華謂在狂風暴雨中雷電交作下見壯美，實則惟有在狂風暴雨中雷電交作下而能沉着，方可見其最高之壯美。

所謂高古之美，照司空表聖詩品之說，乃是：

「畸人乘眞，手把芙蓉；汎彼浩劫，窅然空縱。月出東斗，好風相從；太華夜碧，人聞清鐘。虛佇神素，脫然畦封；黃唐在獨，落落玄宗」。

在這裏，所謂「太華夜碧，人聞清鐘」，那儘會是壁立萬仞！在這裏，所謂「汎彼浩劫，窅然空縱」，那儘會是心遊邃古。似此對空間與時間的超越之美，其「虛佇神素」處，亦正是神化處。杜詩云：「錦江春色來天地，玉壘浮雲變古今」，這眞會是「脫然畦封」，故亦爲壯美之極致。

關於杜詩之富其含蓄之美，有如司空詩品中所謂「不着一字，盡得風流……」，那是易見的。關於杜詩之富其典雅之美，有如司空詩品中所謂「玉壺買春，賞雨茆屋」，與所謂「白雲初晴，幽鳥相逐」，那更是易見的。說到杜詩富其洗煉之美，則尤有如司空詩品中所謂「猶鑛出金，如鉛出銀」，和所謂「空潭瀉春，古鏡照神」，以及所謂「流水今日，明月前身」。凡此皆爲人所易見之優美。惟壯美中之優美，與夫優美中的壯美，則在外方，極不易見。此正所謂合阿婆羅精神與狄思休士精神而爲一，以顯之於詩。而其所以能綜合此兩種精神，具備此兩種美，則由其一己確能歸於儒者性情之教，不使其一己陷於詞人與文人之中，亦不致以所謂才人或達者自了。

李綱校定杜工部集序稱：

「子美之詩，凡千四百四十餘篇，其忠義氣節羈旅艱難悲憤亡聊，一寓於此」。

又趙次公草堂記略稱：

「惟杜陵野老，負王佐之才，有意當世，而骯髒不偶，胸中所蘊，一切寫之於詩」。而張戒歲寒堂詩話更稱「子美篤於忠義，深於經術，故其詩雄而正」，且直讚杜甫爲：

「乃聖賢法言，非特詩人而已」。

同樣，沈德潛代作之唐宋詩醇杜甫詩序，亦認爲杜甫「長歌當哭，情見乎辭」，而非僅是「善陳時事，足徵詩史」。且以此爲：「此眞子美之所以獨有千古者矣」。

凡此皆所以說明杜甫之眞爲儒者。其能歸於性情之敎，便卽使其詩爲儒者之詩。惟儒者之詩，有其敦厚溫柔。敦厚中儘有其壯美，而溫柔中則儘有其優美。

第十九講　以禪喻詩

明人胡應麟，處處以王世貞之藝苑巵言，爲論文論詩之準則。惟在其所著詩藪一書中，則云：

「嚴羽卿之詩品，獨探玄珠；劉會孟之詩評，深會理窟；高廷禮之詩選，精極權衡」。

又稱：

「嚴氏以禪喻詩，旨哉。禪則一悟之後，萬法皆空，棒喝怒呵，無非至理；詩則一悟之後，萬象冥會，呻吟咳唾，動觸天眞」。

宋嚴羽（儀卿）之滄浪詩話，在首篇詩辯中，卽以禪喻詩。其出繼叔吳陵，字景先，亦有詩名，對此以禪喻詩，不以爲然，且謂此非文人儒者之言。嚴羽答之曰：

「僕之詩辯，乃斷千百年公案，誠驚世絕俗之談，至當歸一之論。其間說江西詩病，眞取心肝劊子手。以禪喻詩，莫此親切。是自家實證實悟者；是自家閉門鑿破此片田地，卽非傍人籬壁，指人涕唾得來者。李杜復生，不易吾言矣……」

在此函答書中之最後一段，嚴羽更云：

「妙善（僧宗杲）自謂參禪精子，僕亦自謂參詩精子。嘗謁李友山論古今人詩，見僕辨析毫芒，每相激賞。因謂之曰：吾論詩若那查太子，析骨還父，析肉還母。友人深以爲然」。

在我國無數之詩話書籍中，滄浪詩話一書，確不同凡響。其獨特之處，便卽爲以禪喻詩。至於吳景仙（景光）所謂不合文人儒者之言，則誠可一如嚴羽之答辯，謂「本意但欲說得詩透徹，初無意於爲文，其合文人儒者之言與否，不問也」。且所謂文人儒者，亦復有種種，而文人之流於酸及儒者之流於腐，更所常見。在此等處能擺得脫，不聞不問，使一己朗朗爽爽，以見其通透，實更有其儒者之氣象。故儒者之詩，以禪喻之，會有如胡應麟之讚嚴羽與劉會孟及高廷禮，謂「三君皆具大力量，大識見」，那正是一種別開生面之舉。嚴羽詩辯首言：

「禪家者流，乘有小大，宗有南北，道有邪正。學者須從最上乘，具正法眼，悟第一義。若小乘禪，聲聞辟支果，皆非正也。論詩如論禪，漢魏晉與盛唐之詩，則第一義也。大歷以還之詩，則小乘禪也，已落第二義矣。晚唐之詩，則聲聞辟支果也。學漢魏晉與盛唐詩者，臨濟下也；學大歷以還之詩者，曹洞下也。大抵禪道惟在妙語，詩道亦在妙悟」。

人於詩道，如眞能妙悟，則詩之應歸於性情，歸於生命，並有其整個心靈之滲透與全副精神之超越，自應不在話下。本此而言，漢魏晉與盛唐之詩爲第一義，則陶淵明與杜甫之詩，自更爲第一義中之第一義。陶詩特見性情，而杜甫詩則特見性情，又特見生命，此皆不能不爲第一義中之第一義。

石林詩話稱：

「禪宗論雲門有三種語：其一爲隨波逐浪句，謂隨物應機，不主故常；其二爲截斷衆流句，謂超出言外，非情識所到；其三爲涵蓋乾坤句，謂泯然皆契，無間可伺其深淺。以是爲序。余嘗試爲學子言：老杜詩亦有此三種語，但先後不同。以『波飄菰米沉雲黑，露冷蓮房墜粉紅』，爲涵蓋乾坤句；以『落花游絲白日靜，鳴鳩乳燕青春深』，爲隨波逐浪句；以『百年地迴柴門闐，五月江深草閣寒』，爲截斷衆流句。若有解此，當與渠同參」。

本此以參古往今來之詩，則截斷衆流，分明是一大隔；而隨波逐浪，則是隔而未隔；若夫涵蓋乾坤，則卽無所謂隔與不隔。近人王國維以隔與不隔論詩詞。然以此論詞可相應，若以此論詩，則猶有所未盡。果眞從第一義論詩，詩固終當「正得失，動天地，感鬼神」，以通造化。如此便只有涵蓋乾坤，實無所謂隔與不隔。滄浪詩話稱：謝靈運至盛唐諸公，乃透徹之悟；又稱：「盛唐諸人，惟在興趣」。至王士禎(阮亭)復主張詩的神韻。而近人王國維則自謂皆不若其「拈出境界二字，爲探其本」。(語見人間詞話)。實則興趣與神韻二者，固須視境界之有無而定；然以言詩的境界之大小，究終須視悟之透徹與否而定。若眞能涵蓋乾坤，便即如莊子之所謂「寓諸無竟」，而不必更以境界爲言。

胡應麟謂嚴羽詩品，獨探玄珠，實因嚴羽對詩，參之已熟。嚴羽於此復云：「試取漢魏之詩而熟參之，次取晉宋之詩而熟參之，次取南北朝之詩而熟參之，次取沈宋王楊盧駱陳拾遺之詩而熟參之，次取開元天寶諸家之詩而熟參之，次獨取李杜之詩而熟參之，又盡取晚唐諸家之詩而熟參之，又取本朝蘇黃以下諸家之詩而熟參之，其眞是非，自有不能隱者。儻猶於此而無見焉，則是野狐外道，蒙蔽其眞識，不可救藥，終不悟也。」如於詩果眞能有悟，便必然會於性情之本原，能有所悟；亦必然會於生命之本根，能有所悟。以此而具備其心靈上的向上一機，便自具備其精神上的向上一路。於是由根源直截，而萬象冥會；由萬象冥會，而涵蓋乾坤；由涵蓋乾坤，而天眞觸動；復由天眞觸動，而更歸於性情，更歸於生命，更有其整個心靈之滲透，更有其全副精神之超脫。於此有一個詩的完成，於此有一個詩人之完成，亦於此有一個詩道的完成和一個詩教的完成。

第二十講　有心與無心

宋人吳駒贈趙伯魚詩，有句云：

「學詩當如初學禪，未悟且遍參諸方；一朝悟罷正法眼，信手拈出皆成章」。

於此，「遍參諸方」是有心，「信手拈出」是無心。初學參禪人，總是由有心而無心；初學做詩人，亦總是由有心而無心。又詩人玉屑載吳可學詩詩云：

「學詩渾似學參禪，竹榻蒲團不計年；直待自家都了得，等閒拈出便超然。

學詩渾似學參禪，頭上安頭不足傳；跳出少陵窠臼外，丈夫志氣本衝天。

學詩渾似學參禪，自古圓成有幾人？春草池塘一句子，驚天動地至今傳」。

吳可著有藏海詩話，主張「凡文章先華嚴而復平淡」，又主張說「以意爲主，輔之以華麗，則中邊皆甜」。上三詩不載吳氏藏海居士集中。當時龔相亦有學詩詩，乃和他的詩。詩云：

「學詩渾似學參禪，悟了方知歲是年；點鐵成金猶是妄，高山流水自依然。

學詩渾似學參禪，語可安排意莫傳；會意卽超聲律界，不須煉石補青天。

學詩渾似學參禪，幾許搜腸覓句聯；欲識少陵奇絕處，初無言句與人傳」。

以上詩中所謂「等閒拈出自超然」，會是一種無心的境界；所謂「丈夫志氣本衝天」，也會是一種無心的境界。而所謂「高山流水自依然」與所謂「不須煉石補青天」等等，一樣會是無心的境界。惟此無心的境界，終是悟後之無心，而絕非未悟時之漠然無心。人必由漠然無心，而痛感有心，方能一躍而眞歸於無心。這正是所謂初看山是山，水是水；再看山不是山，水不是水；終看山還是山，水還是水。以此山水依然，初無言句；方可天地驚動，傳與後人。

宋人葉夢得石林詩話稱：

「古今論詩者多矣，吾獨愛湯惠休稱謝靈運爲『初日芙蓉』，沈約稱王筠爲『彈丸脫手』，兩語最當人意。初日芙蓉，非人力所能爲，而精彩華妙之意，自然見於造化之妙。靈運諸詩可以當此者亦無幾。彈丸脫手，雖是輸寫便利，動無留滯，然其精圓快速，發之在手，筠亦未能盡也。然作詩審到此地，豈復更有餘事？韓退之贈張籍云：『君詩多態度，靄靄春空雲』。司空圖記載叔倫語云：『詩人之詞，如藍田日暖，良玉生煙』。亦是形似之微妙者，但學者不能味其言耳」。

在這裏，初日芙蓉，人多見其精彩華妙，而不見其無心。彈丸脫手，人多見其精圓快速，而不見其無心。同樣，靄靄春雲之態，良玉生煙之姿，人多見其精美澤潤，而不見其無心。此所以悟者無幾，而解人難得。

只不過，參禪之歸於無心，會有其禪味；作詩之歸於無心，亦會有其餘味。必須禪味無盡，方是參禪精子；亦必須餘味無窮，方是參詩精子。宋人魏泰所撰臨漢隱居詩話中有語云：

「詩者述事以寄情，事貴詳，情貴隱。及乎感會於心，則情見乎詞，此所以入人深也。如將盛氣直述，更無餘味，則感人也淺，烏能使其不知手舞足蹈，又況厚人倫，美教化，動天地，感鬼神乎？『桑之落矣，其黃而隕』，『瞻烏爰止，于誰之屋』？其言止於烏與桑爾，及緣事以審情，則不知涕之無從也。『採薜荔兮江中，搴芙蓉兮木末』，『沅有沚兮澧有蘭，思公子兮未敢言』，『我所思兮在桂林，欲往從之湘水深』之類，皆得詩人之意。至於魏晉南北朝樂府，雖未極淳，而亦能隱約意思，有足吟味之者。唐人亦多樂府，若張籍，王建，元稹，白居易以此得名，其述情叙怨，委曲周詳，言盡意盡，更無餘味。及其末也，或是詼諧，便使人發笑。此曾不足以宣諷愬之情，況又使聞者感動而自戒乎？甚者，或譎怪，或俚俗，所謂惡詩也，亦何足道哉」？

彼學詩者，欲不致於成其「所謂惡詩」，總須由漠然無心，而痛感有心；更由痛感有心，而眞歸於無心。但一歸於無心之後，畢竟還須有其餘味之無窮無盡，方可罷休。

胡應麟詩藪稱：

「世謂晉人以還，方有佳句，今以衆所共稱者彙集於此：太冲振衣千仞岡，濯足萬里流；士衡和風飛清響，纖雲垂薄陰；景陽朝霞迎白日，丹氣臨暘谷；景純左挹浮丘袖，右拍洪崖肩；休文志士怕日短，愁人知夜長；正長朔風動秋草，邊馬有歸心；顏遠富貴他人合，貧賤親戚疏；淵明采菊東籬下，悠然見南山；日暮天無雲，春風扇微和；康樂清暉能娛人，遊子澹忘歸；池塘生春草，園林變鳴禽；叔源景昃鳴禽集，水木湛清華；延之鸞翮有時鎩，龍性誰能馴？玄暉金波麗鳷鵲，玉繩低建章；餘霞散成綺，澄江淨如練；吳興庭臯木葉下，隴首秋雲飛；太液滄波起，長楊高樹秋；文通日暮碧雲合，佳人殊未來；梁武金風徂清夜，明月懸洞房；明遠繡甍結飛霞，璇題納行月；馬毛縮如蝟，角弓不可張；仲言枝横却月觀，花繞凌風臺；露滋寒塘草，月映清淮流；蕭愨芙蓉露下落，楊柳月中疏；王籍蟬噪林逾靜，鳥鳴山更幽；休文標峯彩虹外，置嶺白雲間；王融高樹升夕煙，層樓滿初月；皆精言秀調，獨步當時。六朝諸君子生平精力，罄於此矣」。

以上所述之精言秀調，除「富貴他人合，貧賤親戚疏」一類之語以外，大都是一歸於無心，卽大有其餘味。然六朝諸君子生平之精力，竟聲於此，足見此「歸於無心，有其餘味」之工夫，正大不易。他如「空梁落燕泥」，「庭草無人隨意綠」，與夫「楓落吳江冷」等等，亦復如此。若崔明信之以「楓落吳江冷」句而名聞天下，惟除此一句外，卽更無佳句，自更是用盡生平精力，始能得之。又淵明之「採菊東籬下，悠然見南山」，俗本多誤爲悠然望南山。果眞爲望南山之望，便卽爲有心而無餘味。蓋前人已論及之。似此洞見性情於一字之中，眞見生命於一句之內，顯見心靈於有心而又無心之間，大見精神於無窮無盡的餘味之上，以及無限無量之工夫裏，實不能不爲我國舊詩之一種特色。滄浪詩話云：

「須參活句，勿參死句」。

要知我國詩之佳者，固全是活句。

第二十一講　着力與不着力

程伊川嘗有人問他「詩可學否」之時，他便說道：

「既學詩，須是用功，方合詩人格。既用功，甚妨事。古人詩云：吟成五個字，用破一生心。又謂：可惜一生心，用在五字上。此言甚當」。

他自謂素不作詩，但他在王子眞寄藥給他的時候，他又寄王子眞一詩，他說：

「王子眞曾寄藥來，某無以答他。某素不作詩，亦非是禁止不作，但不欲爲此閒言語。且如今能言詩，無如杜甫，如云：穿花蛺蝶深深見，隔水蜻蜓款款飛。如此閒言語，道出做甚？某所以不嘗作詩。今寄王子眞詩云：『至誠通化藥通神，遠寄衰翁濟病身；我亦有丹君信否？用時還解壽斯民』。子眞所學，只是獨善，雖至誠潔行，然大抵只是爲長生久視之術，止濟一身，因有是句」。

在我國詩人中，因用功而着力，因着力而苦吟，卽以杜甫而言，他就自謂其一已是：「語不驚人死不休」。其他唐之詩人如：

賈島詩：「二句三年得，一吟雙淚流」。（題詩後）。

劉威詩：「都由苦思無休日，已證前賢不到心」。（歐陽示新詩，因貽四韻。）

李頻詩：「只將五字句，用破一生心」。（北窗瑣言引，一作五個字，卽前所提及者。）

杜荀鶴詩：「生應無輟日，死是不吟詩」。（苦吟）

又詩：「乍可百年無稱意，難教一日不吟詩」。（秋日閒居寄先達。）

僧歸仁詩：「日日爲詩苦，誰論春與秋？一聯如得意，萬事總忘憂」。（自遣）

盧延讓詩：「吟安一個字，撚斷數莖鬚；險覓天應悶，狂搜海亦枯」。（苦吟）

若宋之詩人，其深思苦求，而大着力，則更無論。黃山谷次韻答高子勉詩云：

「寒爐餘幾火？灰裏撥陰何」。

此在任淵註則爲：「言作詩當深思苦求，方與古人相見也」。（見山谷詩集註十六）。又山谷更有「閉門覓句陳無己」之謔，並贈詩云：

「陳侯學詩如學道，又似秋蟲噫寒草；日晏腸鳴不俛眉，得意古人便忘老」。

而陳後山（師道）自詠，亦復有「此生精力盡於詩，末歲心存力且疲」之句。據載：「陳氏作詩，重在苦吟。每偕及門登臨得句，卽急歸臥一榻，以被蒙首，甚至其家嬰兒孺子，亦抱寄鄰家，其精思苦吟如此」。彼江西詩派之所以有其千秋，卽在此苦吟之中，在此着力之下，以完成者。而杜甫詩之「句中有眼」，亦正杜甫之所以爲杜甫，並所以勝於李白之處。

惟津逮本山谷題跋卷七論詩條云：

「謝康樂，庾義城之於詩，鑪錘之功，不遺力也。然陶彭澤之牆數仞，謝庾未能窺者何哉？蓋二子有意於俗人贊毀其工拙，淵明直寄焉爾」。

又黃山谷宿舊彭澤懷陶令詩云：

「空餘詩語工，落筆九天上；向來非無人，此友獨可尙」。

似此所謂此友可尙，實由「彭澤意在無絃」（山谷贈高子勉詩中語）。而所謂意在無絃，則是全不着力。

由前而言，着力則只是苦吟。但苦苦吟來，則正是由於愛吟。由後而言，不着力，則只是閒吟。但吟之閒閒，則正是由於偶吟。人可於苦吟，愛吟與着力之下，見性情，見生命，見心靈，見精神。人亦可於閒吟，偶吟，與夫不着力之下，見性情，見生命，見心靈，見精神。而眞正之詩，則必須有其性情之眞，有其生命之大，並須有其心靈之徹悟，有其精神之實質。

邵堯夫首尾吟稱：

「堯夫非是愛吟詩，詩是堯夫自得時；風露淸時收翠潤，山川秀處摘新奇；揄揚物性多存體，拂掠人情薄用辭；遺味正宜涵養處，堯夫非是愛吟詩」。

這正如他自序其伊川擊壤集之所云：

「擊壤集，伊川翁自樂之詩也。非惟自樂，又能樂時與萬物之自得也」。

又他答傅欽之書，說他自己如此吟詩，是：

「亦不多吟，亦不少吟，亦不不吟，亦不必吟」。

他有言默詩，謂「當默用言言是垢，當言任默默爲塵……」。他的首尾吟，更稱：

「堯夫非是愛吟詩，詩是堯夫樂物時；天地精英都已得，鬼神情狀又能知。陶眞意向辭中見，借論言從物外移；始信詩能通造化，堯夫非是愛吟詩」。

「堯夫非是愛吟詩，詩是堯夫可愛時；已着意時仍着意，未加辭處與加辭。物皆有理我何者，天且不言人代之；代了天工無限說，堯夫非是愛吟詩」。

似此堯夫所言之自得，自樂，樂物，與夫因自己可愛而愛吟詩，並只以詩收翠潤，摘新奇，多存體，薄用辭，終於通造化，代天工，雖其「已着意時仍着意」，但並未着力；雖其「未加辭處與加辭」，但畢竟無心；由此而「陶眞意向辭中見」，亦由此而「借論言從物外移」，遂使其詩，別成一格。在嚴羽滄浪詩話之詩體篇中，被特稱爲邵康節體。千古以來，人多不識其眞趣；此正如唐之白樂天體，雖字句老嫗皆曉，但終難獲解人。由陶淵明至杜甫，乃儒者之詩的一大發展；自曹子建至李白，乃才人之詩的一大發展；而自白樂天至邵雍，則爲達者之詩的一大發展。惟在此達者之詩的一大發展下，終與儒者之詩，可以合流。而才人之詩的作者，則總歸於前述之詞人之列。其着力，亦如此；其不着力，仍如此；實無關於着力與不着力。

伊川說「既學詩，須是用功」。惟用功亦有着力與不着力之異。着力之用功，乃連字句亦苦苦推敲，俾合詩人格。但不着力之用功，則每於字句之外，別有其用功之處，而爲人所難見。因此之故，着力可以見出一個詩人的力量；不着力，亦可以見出一個詩人的力量。而所謂一個詩人的力量，又只不過是一個人的性情的力量，一個人的生命的力量，一個人的心靈的力量，和一個人的精神的力量。

一個人的用功，可以着力，亦可以不着力，亦可以若着力，亦可以若不着力，亦可以在着力與不着力之間，亦可以在着力與不着力之上，亦可以着力於不着力之處，亦可以不着力於着力之點。因此之故，一個人的學詩，可以多着力，亦可以少着力，亦可以不不着力，亦可以不必着力，此即是不多吟，亦不少吟，亦不不吟，亦不必吟。亦因此之故，說「既用功，甚妨事」，固然可以。但說既用功，甚不妨事，亦未嘗不可。世界上惟所謂才人與名士，不肯用功；而儒者以至達者，則絕不至不用功。

第二十二講　詩的時代與個人面貌

嚴羽滄浪詩話詩體篇討論詩體，謂：

「以時而論，則有建安體，黃初體，正始體，太康體，元嘉體，永明體，齊梁體，南北朝體（通魏周而言之，與齊梁體一也），唐初體，盛唐體，大曆體，元和體，晚唐體，本朝體（宋朝，通前後而言之），元祐體，江西宗派體（山谷爲之宗）。以人而論，則有蘇李體，曹劉體，陶體（淵明），謝體，徐庾體，沈宋體，陳拾遺體（陳子昂），王楊盧駱體，張曲江體，少陵體，太白體，高達夫體，孟浩然體，岑嘉州體，王右丞體（王維），韋蘇州體，韓昌黎體，柳子厚體，韋柳體，李長吉體，李商隱體，盧仝體，白樂天體，張籍王建體，賈浪仙體，孟東野體，杜荀鶴體，東坡體，山谷體，后山體，王荊公體，邵康節體，陳簡齋體，楊誠齋體」。

此乃嚴羽從時代和人物上，所作詩體之分類。似此分類，卽連其繼出叔吳景仙亦不以爲然，故嚴羽在答覆他的書信中，乃作如次之解釋：

「來書有甚不喜分諸體製之說，吾叔誠於此未瞭然也。作詩正須辨盡諸家體製，然後不爲旁門所惑。今人作詩，差入門戶者，正以體製莫辨也。世之技藝，猶各有家數，市縑帛者，必分道地，然後知優劣，況文章乎？僕於作詩，不敢自負，至識則自謂有一日之長，於古今體製，若辨蒼素，甚者，望而知之」。

惟此所謂古今體製，實卽詩的時代與個人面貌。且正因詩之佳者，總有其時代的與個人的面貌，使人一望卽知，所以眞識詩者，方可「若辨蒼素」。但以此作詩體之分類，終有所未足，故如孟棨的本事詩，卽另分詩爲如下七類：

「情感第一，事感第二，高逸第三，怨憤第四，徵異第五，徵咎第六，嘲戲第七。」

而阮一閱的詩話總龜一書中，更詳分之爲：

「聖製，志義　諷喩，雅叶，紀實，詠物，宴遊，寓情，感事，寄贈，書事，故事，道僧，詩讖，紀夢，譏誚，恢諧，樂府，送別，怨嗟，傷悼，隱逸，神仙，藝術，俳優，奇怪，鬼神」。

此外，在總龜中復有：知遇，詩進，稱賞，自薦，投獻，幼敏，志氣，博識，達理，評論，詩病，詩累，正訛，倭媚，琢句，警句，留題等，若亦計算在內，共計爲四十四類。

惟似此所述之分類，亦皆有所不妥，這正如外方之阿耳旦氏詩學導言中所云：

「欲隨便用一簡單之標準，以作詩的分類，乃不可能之事，蓋詩的分類，應從多方面着眼，方可無弊」。

在外方有依據詩的功能（Faculty），爲分類標準如Wordsworth者，卽分爲幻想類，想像類，感情類，感人最深類，反省類等。又有以詩的音節形式（Metrical form），分爲歌謠（Ballad），十四行詩（Sonnet），短歌（Ode）等等者。亦有以詩人和他所取材料之關係（The poet in relation to his material 阿耳旦語）而分爲史詩，抒情詩，戲劇詩，卽Epic poet, Lyrical poetry, Dramatic poetry者。更有如哈得孫（W. H. Hudson）所言，分爲客觀的詩（Objective poetry），與主觀的詩（Subjective poetry）者。此在外方之詩的分類上，固有所未盡。若應用於我國，則更不相宜。因此之故，與其亟亟乎從事所謂詩的分類，實無寧多從事於詩的時代與個人面貌之認識。而談詩體者，亦只以有助於此面貌之認識以爲準，固不必强人同之。

胡應麟詩藪有語云：

「優柔敦厚，周也。樸茂雄深，漢也。風華秀發，唐也。三代政事俗習，亦略如之。魏繼漢後，故漢風猶存。六代居唐前，故唐風先兆。文章關世運，詎謂不然」？

在時代之發展上，常是由性情到才華；在詩的發展上，亦常是由性情到才華。惟「反者道之動」，詩道亦然。必反歸於性情，反歸於生命，並反歸於全副心靈與全副精神，方可以挽救時代之窮與時代之妄；以及詩道之窮與詩道之妄。

胡氏詩藪又稱：

「文質彬彬，周也。兩漢以質勝，魏稍文，所以遜兩漢也。唐稍質，所以過六朝也」。

於此，惟儒者之詩，文質彬彬。必不得已，亦須質勝於文。詩人之窮，乃由於質之困疲。而彼詩人之妄，則更由於文之過甚。此亦必須由文反質，以反歸於性情，反歸於生命，並反歸於心靈之徹悟，反歸於精神之實質，方足以言挽救詩人，以使其眞成所謂時代的號角，或所謂時代的鼓手，並從而扭轉時代。若本此以分詩爲三類，卽文質彬彬或質勝者爲一類，文勝者爲一類，稍文而能質者爲一類，亦卽儒者之詩，才人之詩與達者之詩的三類，當亦未始不可。

第二十三講　詩的方法

葉燮原詩論詩法稱：

「彼曰：『凡事凡物，皆有法。何獨於詩而不然？』『是也。然法有死法，有活法。若以死法論，今譬二人之美，當問之曰：若果眉在眼上乎？鼻口居中乎？若果手操作而足循履乎？夫姸媸萬態，而此數者必不渝，此死法也。彼美之絕世獨立，不在是也。又朝廟享燕，以及士庶宴會揖讓升降，叙坐獻酬，無不然者，此亦死法也。而格鬼神，通敬愛，不在是也。然則彼美之絕世獨立，果有法乎？不過卽耳目口鼻之常，而神明之。而神明之法，果可言乎？彼享宴之格鬼神，合敬愛，果有法乎？不過卽揖讓獻酬而感通之。而感通之法，又可言乎？死法，則執塗之人能言之。若曰活法，則法既活，則不可執矣。又焉得泥於法？而所謂詩之法，得毋平平仄仄仄之拈乎？村塾曾讀千家詩者，亦不屑言之。若更有進，必將曰：律詩必首句如何起？三四如何承，五六如何接，末句如何結？古詩要照應，要起伏。析之爲句法，總之爲章法，此三家村詞伯相傳久矣，不可謂稱詩者獨得之祕也。若舍此兩端，而謂作詩另有法，法在神明之中，巧力之外，是謂變化生心。變化生心之法，又何若乎？則死法爲定位，活法爲虛名。虛名不可以爲有，定位不可以爲無。……』」

在此，若照葉燮原詩之說，詩之方法，有作爲虛名之活法，有作爲定位之死法。前者應說而不可說，後者可說而不必說。詩的死法，如眉在眼上，鼻口居中，雖姸媸萬態，必不可渝；然彼美之絕世獨立，則不在是。詩的活法，乃如卽耳目口鼻之常，而神明之，以爲絕世獨立之美。但神明之法，則不可言。

實則，法無死活，用有死活。活用之則法活，斯爲活法。死用之則法死，斯爲死法。又法無不可言，言有死活。活言之則法活，斯爲法言。死言之則法死，斯爲冗語。且照葉氏之說，旣是眉在眼上，鼻口居中，必不可渝；則美之絕世獨立，雖不在是，究亦在是。蓋不卽耳目口鼻之常，則神而明之，終不可能。由此而論，則神明之法，雖變化生心，但仍可言。此卽今日所言之美的形式原理。

在美學上，美有七大形式原理：一爲重疊（repetition）；在詩中，卽所謂重言之；二爲層漸（Gratatión），在詩中，卽所謂長言之；三爲比例（Proportion），在詩中，卽所謂一唱三歎；四爲對比（Contrast），在詩中，卽所謂無獨有偶；五爲對稱（Simmetry），在詩中，卽所謂天造地設；六爲平衡（Balence），在詩中，卽所謂與元氣相侔；七爲調和（Harmony），在詩中，卽所謂一片太和景象。

美是一個「完整」，一個「全」。詩亦是一個完整，一個全。而構成一個完整，一個全，則一方面是由於「異」，一方面是由於同。相同的事物，由一定的步調（重疊），一定的層次（層漸），一定的比例，而形成一個秩序（禮）。相異的事物，由相反（對比），相稱（對稱），相當（平衡），而相成（調和），復形成一個和諧（樂）。相同的事物，由秩序而構成一個完整，這是由序以成全；於此，萬物之序，卽萬物之美。而詩則正具備萬物之美；亦必具備萬物之美，方能爲詩。相異的事物，由和諧而構成一個完整；這是由和以成全；於此，人世之和，卽人世之美。而詩則正具備人世之和；亦必具備人世之和，方可爲詩。

今姑以葉氏所言眉在眼上，鼻口居中而言。眉與眼是一對比，鼻與口是一比例。他若雙眼與一口是對稱，兩耳是平衡，由眉至口是層漸，由耳至目是重疊。而鼻口居中，眉不居眼下，則爲調和。凡此所述，彼美之絕世獨立者，又何可不於此中求之？彼葉氏所謂「不在是也」，又豈在他處？惟在此重疊，層漸，比例，對比，對稱，平衡，調和之中，會有無窮之變化，又會有無窮之變化裏的統一。而在無窮的變化裏的統一中，復會有無窮的變化。更由是以到達無窮的變化裏的統一，與夫統一裏的變化，故使美有其無窮的差異，而詩亦於此有其無窮的等級。在此等處，實是一言難盡，故儘可神而明之。

通常說到美，總是說美的形式。而美的形式，亦卽是形式的美。但論詩的方法，一方面固應重視此形式的美，顧照此美的形式，並爲此而須儘量運用此七大美的形式原理，以期神而明之；另一方面更應重視內容的美，顧照美的內容，並爲此而須儘量歸於性情，歸於生命，歸於心靈的徹悟，歸於精神之實質，以期大而化之。細按葉氏原詩中之所謂活法，所謂「不可泥於法」，和所謂「變化生心」，當爲尅就詩的內容之美而言。惟其直認三家村詞伯相傳已久之句法章法與夫起承接結，以至平仄等等，爲卽已克盡詩的美的形式原理，並以此爲死法，則實有所昧於詩之重要使命，亦在創造形式，與夫形式的美。而在此等處，以言詩的方法，則詩法實大有可言，且永無止境。

第二十四講　詩的才能

清袁枚隨園詩話載：

「楊誠齋曰：『從來天分低拙之人，好談格調，而不解風趣，何也？格調是空架子，有腔口易描；風趣專寫性靈，非天才不辨』。余深愛其言。……許渾云：『吟詩好似成仙骨，骨裏無詩莫浪吟』。在骨不在格也」。

在這裏，袁枚竟誤以詩的才能爲骨；其主性靈，實際上是以詩爲「非天才不辨」而主才。故在其所作蔣心餘藏園詩序（文見隨園文集）中卽明言道：

「作詩如作史也，才學識三者宜兼，而才尤先。造化無才，不能造萬物；古聖無才，不能製器尙象；詩人無才，不能役典籍，運心靈；才之不可及也，已如是」。

又在其所作錢竹初詩序中，復稱：

「余嘗謂作詩如作史，何也？作史三長，才學識而已。詩則三者宜兼，而尤貴以情韻將之，所謂絃外之音，味外之味也」。

於此，袁枚之所謂情韻，仍只是才情。似此才情，係得之於天，乃是先天的；卽所謂天才。在其所作何南園詩序中，他更有言道：

「詩不成於人，而成於其人之天。其人之天有詩，脫口能吟；其人之天無詩，雖吟不如其無吟。同一石，獨取泗濱之磬；同一銅，獨取商山之鐘；無他，其物之天殊也。舜之廷，獨皋陶賡歌；孔之門，獨子夏子貢可與言詩，無他，其人之天也」。

又在其所作趙雲松甌北集序，亦云：

「……今夫越女子論劍術曰：『妾非受於人也，而忽自有之』。夫自有者，非也。與之，天與之也」。

實則，詩人須有其天與之才，乃一不待言說之事。此對任何技藝，亦莫不皆然。如越女之劍術，卽爲一例。然其竟以劍術喻詩，又豈非卽以技術視詩，或以技藝視詩，而不復視詩爲一藝術，且爲一心的藝術，並爲一藝術之心乎？又其所言：孔之門，獨子夏子貢可與言詩，乃由其天之殊，然此所謂「言詩」，乃是對詩的欣賞，詩的批評以及詩的領悟而言。若言詩人之質，在孔之門，當更屬於漆雕開與曾點等，而非子夏子貢，此實不可不知。至袁枚所謂「作詩如作史」，則於詩的本質，實有所不明。史乃屬於散文之領域，其須才學識三者具備，當不待言。然以言作詩，則終須超乎此才學識三者之上，方能有「弦外之音，味外之味」。通常所謂情韻，或才情，實不足以言此才學識三者之超越。而只憑才學識三者以作詩，最多亦只能「役典籍」，固絕不足以言「運心靈」，而有其性靈。至所謂「古聖無才，不能製器尙象」，實則製器尙象之才，此更與作詩之才，完全兩樣。若必以作詩如製器尙象，則詩之爲詩，究爲何物？此蓋全不識詩者之言。不知隨園何以至此？

本此以論楊誠齋之言，其所謂「風趣專寫性靈，非天才不辦」，實亦不過認天才爲一必要之條件，而非卽謂天才爲唯一之條件。此則絕非如袁枚之主才，謂詩只「成於其人之天」，卽「天與之才」。若眞就詩的風趣以言，則眞正的與夫至高的詩的風趣，終在詩的性情上，終在詩的生命上，終在詩的心靈上，終在詩的精神上，而不在詩的才能上。離開詩的性情，詩的生命，詩的心靈，詩的精神，以言風趣，而呈露才華，那才眞正是一個所謂「空架子」和「有腔口易描」。說到詩的格調，若眞屬於一種詩的風格（Style），實卽相當於詩的風趣。蓋必須具備其眞正的詩的風趣，方足以表現其眞正的詩的風格；亦必須具備其眞正的詩的風格，方足以表現其眞正的詩的風趣。在這裏，沒有風趣的風格，是死格。沒有風格的風趣，是俗趣。固皆不足以言詩的風趣與風格。於此，天分高者，儘可通格調與風趣而爲一。故彼「好談格調，而不解風趣」之人，誠如楊誠齋之所云，乃「天分低拙之人」。隨園於此，實非解人。

又本此以言許渾所謂「骨裏無詩莫浪吟」之骨。自非只是所謂「天才」，或詩的才能。要知：只憑詩的才能，決無詩的「仙骨」。而眞能構成詩人之詩的骨幹者，實亦爲詩的情性，詩的生命，詩的心靈與詩的精神。在這裏，詩的骨幹，正是詩的風格。袁枚所謂「在骨不在格」，其實眞正詩人之詩，正是既在以此四者爲主之骨上，又在以此四者爲主之格上。若只主以詩的才能爲骨，並卽謂在此骨而不在彼格，則此才骨裏縱然有詩，亦只能是才人之詩，或所謂詞人之詩，或所謂名士之詩，而非詩人之詩，更非儒者之詩，亦非達者之詩。

關於才學識三者之超越，實儘可求之於言志之功。於此，朱子曰：

「詩者，志之所在；在心爲志，發言爲詩。然則詩者，豈復有工拙哉？亦視其志之所向者高下何如耳。是以古之君子，德足以求其志，必出於高明絕一之地。其於詩固不學而能之。至格律之精粗，用韻，屬對，比事，遣詞之善否，今以魏晉以前諸賢之作考之，未有用意於其間者，而況於古詩之流乎？近世作者，乃始留情於此。故詩有工拙之論，而葩藻之詞勝，言志之功隱矣」。

而言志之功，則又終歸於性情之教。必求性情之顯，生命之顯，心靈之顯，與夫精神之顯，才眞能有其言志之功。於此，徐增而菴詩話有語云：

「詩乃人之行略，人高則詩亦高，人俗則詩亦俗，一字不可掩飾，見其詩，如見其人」。

此所謂「見其人」者，實卽是見其志；亦卽是見其性情，見其生命，見其心靈，見其精神；而非是只見其才，或其詩的才能。

第二十五講　詩的俗與妄

嚴羽於其滄浪詩話詩法篇中稱：

「學詩先除五俗：一曰俗體，二曰俗意，三曰俗句，四曰俗字，五曰俗韻」。實則韻無所謂俗與不俗，字亦無所謂俗與不俗，句亦無所謂俗與不俗，意亦無所謂俗與不俗，即體亦無所謂俗與不俗，只在用之如何。用之俗，即為俗；用之不俗，即為不俗。而用之者，固全在乎人。人若不俗，則體即不俗；體若不俗，意即不俗；意若不俗，句即不俗；句若不俗，字即不俗；而韻更無所謂俗。因此之故，詩之所以俗，總由於人之俗。而人之所以俗，則又往往由於熟。禪宗之不立文字，乃由於文字之爛熟。詩人之不喜言詩，亦由於詩之爛熟。黃宗羲南雷集景州詩集序稱：

「夫詩以道性情，自高廷禮以來，主張聲調，而人之性情亡矣。然使其說之足以勝天下者，亦由天下之情性汩沒於紛華汙惑之往來，浮而易動。聲調者，浮物也，故能挾之而去。是非無性情也，其性情不過如是而止。若是者，不可謂之詩人」。

而天下之情性，所以會汩沒於紛華汙惑之往來，浮而易動，亦正由於熟。彼主聲調者，則正由於詩之熟。熟則浮而易動。浮而易動，則趨於流走。終至油滑，而不自知，故必不免於俗而後已。

歐陽玄圭齋文集梅南詩序稱：

「詩得於性情者為上，得於學問者次之。不期工者為工，求工而得工者次之。離騷不及三百篇，漢魏六朝不及離騷，唐人不及漢魏六朝，宋人不及唐人，皆此之以，而習詩者不察也」。

此則正因爲我國歷代之詩，有其步步之爛熟，所以有其步步之下降。在此一過程中，獨陶淵明能質而自然，所以獨步千古；獨杜工部能「語不驚人死不休」，所以便成詩聖；而江西詩派，獨能力避爛熟，所以亦能另開詩運。

李沂秋星閣詩話稱：

「子美云：新詩改罷自長吟。子美詩聖，猶以改而後工，下此可知矣。昔人謂作詩如食胡桃宜栗，剝三層皮，方有佳味，作而不改，是食有刺栗與青皮胡桃也」。

似此所謂「改罷自長吟」，所謂「剝三層皮，方有佳味」，正是不熟。若不待改，或不待剝皮，便爲爛熟。才華之士，只求爛熟，以呈露其才華，表現其精彩，殊不知已卽因此而成爲光滑，趨於流走，陷於流俗，而不自知。彼才人之詩，與夫名士之詩，大都如此。雖其自以爲詩才出衆，自以爲雅，惟按其實，終不免於俗，此乃熟之爲害。

王世貞藝苑卮言引黃省曾之言曰：

「詩歌之道，天動神解，本於情流，弗由人造。古人構唱，眞寫厥衷，如春蕙秋華，生色堪把，意態各暢，無事雕摸，末世風頹，矜蟲鬥鶴，遞相述師，如圖繒剪錦，飾畫雖嚴，割強先露」。

似此所述，則更由於詩之熟，而至詩之俗。且復由於詩之俗，而流於詩之妄。

大凡詩之俗，要皆由於詩的性情之枯，詩的生命之枯，詩的心靈之枯，詩的精神之枯。而凡彼詩之妄，則卽由於此詩的性情，詩的生命，詩的心靈與夫詩的精神之全部失墮。這正所謂「天地閉，賢人隱」，由此而導致一個詩的時代之消亡，遂只有任一切之疊化，與一切之物化。於此而欲與於詩，自須力除此詩的俗與妄。時至今日，言舊詩者每不免於熟與俗，言新詩者更不免於淺與妄。若眞能免去其詩之俗與妄，便卽無所謂詩的舊與新。

第二十六講　詩　教

今日言詩教，或詩的教育，其意義眞是全新的。昔人有詩云：「李杜詩篇萬口傳，至今已覺不新鮮，江山代有人才出，各領風騷數百年」。此所謂「各領風騷數百年」，那還只是一種浮面的事體。而其所謂「至今已覺不新鮮」，則僅僅是一種味口。此實不足以言詩教，或詩的教育。

在詩教，或詩的教育中，首先要突破一切浮面的事體，使如黃宗羲所言，不讓「天下之情性，汩沒於紛華汙惑之往來，浮而易動」。次則絕不能再講口味，而應讓一切觸及性情之本原，生命之底層，心靈之深處，與夫精神之實質。

要知在人類的世界裏，一個大時代之到來，總須得有一大性情之顯，總須得有一大生命之顯，總須得有一大心靈之顯，總須得有一大精神之顯。而一大性情之顯，一大生命之顯，一大心靈之顯，一大精神之顯，則必須有詩，必須有詩教，或詩的教育。

「鼓萬物者莫如風」，而有詩則必有詩風。且必須有詩的風氣，始能眞正作成一大時代的正面風氣。

「溫柔敦厚，詩教也」，而有詩就必須有詩教，且必須有詩的教育，方能作成一大時代的確定方向。

近思錄載程伊川之語曰：

「今人不會讀書，如『誦詩三百，授之以政，不達；使於四方，不能專對；雖多亦奚以爲』。

須是未讀詩時，不達於政，不能專對，既讀詩後，便達於政，能專對四方，始是讀書。『人而不爲周南召南，其猶正牆面』。須是未讀詩時如面牆，到讀了後，便不面牆，方是有驗」。在這裏，只要眞正讀了詩，只要眞正有了詩的敎育，就可以達於政，就可以專對四方，就可以不面牆，而通行於天下，化行於天下，風行於天下。反之，一面牆，則處處不通行，一不能專對四方，則天地閉，胡可以及化？一不達於政，則賢人隱，卽不復爲「君子之德風」。到此，談不上一大時代之正面風氣，更談不上一大時代之確定方向。而人類無詩，就分明是一大無明，分明是一大「惑」了。

程氏外書引上蔡語錄稱：

「伯醇常談詩，並不下一字訓詁，有時只轉却一兩字，點綴地念過，便敎人省悟」。

又稱：

「明道先生善言詩，他又渾不曾章解句釋，但優游玩詠，吟哦上下，便使人有得處」。

要知：對着詩，只要點綴地念過，就會有一種風，以形成一大時代的正面風氣。對着詩，只要優游玩味，吟哦上下，就會是一種敎，以作成一大時代的正確方向。

在外方，詩學在文藝復興時，是只被當作應用美學的一部份。自此以後，其文藝美學，加以應用文藝美學之文學批評，再加以應用文學批評的文藝敎育，便構成所謂文藝科學的範圍。由此而言，其所謂詩，以至詩的敎育，豈非也一樣包括在此文藝科學的範圍之中？實則，在文藝科學的範圍中，若沒有其更崇高的水準，若沒有其更超越的境界，就必然會談不上眞正的文藝，更談不上眞正的詩。在這裏，若眞要談詩敎，或詩的敎育，自然要大大的一轉。而這一轉向，也自然要轉向我們。這正如劉勰文心雕龍所稱：

「至精而後闡其妙，至變而後通其數。」

一切窮則變，變則通。詩道之窮，亦必有詩道之變。而眞正的詩教或詩的教育，自亦關聯到一大詩道之通。

第二十七講　詩的方向

我在拙著中國文學論略一書中之中國詩的本質篇內，曾有言道：

「在中國，一說到詩，就總有其獨特的風姿，獨特的氣象，獨特的規模，獨特的境界，和獨特的體制，這是世界任何國度裏所不能見到的。」

我在那裏又說道：

「在中國，詩除了由言志詠物而歸諸田園，與儒者接合，特富其韻味之外，亦復深入叢林，酬對釋子，而富其禪意。又或潛入深山，以接高人羽士，而有其道風。」

只不過時至今日，在外方的詩走入教堂，走入電影院，又走上了廣播台之後，而且經所謂象徵派，印象派，未來派，踏踏（Dadaism）派以及種種所謂現代派的詩人，把詩的本質，像只是當成怪僻，殘酷，邪巧，毒恨的表達，與夫矇矓，渾沌，無明，芒惑的表現以後，對我們而言，詩往何處，便又不能不重加思慮了。

就我們看來，詩固可以走入教堂，但教堂裏的讚美詩，總應該多多具備一些儒者之詩的韻味；詩固可以走入電影院，但電影院裏的電影歌詞，亦總應多少帶一點耐人尋味的東西，或是所謂禪意；詩固可以走上廣播台，但廣播台上的時代歌曲，更應該不必過於赤裸裸，而須多少帶一點瀟脫的東西，或所謂道風。蓋必須如此，方可以給這個時代和這個世界的人類生活，多少保有一點詩的風姿，詩的氣象，詩的規模，詩的境界和詩的體制。

但這又如何可能呢？如果不讓我們的詩，回歸於性情的場合，並使才華全歸於性情；如果不讓我們的詩，回歸於生命的場合，並使智慧全歸於生命；如果不讓我們的詩，回歸於心靈的場合，並使聖靈全歸於心靈；如果不讓我們的詩，回歸於精神的場合，並使一切全歸於精神；這又如何可能呢？惟有才華歸於性情，智慧始歸於生命，從而聖靈歸於心靈，一切歸於精神，始眞能有其詩的世界。

在我們以前，我們誦詩要「以達於政」，並要「以專對四方」。這「以達於政」，若語其極致，亦正是要使性情有所安頓，使生命有所安頓，使心靈有所安頓，使精神有所安頓。而「以專對四方」，則語其極致，亦無非是要仁覆天下，以仁攝智；要天下文明，去其無明；要人文化成，質而自然；要使西方面向東方，賦物質以精神的意義。

我們要在生活裏覓小詩，以使一己生活於生活之中。我們要在工作裏覓小詩，以使一己工作在工作之內。我們絕不可以在刀叢裏覓小詩，以使天地失位；我們絕不可以在俗與妄裏覓小詩，以使萬物不育。

由此，我們要說到目前詩的任務，那實在是要興起一個正當的時代。這才是「興於詩」。

由此，我們要說到目前詩的方向，那實在是要志於一個正當的場所，這才是「詩言志」。

附言（一）

余之第三子，出國習化學後；余之長女，又急急準備赴美國。余無法使其遲行，遂埋頭寫此書以自遣，並思以此教其爲詩，因彼亦正學爲舊詩也。在此期間，余之感慨實深且痛。憶動筆書寫時爲大中華民國五十一年十二月十五日，適學校不久放年假，故獲於五十二年一月八日匆促寫成。寫成之後，而余之長女，終於抱病遠去矣。因題二詩如次：

思無邪復思無邪，如此詩人有幾家？若我說來無是處，願聞怒者其誰耶？

書成更覺意如斯，又值孩兒去國時；父母之邦終似昔，緣何汝不去遲遲？

時至今日，兒女長成之後，莫不思遠走高飛。然孔子去魯，遲遲其行，終爲去父母之邦之道，此似已不復爲一般青年之所識。而一己親生兒女，竟亦隨時代轉，更是難言，然亦難怪也。惟望其能興於詩而善言其志耳。程兆熊自誌於香港九龍馬頭涌道五十一號五樓小房內寫成此書時。

附言（二）

余將余所作大學文話一講稿，先後油印分發於新亞各同學後，因同學中亦有欲學詩者，且文話之後，繼之以詩，而以之爲第二部，亦無不可，故又即將此詩的講稿，油印分發於劉汝鵬，鄭漢龍，麥英慧，潘鳳羣，陳家君，張燕儀，司徒貞，孫吉昌，孫美蓮，施佩儀，林琦玲，熊筑貞，尹仲謀，曹娟娟，高美慶，梁瑞明，邱陶娟，梁秀嫻，賴俊傑，鄺景鏗，鄺漢明，王浩余　白中敬，杜麗容，鄺新梅，袁滿堂，廖國榮，譚堅國，郭萬年，江強華同學等以教之。此則正所以以望於一己所生之兒女者，望於一己所教之同學，而希其亦能興於詩並善言其志耳。程兆熊再誌於香港九龍天光道新亞書院南廈六樓六七八室，時爲大中華民國五十二年四月五日，卽淸明日。

附言（三）

余自長女匆匆赴美，離家遠行之後，數月以來，總是心中若有所失。猛憶十八年前，余讓家人居東南戰區，而一己則獨宿於雲南昆明大觀樓上。時抗日戰火正熾，因有『遙思熟睡嬌兒女，夢嫛堂前已萬千』之句，更念杜甫『寧能久不顧，庶往共饑渴』之詩。遂卽匆離滇海之濱，返居鵝湖之畔。不意團聚數載，又復擧家流亡；長歎至今，已是兒女離我，非我離兒女矣。且兒女長大，婚嫁之事又臨。東坡云『婚嫁事稀年冉冉』。到此之際，除對兒女祝賀，並對人人祝賀之外，當別無他事。而此書原爲余之長女而作，今旣予以出版，自應用作賀儀也。程兆熊三誌於香港九龍農圃道六號新廈六樓將本書校對完畢簽字付印時。

國家圖書館出版品預行編目資料

中國文話文論與詩學

程兆熊著. — 再版. — 臺北市：臺灣學生，1980.09

面；公分

ISBN 978-957-15-1721-6 (平裝)

1. 中國文學 2. 文學評論 3. 詩學

820.7 105025143

中國文話文論與詩學

著作者：程兆熊

出版者：臺灣學生書局有限公司

發行人：楊雲龍

發行所：臺灣學生書局有限公司

臺北市和平東路一段七五巷十一號

郵政劃撥戶：〇〇〇二四六六八號

電話：（〇二）二三九二八一八五

傳眞：（〇二）二三九二八一〇五

E-mail：student.book@msa.hinet.net

http://www.studentbook.com.tw

本書局登記證字號：行政院新聞局局版北市業字第玖捌壹號

印刷所：長欣印刷企業社

新北市中和區中正路九八八巷十七號

電話：（〇二）二二二六八八五三

定價：新臺幣四〇〇元

一九八〇年九月再版

二〇一七年一月再版二刷

82008

ISBN 978-957-15-1721-6 (平裝)